学习运用"千万工程"经验研讨会
暨第二十届全国社科农经协作网络大会论文集

学习运用"千万工程"经验推进乡村全面振兴

LEARN AND APPLY THE EXPERIENCE OF
THE "THOUSAND-VILLAGE DEMONSTRATION
AND TEN-THOUSAND-VILLAGE IMPROVEMENT" PROJECT
TO ADVANCE COMPREHENSIVE RURAL REVITALIZATION

魏后凯　查志强　主　编
杜　鑫　李明艳　副主编

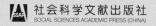

社会科学文献出版社
SOCIAL SCIENCES ACADEMIC PRESS (CHINA)

"三化一融"协同推进农业农村现代化
（代序）

2023 年 12 月 18 日，习近平总书记对"三农"工作作出重要指示，强调"推进中国式现代化，必须坚持不懈夯实农业基础，推进乡村全面振兴"，要"以加快农业农村现代化更好推进中国式现代化建设"。农业农村现代化是中国式现代化的重要内容，也是其突出短板和薄弱环节。在强国建设、民族复兴的新征程中，要更好推进中国式现代化建设，就必须加快农业农村现代化步伐，采取"三化一融"即农业现代化、农村现代化、农民现代化和城乡融合发展协同推进的基本策略，促进农业强、农村美、农民富全面实现。

一　农业农村现代化是中国式现代化的根基

现代化是一个由传统向现代多层次、全方位转变的长期过程，实现现代化是世界各国共同追求的目标。各国因发展阶段和基本国情不同，大都从自身实际出发选择合适的现代化道路和模式。中国是一个拥有 14 亿多人口的发展中大国，其现代化建设在世界上没有先例可循，也不可能照搬任何发达国家的模式，而必须立足自身国情探索中国特色的现代化道路，走自己的路。作为中国共产党领导的社会主义现代化，中国式现代化是人口规模巨大、全体人民共同富裕、物质文明和精神文明相协调、人与自然和谐共生、走和平发展道路的现代化，是各国现代化共同特征和中国特色的有机统一，是对中国特色现代化道路和模式的科学概括，不仅丰富和发展了世界现代化理论，而且拓宽了发展中国家走向现代化的途径。

农业是国民经济的基础，粮食安全是国家安全的基石，农村稳定是社会稳定的根本，乡村振兴是民族复兴的关键，农民富裕是国家富强的重要体现。无论在任何时候，农业农村农民问题都是事关全局的重大战略问题。在推进中国式现代化建设中，要从根本上解决好"三农"问题，关键在于推进乡村全面振兴，加快农业农村现代化。农业农村现代化是中国式现代化的根基，要建好、建牢、建美中国式现代化这座宏伟大厦，就必须坚持不懈夯实农业农村基础，基础不牢则大厦不稳。更好地推进中国式现代化建设，需要始终把农业农村现代化放在更加突出的重要位置。加快农业农村现代化既是有效解决"三农"问题的重要举措，也是夯实中国式现代化农业农村基础的根本之策。可以说，农业农村现代化进程直接关系到中国现代化的进度、质量和成色。没有农业农村现代化，中国的国家现代化将是不完整、不全面、不牢固的。正如习近平总书记再三强调的，"没有农业农村现代化，就没有整个国家现代化"。

农业农村现代化是中国现代化最突出的短板。从领域看，我国粮食供需长期处于紧平衡状态，农业供给侧结构性矛盾凸显，农业科技含量、劳动生产率、土地产出率和资源利用率不高，国际竞争力不强，农业现代化仍是"四化同步"的短腿；城乡发展不平衡、乡村发展不充分问题突出，农村基础设施和公共服务相对薄弱，乡村产业发展、乡村建设和乡村治理水平有待提升，农村现代化成为我国现代化的突出短板和薄弱环节；农民生活水平不高，增收压力持续加大，科学文化素质亟待提升，加快农民现代化的任务十分艰巨。从内容看，相较于工业城市市民，无论是物的现代化还是人的现代化，抑或是公共服务和治理现代化，农业农村农民都处于相对滞后的状况，是国家现代化的突出短板。很明显，如果不尽快补齐这一突出短板，必将会影响中国现代化的整体进程和两阶段战略目标的实现。

当前,中国已经进入全面推进中国式现代化建设的新时期。在新时期,要更好推进中国式现代化建设,就必须补齐短板,增强薄弱环节,加快农业农村现代化进程。可以认为,加快农业农村现代化,实现农民农村共同富裕,是更好推进中国式现代化建设的题中之义。作为固底板、补短板的关键举措,加快农业农村现代化将有利于推动中国现代化建设向更高水平、更高质量迈进,不断增强现代化建设的整体性、系统性和协同性,从而确保到2035年基本实现社会主义现代化,到本世纪中叶全面建成社会主义现代化强国。

二 坚持"三化一融"协同推进的基本策略

现代化是物的现代化、人的现代化、公共服务和治理现代化的综合体。如果更加突出人的现代化,农业农村现代化可以被看作城乡融合背景下农业现代化、农村现代化和农民现代化相互交融的有机整体,即"三化一融"的有机整体。"三化一融"之间具有紧密的逻辑关系和内在联系。在"三化"中,农业现代化是从产业角度界定的,为农业全产业链各环节及相关领域的现代化,内含了农民现代化和农村现代化的部分要素;农村现代化是从地域角度界定的,为农村经济、社会、文化、生态等各领域的现代化,包含了农业现代化和农民现代化的主要内容;农民现代化是从职业或人的角度界定的,体现了农业农村发展中人的现代化,既是农业现代化和农村现代化的必要条件,又是其最终目的。三者相互影响、相互交融。而城乡融合则把三者串联起来形成一个有机整体,为"三化"提供体制机制保障。因此,农业农村现代化是产业、地域和职业"三位一体"的现代化。应该看到,农业和农民的现代化并非局限于农村,如农业科研、教育等主要集中在城市,广义上农民现代化也包括农业转移人口的现代化。

目前,"三化一融"已经成为发达国家农业农村现代化的共同特征。从发达国家的经验看,早期关注的焦点主要集中在农业现代化上,到20世纪中期,一些发达国家已经完成由传统农业向现代农业的过渡。然而,随着工业化和城镇化的推进,大量农业人口向非农产业转移和城镇集聚,农村老龄化和空心化问题凸显，各种社会矛盾加剧。为避免乡村衰退，各国开始重视农村现代化和城乡融合发展问题。特别是，自 20 世纪 60 年代以来，发达国家日益重视农村产业融合和乡村建设，如日本的"一村一品"、韩国的新村运动、德国的"村庄更新"计划等，乡村产业发展呈现多样化趋势，内生活力不断增强。同时，在农业和农村现代化进程中，农业职业教育日益受到重视，农民合作社得到普遍发展，职业化、知识化、组织化成为农民现代化的普遍趋势。由此可见，在发达国家，尽管早期的着力点在农业现代化上，但后来都开始重视农村现代化、农民现代化和城乡融合发展，尤其是在城镇化的中后期阶段，更加强调"三化一融"协同推进。

中国农业农村现代化的实践也经历了这一过程。早在 20 世纪 50 年代，我国就提出了实现农业现代化的目标任务，并把它列为"四个现代化"的内容之一。在新中国成立后相当长一段时期内，政府政策和学界研究的着眼点都在农业现代化上，直到改革开放之后农村现代化和农民现代化才引起学界的关注。在国家政策层面，2005 年中央决定推进社会主义新农村建设，明确提出加快农村全面小康和现代化建设步伐，由此把农村现代化提上重要日程；2016 年中央一号文件率先提出"农业农村现代化"概念，党的十九大报告明确提出实施乡村振兴战略，加快推进农业农村现代化，并首次在党的报告中使用了"城乡融合发展"概念。当前，在全面推进中国式现代化的新征程中，随着发展阶段变化和乡村全面振兴的展开，我国已经具备了"三化一融"协同推进农业农村现代化的基本条件。

加快推进农业农村现代化，不仅需要农业现代化、农村现代化和农民现代化整体设计、协同推进，而且需要将城乡融合发展理念贯穿于农业农村现代化的各领域和全过程，注重"三化一融"的整体性、协同性和政策取向一致性，实现城乡融合背景下农业现代化、农村现代化和农民现代化更高水平、更高质量、更高效率地协调发展。可以说，"三化一融"协同推进是关系农业农村现代化成败的关键举措。农业现代化方面，应以实现农业强为目标，守住保障国家粮食安全底线，着力转变农业发展方式，提高农业生产率和竞争力，使农业成为现代化的大产业；农村现代化方面，应以实现农村美为目标，聚焦宜居宜业和美乡村建设，着力改善农村人居环境、基础设施和公共服务，推进农村住房革命，提高乡村产业发展、乡村建设和乡村治理水平，使农村具备现代化的生产生活条件；农民现代化方面，应以实现农民富为目标，聚焦农民全面发展，着力增强农民的主体性，全面提升农民综合素质素养和内生动力，促进农民收入和生活水平不断提高；城乡融合发展方面，应以县域为切入点，着力破除城乡二元结构，推动城乡要素自由流动、平等交换和均衡配置，促进城乡各项体制全面并轨，变城乡二元分治为城乡并轨同治，实现城乡共建共享共荣。

三 把加快农民现代化放在更加突出的位置

农业农村现代化是乡村振兴战略的总目标。自 2017 年以来，我国乡村振兴战略扎实全面推进，顺利完成了第一阶段和首个五年规划的目标任务，农业、农村、农民现代化和城乡融合发展均取得了显著成效，呈现出向"三化一融"迈进的良好局面。然而，我们按照"三化一融"标准构建农业农村现代化指标体系进行评价的结果表明，对标设定的 2035 年基本实现农业农村现代化目标值，2021 年我国农业现代化的实现程度最高，达到 83.5%；农村现代化和城乡融合发展的实现程度居中，分别为 74.0% 和 76.4%；而农民现代化的实现程度最低，只有 71.1%。这说明，在农业农村现代化整体进程中，农民现代化实现程度距离 2035 年目标值的差距最大，已经成为最突出的短板，是短板中的短板。农业农村现代化是一项巨大的系统工程，需要统筹规划、协同推进，农民现代化滞后将会造成其内部各子系统之间的不协调，由此制约农业农村现代化的顺利推进和质量提升。

在以人为本的理念下，追求人的全面发展，实现人的全面现代化，这是现代化的本质和根本目的所在。加快推进农业农村现代化，绝不能"见物不见人"，只重视农业和农村物的现代化而忽视广大农民的现代化。没有农民的现代化，农业农村现代化就难以真正全面实现，其进程、质量和成色都会受到严重影响。根据木桶理论，短板决定容量，当前急需补齐农民现代化这一短板，把其放在更加突出的位置，在城乡融合背景下促进农民现代化与农业和农村现代化协调发展。更加突出和重视农民现代化，这是中国特色社会主义的本质要求，也是推进中国式现代化和实现共同富裕的重要途径。在中国，农民概念有广义和狭义之分。加快推进农民现代化更应从广义上理解，既要加快农村居民尤其是农业从业人口的现代化，使他们能够就地过上现代文明生活，也要加快农业转移人口市民化，使其真正全面融入城市，共享现代化成果。2022 年，我国城镇常住人口中尚有 2.47 亿农业户籍人口，这些农业转移人口大多尚未完全实现市民化。加快农业转移人口市民化是推进农民现代化的应有之义。

农民是推进乡村全面振兴和农业农村现代化的核心主体。农民现代化体现了人的全面发展这一现代化本质，是农民观念、素质、职业、生活方式等全方位的现代化。在农业农村现代化建设中，农民现代化至关重要，是实现农业和农村现代化的基础和前提。新形势下加快推进农民现代化，应着力加快农民观念转型，牢固树立社会主义核心价值观，培育和增强现代意识，彻底破除"小农意识"，推动农民观念意识的现代化；大力发展农村教育、文化和职业培训，加强乡风文明建设，不断提高农民综合素养、文化素质和健康保障水平，推动农民素质的现代化；切实加强农民主体性建设，保障农民的各项合法权益，积极培育新型职业农民，加快农民向专业化、知识化、职业化、组织化转型，推动农民职业的现代化；加快转变农民生活方式，不断丰富农民的精神文化生活，推动农民生活方式的现代化。

从强美富角度看，农民现代化就是实现农民富的过程，其核心是提高农民收入和生活水平，增进农民福祉。目前，我国城乡居民收入和生活水平差距仍然较大，农村居民收入和消费水平大体比城镇居民落后 10~13 年，而且城乡居民收入绝对差距仍在不断扩大，全国低收入群体也主要集中在农村地区。因此，如何采取更加有力有效的政策措施，促进农民持续稳定增收，不断提高农民生活水平，让亿万农民同步过上现代化的生活，实现农民共同富裕，将是加快农业农村现代化的核心任务。新时期促进农民共同富裕的关键在于减人、增收和帮扶。这里"减人"就是依靠新型城镇化，充分发挥城镇带乡作用，推动农村人口和剩余劳动力向城镇转移集聚，为农业适度规模经营和农民持续稳定增收创造条件；"增收"就是依靠乡村全面振兴，激发乡村内生活力，建立各具特色、具有竞争力的现代乡村产业体系和农业农村导向型的农民稳定增收机制，全方位多渠道增加农民收入；"帮扶"就是依靠政策帮扶，持续加大对"三农"的政策支持力度，尤其要重点关注农村低收入、孤寡老人、重病患者、重度残疾人等困难和特殊群体，着力提升农村低收入家庭收入，不断扩大农村中等收入群体规模，优化农村居民收入分配格局，使广大农民同步迈向共同富裕。

魏后凯

中国社会科学院学部委员，农村发展研究所所长、研究员

目　录

总　论

"千万工程"地方实践

农业农村现代化

农业新质生产力

乡村治理

农村改革

会议综述

总

论

学习运用"千万工程"经验
健全推进乡村全面振兴长效机制*

黄承伟**

摘　要："千万工程"是中国共产党初心使命的时代呈现，是"一张蓝图绘到底"的生动范例，开启了推进乡村全面振兴的先行探索，展现了习近平生态文明思想在乡村的生动实践，是促进农民农村共同富裕的重要抓手。学习运用"千万工程"经验，关键是要学习运用"千万工程"蕴含的发展理念、工作方法和推进机制，健全推进乡村全面振兴的长效机制，主要包括政治保证和组织保障机制，确保农民主体地位机制，高质量发展机制，融合发展机制，科学推进机制，政府、市场和社会互动机制，持之以恒学习机制，多元投入机制，科技和改革驱动机制，绿色发展机制，物质文明与精神文明协调机制，共同富裕机制，考核督导机制等。

关键词："千万工程"经验　乡村全面振兴　省域实践　长效机制

* 基金项目：农业农村部农村经济研究中心"三农"政策与理论研究课题"习近平减贫理论的核心要义和时代价值"（24NY008）。
** 黄承伟，农业农村部中国乡村振兴发展中心主任、二级研究员，农业农村部乡村振兴专家咨询委员会委员，《中国扶贫志》编写组组长，主要研究方向为扶贫开发、乡村振兴、共同富裕。

2023 年 6 月，中央财办、中央农办、农业农村部、国家发展改革委印发《关于有力有序有效推广浙江"千万工程"经验的指导意见》的通知，要求各地学深悟透"千万工程"经验蕴含的科学方法，并结合实际创造性转化到"三农"工作实践之中，推动农业农村现代化取得实实在在成效。① 2024 年中央一号文件以学习运用"千村示范、万村整治"工程（以下简称"千万工程"）经验，有力有效推进乡村全面振兴为主题，对做好"三农"工作作出全面部署。在中国式现代化背景下，中央明确把推进乡村全面振兴作为新时代新征程"三农"工作的总抓手。新时代以来，乡村振兴战略全面实施，农村的面貌和产业发展发生了巨大的变化。但是，从实地调研和学界研究看，由于我国各地发展水平不一，可以说乡村振兴工作在整体层面上还处于探索阶段，急需可推广的、相对明确的、实操性强的有效遵循。乡村振兴抓什么、怎么抓，浙江"千万工程"提供了可学可鉴的参照。"千万工程"是习近平在浙江工作时亲自谋划、亲自部署、亲自推动的一项重大决策。通过 20 余年的持续努力，从农村环境整治入手，由点及面、迭代升级，造就了万千美丽乡村，造福了万千农民群众，创造了推进乡村全面振兴的成功经验和实践范例。中央明确要求学习运用"千万工程"所蕴含的发展理念、工作方法和推进机制，坚持以人民为中心的发展思想，完整、准确、全面贯彻新发展理念，因地制宜、循序渐进，打好乡村全面振兴"漂亮仗"，加快农业农村现代化，更好推进中国式现代化进程。

一　"千万工程"蕴含丰富的时代价值

"千万工程"起源于 2003 年，当时我国提出了"建设社会主义新农村"的战略目标，旨在改善农村生产生活条件，提高农民生活水平。同年 6 月，时任浙江省委书记的习近平同志在广泛深入调查研究的基础上，立足浙江省情农情

---

① 《造就万千美丽乡村　造福万千农民群众——中央财办、中央农办负责人就〈关于有力有序有效推广浙江"千万工程"经验的指导意见〉答记者问》，《农民日报》2023 年 7 月 6 日，第 1 版。

和发展阶段特征，准确把握经济社会发展规律和必然趋势，审时度势，高瞻远瞩，作出了实施"千万工程"的战略决策，提出从全省近 4 万个村庄中选择 1 万个左右的行政村进行全面整治，把其中 1000 个左右的中心村建成全面小康示范村。在浙江工作期间，习近平同志亲自制定了"千万工程"目标要求、实施原则、投入办法，创新建立、带头推动"四个一"工作机制，即实行"一把手"负总责，全面落实分级负责责任制；成立一个"千万工程"工作协调小组，由省委副书记任组长；每年召开一次"千万工程"工作现场会，省委、省政府主要领导到会并部署工作；定期表彰一批"千万工程"的先进集体和个人。随着这一战略的深入实施，"千万工程"逐渐发展成为一项系统工程，涵盖农村基础设施建设、农业产业升级、农村环境治理等多个方面。

20 多年来，"千万工程"先后经历了示范引领、整体推进、深化提升、转型升级四个阶段，经历了从温饱型生存需求向小康型发展和共富型发展需求的演变，实现了从"千村示范、万村整治"向"千村精品、万村美丽"再向"千村未来、万村共富"的迭代升级，不仅造就了浙江万千美丽乡村，而且造福了万千农民群众，取得了明显成效。2018 年 9 月 26 日，"千万工程"荣获联合国"地球卫士奖"。2020 年 5 月，浙江成为中国首个生态省。

（一）党初心使命的时代呈现

"千万工程"的起源与背景体现了我国对农村发展的高度重视和坚定决心。经过 20 多年的实践与迭代升级，"千万工程"的内涵和意义得以不断深化和升华，"千万工程"改变的已不仅仅是乡村的人居环境，还深刻地改变了乡村的发展理念、产业结构、公共服务、治理方式及城乡关系。"千万工程"不仅是乡村人居环境整治与改善的乡村建设工程，也是惠民工程、民心工程和共富工程，是乡村全面振兴、城乡融合发展的基础性、枢纽性工程。实践证明，其成为彰显我国制度优越性的有力佐证。迈向新征程，浙江不断深化与提升"千万工程"，以"千万工程"为牵引和龙头、美丽乡村为底色、未来乡村为愿景、共同富裕为追求，致力于宜居宜业和美乡村建设，构建"千村向未来、万村奔共富、全域呈和美"的乡村发展新格局,全方位推动乡村产业、人才、文化、生态、组织振兴,加快走出全面推进乡村振兴、实现农业农村现代化的省域实践新路径。我们在"千万工程"20余年的生动实践中更加深刻地领悟到"两个确立"的决定性意义和历史必然性。

(二)"一张蓝图绘到底"的生动范例

"千万工程"启动于2003年,至今已有20余年。从一项政策的执行周期来看,"千万工程"也经历了从诞生到全面发展的过程。在20余年的实践史中,"千万工程"的目标任务和主要抓手随着时代的发展而不断调整,其内涵也不断丰富,最终走出了从人居环境整治到乡村全面建设的新路径。21世纪初,中国经济社会发展取得了举世瞩目的成就,人民生活总体上达到小康水平,但是粗放型经济增长模式也带来了资源消耗、生态破坏、收入分配差距拉大等问题。在浙江,由于采用"村村点火,户户冒烟"的经济发展模式,农村环境脏、乱、差问题凸显,直接影响到农村居民的幸福感和获得感。在这样的背景下,时任浙江省委书记的习近平同志于2003年亲自部署和推动了"千万工程",主要目标是从全省选择1万个左右的行政村进行全面整治,并将其中1000个左右的中心村建成全面小康示范村。这一时期"千万工程"聚焦农村生产、生活和生态的"三生"环境改善,是"千万工程"的第一阶段。在之后的20余年里,"千万工程"的目标任务不断升级扩容。2010年,浙江省发布《浙江省美丽乡村建设行动计划(2011—2015年)》,将乡村建设范畴拓展到生态人居体系、生态环境体系、生态经济体系和生态文化体系建设等多个方面,增加了生态文化体系的相关提法。2014年,浙江省发布《浙江省深化美丽乡村建设行动计划(2016—2020年)》,增加了"形态美"与"制度美"相统一的提法,乡村组织制度建设也被纳入"千万工程"。2017年,浙江省提出打造"千村3A级景区、万村A级景区",大力发展全域旅游。2010年12月,浙江省出台《浙江省美丽乡村建设行动计划(2011—2015年)》,率先提出"美丽乡村"概念,重点是"千村精品、万村美丽"深化提升,推动乡村更加美丽宜居。2021年，浙江省印发《浙江省深化"千万工程"建设新时代美丽乡村行动计划（2021—2025年）》，重点是"千村未来、万村共富"迭代升级，形成"千村向未来、万村奔共富、城乡促融合、全域创和美"的生动局面。在"千万工程"的演化历程中，既包含了发展变化的成分，也坚守了自身独特的原则，体现了"变"与"不变"的辩证统一。从"变"的角度来看，"千万工程"不仅根据实际情况不断提高人居环境、产业发展和生态保护方面的要求，还增加了文化、制度等新内涵。从"不变"的角度来看，"千万工程"20余年来坚持"一张蓝图绘到底"，久久为功，保持了政策的一致性和连贯性。

（三）乡村振兴成功路径的全面展示

20余年来，"千万工程"成效显著。一是深刻重塑农村人居环境。规划保留村生活污水治理覆盖率100%，农村生活垃圾基本实现"零增长""零填埋"，农村卫生厕所全面覆盖，森林覆盖率超过61%，农村人居环境质量居全国前列，浙江成为首个通过国家生态省验收的省份。二是深入推进城乡融合发展。城乡基础设施加快同规同网，最低生活保障实现市域城乡同标，基本公共服务均等化水平全国领先，农村"30分钟公共服务圈""20分钟医疗卫生服务圈"基本形成，城乡居民收入比从2003年的2.43缩小到2022年的1.90。三是乡村产业蓬勃发展。休闲农业、农村电商、文化创意等新业态不断涌现，带动农民收入持续较快增长，全省农村居民人均可支配收入由2003年的5431元提高到2022年的37565元（已连续38年居全国第一位）。村级集体经济年经营性收入50万元以上的行政村占比达51.2%。四是乡村治理效能有效提升。以农村基层党组织为核心、村民自治为基础、各类村级组织互动合作的乡村治理机制逐步健全，乡村治理体系和治理能力现代化水平显著提高，农村持续稳定安宁。五是农民精神风貌持续改善。推动"物的新农村"向"人的新农村"迈进，全域构建新时代文明实践中心、新时代文明实践所、农村文化礼堂三级阵地，建成一批家风家训馆、村史馆、农家书屋等，陈规陋习得到有效遏制，文明乡风、良好家风、淳朴民风不断形成。六是在国内外产生广泛影响。各地区认真贯彻习近平总书记重要指示批示精神，结合实际学习借鉴浙江经验，农村人居环境整治提升和乡村建设取得扎实成效。"千万工程"已不仅仅是乡村的人居环境改善，而且触及了乡村发展的方方面面，深刻地改变了乡村的发展理念、产业结构、公共服务、治理方式及城乡关系。时任联合国副秘书长兼联合国环境署执行主任埃里克·索尔海姆参观走访浙江村镇后，对绿色发展成果高度赞赏："我深信，我在浦江和安吉看到的，就是未来中国的模样，甚至是未来世界的模样。"①"千万工程"城乡融合、统筹发展的成功实践，为破解城乡二元结构这一世界性难题提供了中国方案。

（四）"千万工程"推进乡村全面振兴的方法引领

一是贯彻新发展理念的重大举措。"千万工程"成功实践表明，要走生产发展、生活富裕、生态良好的文明发展道路，就必须推动"三农"领域完整准确全面贯彻新发展理念，加快构建新发展格局，着力推动高质量发展，正确处理速度和质量、发展和环保、发展和安全等重大关系，完善政策体系和制度机制。二是加快城乡融合发展的有效途径。"千万工程"坚持统筹城乡发展，有效促进城市基础设施向农村延伸、城市公共服务向农村覆盖、城市现代文明向农村辐射，推动城乡一体化发展，推动农村基本具备现代生活条件，加快形成工农互促、城乡互补、协调发展、共同繁荣的新型工农城乡关系。三是建设美丽中国的有力行动。"千万工程"持续改善农村人居环境，促进生态农业、低碳乡村发展，成为践行习近平生态文明思想的样板和典范。推广这一经验，有利于各地持续改善农村人居环境，促进生态农业、低碳乡村发展，推动建设美丽乡村，为建设美丽中国奠定坚实基础。四是扎实推进乡村振兴的必然要求。推广"千万工程"经验，有利于探索扎实推进乡村振兴的实现路径和阶段性任务，优化人力、物力、财力配置，循序渐进建设宜居宜业和美乡村，不断实现

---

① 《联合国副秘书长点赞浙江："这就是未来中国和世界的模样"》，人民网，2018年4月24日。

农民群众对美好生活的向往，走出了一条迈向农业高质高效、乡村宜居宜业、农民富裕富足的新路子。

二　学习"千万工程"蕴含的理念、方法和机制

"千万工程"是习近平新时代中国特色社会主义思想在"三农"领域的成功实践和典型样板。习近平新时代中国特色社会主义思想指引了"千万工程"的发生发展，同时，"千万工程"也以20余年来的长期实践验证了习近平新时代中国特色社会主义思想的前瞻性、真理性。[①]对"千万工程"蕴含的丰富理论价值的认识和理解，是学习运用推广"千万工程"经验的有力支撑。"千万工程"所蕴含的理念，是"千万工程"成功做法经验的提升。学习运用"千万工程"经验，关键是要学习运用"千万工程"蕴含的发展理念、工作方法和推进机制。

（一）"千万工程"蕴含的发展理念

1. 人民至上的根本立场

人民性是马克思主义最鲜明的品格。全面建成社会主义现代化强国，人民是决定性力量。"千万工程"的成果之所以能够经得起历史的检验，至今依然发挥着重要的示范引领作用，关键在于始终坚持尊重广大农民意愿，激发广大农民的积极性、主动性、创造性，激活乡村振兴内生动力，让广大农民在乡村振兴中有更多获得感、幸福感、安全感。"千万工程"以把农民群众从"要我建设美丽乡村"变为"我要建设美丽乡村"为目标，建立机制创新路径，充分发挥农民群众的主体作用和首创精神，回答好发展为了谁、依靠谁、发展成果由谁共享等根本问题，夯实了美丽乡村建设、乡村振兴的群众基础和社会基础。"千万工程"迭代升级，"为了人民"始终是价值取向，"依靠人民"始

---

① 仲农平：《又一次"农村包围城市"的伟大壮举》，《农民日报》2023年8月30日，第1版。

终是行动路径。20余年来,"千万工程"始终把实现人民对美好生活的向往作为出发点和落脚点,想问题办事情坚持群众视角,从农民最关心的事情做起,把一件件民生小事作为一个个着力点,为广大农民带来获得感、幸福感。学习"千万工程"经验,最重要的就是要更加自觉地站稳人民立场,强化宗旨意识,想农民之所想,急农民之所急,在共建共享中提高农民群众的积极性和创造性。当前就是要紧盯农业农村发展最迫切、农民反映最强烈的实际问题,千方百计拓宽农民增收致富渠道,巩固拓展好脱贫攻坚成果,让农民腰包越来越鼓、日子越过越红火,推动农民农村共同富裕取得更为明显的实质性进展。

2. 新发展理念统领乡村振兴

"千万工程"的实践及成效证明,只有完整、准确、全面贯彻新发展理念,推进乡村振兴才能厘清思路、把握方向、找准着力点。新征程上贯彻落实党的二十大"全面推进乡村振兴"的决策部署,就是要以新发展理念为统领,立足加快构建新发展格局,正确处理速度和质量、发展和环保、发展和安全等重大关系,加强机制创新、要素集成,抓好乡村产业、人才、文化、生态、组织"五个振兴",实现乡村发展、乡村建设、乡村治理良性互动,实现既保护绿水青山,又带来金山银山。"千万工程"实践证明,从"千村示范、万村整治"到"千村精品、万村美丽"再到"千村未来、万村共富",新发展理念引领着"千万工程"的内涵之变和实践探索,为新征程上全面推进乡村振兴,坚持以创新、协调、绿色、开放、共享的新发展理念统领乡村振兴工作全局提供了理论基础。

3. 统筹新型城镇化和乡村全面振兴

"千万工程"使城乡关系发生深刻变革的成功实践证明,农村和城市是发展中的一个有机整体,只有把城市与乡村发展一并系统考虑、统筹协调,特别是要以县域为重要切入点,着力破除妨碍城乡要素平等交换、双向流动的制度壁垒,促进发展要素、各类服务更多下乡,加快形成工农互促、城乡互补、协调发展、共同繁荣的新型工农城乡关系,才能更充分发挥城市对农村的带动作用和农村对城市的促进作用,在城乡融合发展中实现乡村全面振兴。"千万工程"基于城市繁荣、农村落后的现实，充分认识到城乡之间的共生关系，以及乡村在现代化进程中的地位和价值，对乡村进行了系统性、全面性塑造，系统回答了为什么建设乡村、怎样建设乡村等问题，从而推动了浙江乡村巨变。全面推进乡村振兴，必须深刻认识新时代新征程乡村的价值和地位，摒弃乡村是负担、是城市附庸等错误认识，在新型城镇化和乡村全面振兴互促共生中，全面拓展乡村生产、生活、生态、文化等多重功能，激发乡村发展新活力。"千万工程"实践还证明，乡村是具有自然、社会、经济特征的地域综合体，与城镇共同构成人类活动的主要空间，在满足城乡居民多元化需求、促进经济增长方面有不可替代的重要功能。城乡不是彼此对立，而是相辅相成的。

4. 党建引领乡村治理能力持续提升

"千万工程"成功的背后是乡村治理体系和治理能力现代化。其中最重要的启示有三个方面：一是将调查研究贯穿工作始终。当前就是要持续加强和改进调查研究，围绕学习贯彻党的二十大精神，聚焦推进乡村振兴、实现共同富裕、增进民生福祉等改革发展稳定中的重点难点问题，深入基层、掌握实情、把脉问诊，紧密结合自身实际，谋划实施有针对性的政策举措，不断破解矛盾瓶颈、推动高质量发展。二是必须抓党建促乡村振兴，充分发挥农村基层党组织的战斗堡垒作用，充分发挥村党组织书记、村委会主任的带头作用，引导基层党员干部干在先、走在前，团结带领农民群众听党话、感党恩、跟党走。只有坚持以党建引领基层治理，善于发动群众、依靠群众，才能把党的政治优势、组织优势、密切联系群众的优势，不断转化为全面推进乡村振兴的工作优势。三是必须锚定目标真抓实干，一张蓝图绘到底。保持战略定力，改进工作作风，力戒形式主义、官僚主义，一件事情接着一件事情办，一年接着一年干。

5. 走中国式现代化视野下的乡村全面振兴之路

这条道路充分体现了中国式现代化的中国特色和本质要求。第一，"千万工程"从解决群众反映最强烈的环境脏乱差做起，统筹抓好乡村环境整治与乡风文明培育、产业发展与生态保护、人才振兴与乡村治理等工作；从创建示范村、建设整治村，以点带线、连线成片，到全域规划、全域建设、全域提升、全域管理，实现美丽乡村建设水平的整体提升，走出了一条产业、人才、文化、生态、组织全面振兴的发展道路。第二，"千万工程"始终坚持农村物质文明和精神文明两手抓，硬件与软件相结合，把改造传统农村与提升农民精神风貌、树立乡村文明新风有机结合起来，将文明村、文化村、民主法治村等建设和美丽乡村建设紧密结合起来，不断提高农民的民主法治意识、科学文化素质和思想道德素质，实现了农村农民由点到面、由表及里的全面发展、全面提升，走出了一条物质文明与精神文明协调发展的道路。第三，"千万工程"和美丽乡村持续推进，为广大农民找到了"绿水青山"转化为"金山银山"的增收之道。经营美丽乡村、发展美丽经济、共享幸福生活、增强村民利益共同体意识，依靠共同奋斗建设美丽富饶的共富乡村，走出了美丽乡村与美丽经济互促互进道路。第四，"千万工程"始终贯彻以工促农、以城带乡的思想，做到城市基础设施向农村延伸、城市公共服务向农村覆盖、城市现代文明向农村辐射，促进城乡一体化发展，走出了一条统筹城乡发展、缩小城乡差距、推动城乡一体化发展的城乡融合发展道路。第五，20 余年来"千万工程"从农村人居环境大整治到美丽乡村大建设再到乡村振兴大提升，形成了产业兴旺的特色乡村、生态宜居的花园乡村、文化为魂的人文乡村、四治合一的善治乡村、共建共享的共富乡村"五村联建"的联动发展格局，走出了一条农业农村现代化一体设计、一并推进，农民共同富裕的发展道路。

（二）"千万工程"蕴含的工作方法

习近平同志在浙江工作期间对"千万工程"既绘蓝图、明方向，又指路径、教方法，到中央工作后继续给予重要指导。20 余年来，浙江按照习近平重要指示要求，深入谋划推进、加强实践探索，推动"千万工程"持续向纵深迈进，形成了一系列行之有效、可供各地结合实际借鉴的工作方法，集中体现在以下方面。

1. 坚持问题导向

"千万工程"始终坚持问题导向，坚持从实际出发。"千万工程"是习近平同志到浙江工作后不久，用118天时间跑遍11个地市，一个村一个村地仔细调研，在充分掌握省情农情的基础上，聚焦污染问题、厕所问题、发展问题等人民群众最为关心的急难愁盼问题而作出的重大决策。浙江在不同的发展阶段，聚焦不同的重点，2003~2010年是"千村示范、万村整治"示范引领阶段，聚焦解决村庄环境综合整治问题，推动乡村更加整洁有序；2011~2020年是"千村精品、万村美丽"深化提升阶段，聚焦乡村居住条件、环境改善问题，推动乡村更加美丽宜居；2021年至今是"千村未来、万村共富"迭代升级阶段，聚焦加快发展、共同富裕问题，形成了"千村向未来、万村奔共富、城乡促融合、全域创和美"的生动局面。"千万工程"始终在发现问题的基础上，科学分析并深入研究问题，灵活运用科学思维方法努力化解矛盾，解决问题。

2. 坚持科学规划引领

浙江在实施"千万工程"过程中，立足于不同的地形地貌，区分发达地区和欠发达地区、城郊村庄和纯农业村庄，结合地方发展水平、财政承受能力、农民接受程度开展工作，尽力而为、量力而行。遵循乡村自身发展规律、体现农村特点、注意乡土味道、保留乡村风貌，构建以县域美丽乡村建设规划为龙头，村庄布局规划、中心村建设规划、农村土地综合整治规划、历史文化村落保护利用规划为基础的"1+4"县域美丽乡村建设规划体系，强化规划刚性约束和执行力，一旦确定下来就不折不扣地实施，坚持一张蓝图绘到底。

3. 坚持循序渐进

浙江20余年来坚持"千万工程"目标不动摇、不折腾，保持工作连续性和政策稳定性，每5年出台1个行动计划，每个重要阶段都出台1个实施意见。根据不同发展阶段确定整治重点，与时俱进、创新举措，制定针对性解决方案，从花钱少、见效快的农村垃圾集中处理、村庄环境清洁卫生入手，到改水改厕、村道硬化、绿化亮化，再到产业培育、公共服务完善、数字化改革，先易后难、层层递进，以钉钉子精神推动各项建设任务顺利完成。

4. 坚持贯彻绿色发展理念

浙江把"绿水青山就是金山银山"的重要理念和要求贯穿于实施"千万工程"的全过程各阶段，把村庄整治与绿色生态家园建设紧密结合，同步推进环境整治和生态建设，走生态立村、生态致富的路子。以整治环境"脏乱差"为先手棋，全面推进农村环境"三大革命"，全力推进农业面源污染治理，坚持生态账与发展账一起算，整治重污染高耗能行业，关停"小散乱"企业，大力创建生态品牌、挖掘人文景观，培育"美丽乡村＋"农业、文化、旅游等新业态，推动田园变公园、村庄变景区、农房变客房、村民变股东，持续打通绿水青山就是金山银山的理念转化通道，把"生态优势"变成"民生福利"。

5. 坚持党政主导多方协同

坚持把加强领导作为搞好"千万工程"的关键，建立党政"一把手"亲自抓、分管领导直接抓、一级抓一级、层层抓落实的工作推进机制，每年召开"千万工程"高规格现场会，省市县党政"一把手"参加，营造比学赶超、争先创优浓厚氛围。坚持政府投入引导、农村集体和农民投入相结合、社会力量积极支持的机制，真金白银投入。将农村人居环境整治纳入为群众办实事内容，纳入党政干部绩效考核，强化奖惩激励。突出党政主导、多方协同、分级负责，配优配强村党组织书记、村委会主任，推行干部常态化驻村联户、结对帮扶，实行"网格化管理、组团式服务"。

6. 坚持群众主体地位

"千万工程"始终尊重农民主体地位，从农民群众角度思考问题，尊重民意、维护民利、强化民管。始终把增进人民福祉、促进人的全面发展作为出发点和落脚点，在进行决策、推进改革时，坚持"村里的事情大家商量着办"。始终厘清政府干和农民干的边界，注重激发农民群众的主人翁意识，广泛动员农民群众参与村级公共事务，推动实现从"要我建设美丽乡村"到"我要建设美丽乡村"的转变。

7.坚持以塑形铸魂为目标

"千万工程"注重乡村文化的发展与农民精神风貌的改善，注重推动农村物质文明和精神文明相协调、硬件与软件相结合，在促进农村现代化发展的同时，促进农民的现代化，发展重心从"物的新农村"转向"人的新农村"，推进农村农民的精神富裕与物质富裕协调发展。深入开展农村精神文明创建活动，弘扬和践行社会主义核心价值观，发展社会主义先进文化，弘扬革命文化，传承中华优秀传统文化、发扬"四千"精神（走遍千山万水，想尽千方百计，说尽千言万语，吃尽千辛万苦）。拓展新时代文明实践中心建设，推进乡村文化设施建设，不断丰富农民群众文化生活。加强法治教育，完善村规民约，从机制、硬件软件建设上推动变"文化下乡"为"扎根在乡"。持续推进农村移风易俗，集中整治高价彩礼、人情攀比、封建迷信等不良风气。通过打造"美在安吉"、德清"德文化"等区域性品牌，挖掘农村传统文化基因，推动崇德向善。结合农村特性传承耕读文化、民间技艺，加强农业文化遗产保护、历史文化村落保护。在未来乡村建设中专门部署智慧文化、智慧教育工作，着力打造乡村网络文化活力高地。

（三）"千万工程"蕴含的推进机制

"千万工程"遵循科学的方法和经济社会发展规律，实施一系列综合性的策略和方法，探索形成了推进乡村全面振兴的有效路径，其作用机理和实践逻辑呈现为多样化、立体式的推进机制。

1.统筹推进机制

在经济发展方面，"千万工程"注重培育乡村特色产业，通过引入现代农业技术和管理模式，提高农业生产的效率和质量，为乡村经济发展注入了新的活力。如通过推广智能农业技术，实现了精准种植和养殖，提高了农产品的产量和品质，助力农民收入增加。在社会建设方面，"千万工程"致力于改善农村基础设施和公共服务，提高农民的生活质量。如通过实施农村饮水安全工程、农村电网改造等项目，有效解决了农民饮水和用电问题，提升了农民的生活品质。在文化建设方面,"千万工程"注重保护和传承乡村优秀传统文化,推动乡村文化振兴。如打造一系列文化主题旅游景区,吸引大量游客前来体验和欣赏,有效促进了当地文化的传承和发展。在生态建设方面,"千万工程"致力于推动乡村绿色发展,保护乡村生态环境。如通过实施一系列生态修复和环境治理项目,有效改善了当地的生态环境质量,为农民创造了宜居宜业的良好环境。"千万工程"的实践证明,在全面推进乡村振兴中必须坚持系统观念,把握好全局和局部、当前和长远、宏观和微观、主要矛盾和次要矛盾、特殊和一般的关系,要牢牢掌握统筹推进的科学方法,坚持两手提升软硬件,设施机制同步抓,环境文明互促进。更加注重完善乡村基础设施和公共服务配套,推动乡风文明、乡村治理再提升,让农村群众享受到现代化建设新成果。

2. 守正创新机制

机制创新,通过创新体制机制,激发了乡村发展的内生动力,如通过推进农村集体产权制度改革,盘活了农村集体资产,增加了农民的财产性收入;通过发展乡村旅游和特色产业,吸引了更多的资本和人才流入乡村,为乡村发展注入了新的动力。科技创新,通过创新农业科技的发展路径与模式,为提升乡村振兴的效率,注入了新的活力。如引入先进的农业技术和设备,提高了农业生产的智能化和精准化水平。模式创新,如在乡村旅游方面,结合当地的文化和自然资源,打造了一系列独具特色的乡村旅游品牌,不仅吸引了大量游客前来观光旅游,还带动了当地经济的发展和就业的增加。融合创新,如在金融服务方面,"千万工程"通过引入金融科技手段,为农民提供了更加便捷和高效的金融服务。"千万工程"本身就是改革的体现和结果,是对浙江农村发展方式、发展路径、发展动能的深层次、全方位、整体性的变革重塑,而如何处理稳和进、立和破、近和远等的关系,蕴含着发展理念的变革、政绩观的升华。"千万工程"始终注重"保护促利用、利用强保护",在坚守根本的同时开拓创新,始终在推进中用改革的办法解决其中难题,以深化改革促进农业农村现代化。20余年间,浙江省市县每5年出台一个实施意见或行动计划,不断创新制度供给，促进了新型工业化、信息化、城镇化与农业农村现代化同步发展。

3. 分类施策机制

浙江省推行"千万工程"的重要成功经验之一就是因地制宜分类指导，不同地区都依照自身资源禀赋制定了独特的发展模式，如"生态＋文化"的安吉模式、"古村落保护＋生态旅游"的永嘉模式、"公共艺术＋创意农业"的龙溪模式、"乡村节庆＋民宿产业"的萧山模式等。以自身独特的优势开辟赛道，如桐乡市墅丰村充分利用自身作为著名文化人物丰子恺故乡的优势，以丰子恺漫画为特色IP，将漫画元素融入乡村建设，并以此为依托发展特色文化产业。

4. 久久为功推进机制

"千万工程"实施20余年来，浙江紧盯目标不动摇、一任接着一任干，经历了"千村示范、万村整治"示范引领、"千村精品、万村美丽"深化提升、"千村未来、万村共富"迭代升级等阶段，从垃圾收集、卫生改厕、河沟清淤起步到村道硬化、绿化亮化、农业面源污染整治再到产业培育、公共服务完善、乡风文明、乡村治理、数字化改革，每个阶段范围不断拓展、内涵不断丰富，一以贯之、前后衔接、梯次推进，确保"千万工程"始终沿着既定轨道持续推进。

5. 层层抓落实的工作机制

习近平在浙江工作期间，每年都出席全省"千万工程"工作现场会，明确要求凡是"千万工程"中的重大问题，党政"一把手"都要亲自过问，集思广益，科学决策，这为抓好"千万工程"提供了根本政治保证。20余年来，"千万工程"始终是"一把手"工程，年初把工作任务分解落实到各级各部门，过程中开展常态化明察暗访，年末总结考核、兑现奖惩，这就把各级党政责任真正压紧压实了。特别是省里连续20多年召开高规格现场会，省市县党政"一把手"参加，地点一般选在工作力度大、进步比较快、具有典型意义的县里。"千万工程"之所以能一以贯之、一抓到底，关键在于背后有这么一整套完善的工作机制。

三　运用"千万工程"经验的省域实践创新

各地在学习运用"千万工程"经验中，结合实际，积极探索，形成了许多各具特色的思路、方法、路径。以下聚焦东、中、西部地区的省域实践，选取了广东省、湖北省、四川省以学习运用"千万工程"经验为引领，推进乡村全面振兴的有效实践。

（一）广东省实施"百千万工程"

广东省高位推动，制定实施方案，按照省委"1310"（锚定"走在前列"总目标，激活改革、开放、创新"三大动力"，奋力实现"十大新突破"）部署，将实施"百县千镇万村高质量发展工程"（以下简称"百千万工程"）作为推动高质量发展的"头号工程"，以全省122个县（市、区）1609个乡镇（街道）2.65万个行政村（社区）为主体，以发展壮大县域经济为抓手，强化乡镇联城带村的节点功能，建设宜居宜业和美乡村，推动城乡区域协调发展向更高水平迈进。

广东省整体推进"百千万工程"的特色做法可以归纳为以下"四个着力"。

1.着力强化顶层设计，构建起高位高效高质的指挥体系

广东省建立了五级书记一起抓"百千万工程"的指挥部体系，印发《关于实施"百县千镇万村高质量发展工程"促进城乡区域协调发展的决定》，省直单位出台配套支持政策，各县（市、区）制定具体实施方案，构建形成"1+N+X"的政策体系。由省直部门分别牵头，成立县域经济、城镇建设、乡村振兴、要素保障、决策咨询、百校联百县助力"百千万工程"行动、金融、全域土地综合整治8个专班。选取典型县镇村进行示范引领，通过强有力的考核评估进行激励和约束。

2.着力以推动产业转移为抓手，聚力发展壮大县域经济

对全省122个县（市、区）进行科学分类，制定差异化发展目标、支持政

策和工作任务。实施创先、进位、消薄行动，出台产业转移"1+14+15"系列政策，指导各地更好地承接国内外特别是珠三角的产业转移。省委、省政府印发《关于推动产业有序转移促进区域协调发展的若干措施》，出台主平台建设方案、对口帮扶方案、考核办法、财政支持方案、产业转移基金组建方案、优化营商环境方案等14个省级配套文件，支持各县（市、区）立足比较优势打造一批承接产业有序转移的特色产业集群和特色园区，支持珠三角地区和粤东粤西粤北地区探索发展一批双向"飞地"。

3. 着力优化帮扶机制，政社协同促乡村振兴，实现组织帮扶提档升级

一是开展驻镇帮镇扶村。将帮扶对象由行政村上提一级到乡镇，把全省乡镇分为3类，包括600个重点帮扶镇、301个巩固提升镇、226个先行示范镇。向创建乡村振兴示范村、红色村、集体经济薄弱村、软弱涣散村等重点村选派驻村第一书记，并兼任驻镇帮镇扶村工作队队员。二是实行省县纵向帮扶和市际横向帮扶协作。156个省直机关及有关单位，对全省57个县（市、区）及5个重点老区苏区市辖区进行帮扶。实现珠三角6市对口帮扶粤东粤西粤北地市一级全覆盖。设立驻市帮扶指挥部、驻县（市、区）帮扶工作组，统筹协调区域内派出的各驻镇帮扶工作队工作。三是启动实施"双百行动"。组织化、系统化、项目化推进省内百家高校院所与109个涉农县（市、区）结对共建。高校院所成立驻县工作组，围绕产业发展、城乡规划、人才培养、科技支撑等领域和地方谋划实施共建项目。

4. 着力广泛动员社会参与，凝聚更大合力

以"6·30广东扶贫济困日"募捐帮扶资金。开展"千企帮千镇·万企兴万村"行动，重点支持帮扶重点地区和乡村，广泛动员社会力量参与"百千万工程"。

（二）湖北省实施"强县工程"

湖北省把"强县工程"作为全面推进乡村振兴的重要抓手，印发《关于推进强县工程的实施方案》，坚持推进以县城为重要载体的就地城镇化和以县

域为单元的城乡统筹发展,加快农业农村现代化,促进农民增收,缩小城乡差距。把推进"强县工程"情况纳入地方党政考核,全力推动县域高质量发展。

湖北省通过实施"强县工程"来落实"千万工程"的经验可以总结为以下"四个聚焦"。

1. 聚焦"两个抓手"强力推进以县城为重要载体的城镇化

一手抓县域经济。把全省县市分为三类,一类县重点承接大城市产业和功能转移,二类县重点推进农业现代化,三类县因地制宜发展生态产业。每个县市要明确主攻产业方向,对接全省重点产业链,着力打造2~3个产业集群。一手抓县城建设。硬件方面,按照绿色低碳理念建设县城,强调优化空间布局,节约集约利用资源,完善基础设施,保护历史文化,打造独具一格的特色县城。软件方面,围绕就业、教育、医疗、养老等重要民生事项提升县城公共服务水平,推进县域商贸服务提档升级,着重增强县城的吸引力、集聚力。

2. 聚焦构建"三个体系"统筹推进以县域为单元的城乡一体化发展

构建一二三产业融合发展体系。以农业为基础,通过延伸产业链条,发展种(养)加销一体化,建立城乡供应链一体化平台。构建统筹县城、乡镇、村庄的三级服务体系。开展多种形式的县域教联体建设、紧密型医共体建设。健全县乡村三级养老服务网络体系。加强公共文化服务供给,建设设施、打造品牌、组织活动,激发农民参与热情。构建政府、社会、村民共建共治共享的治理体系。在全省选取14个县和1038个城乡社区,开展"美好环境与幸福生活共同缔造"试点,发动农民决策共谋、发展共建、建设共管、效果共评、成果共享,实现乡村由表及里、形神兼备全面提升。

3. 聚焦"群众可感可及"推进美好农村人居环境建设

学习借鉴浙江"千万工程"经验,将村庄环境整治和生态建设结合起来推进,在乡村规划层面,推动有条件的村庄实行"多规合一"。将改善人居环境纳入为群众办实事内容,体系化标准化推动农村人居环境改善,突出农村厕所革命、污水治理和垃圾处理,强调因地制宜,完善设施,健全管护机制。

4. 聚焦以品牌建设为抓手推进农业现代化、提升乡村产业发展水平的实践探索

坚持高位推动，系统谋划。持续深化品牌强省战略，初步构建起"6+10+N"三级农产品品牌体系，打造潜江龙虾、随州香菇、宜昌蜜桔、蕲春蕲艾、赤壁青砖茶、京山桥米等6个全国性区域公用品牌，培育仙桃黄鳝、恩施玉露等10个省级区域公用品牌，重点支持周黑鸭、良品铺子等"N"个企业产品品牌做大做强。坚持延链强链，优化服务。实施"十百千万"工程，通过健全产业链支撑品牌发展。重点发展茶叶、优质稻米、菜籽油、小龙虾等10个农业主导产业链，重点打造潜江龙虾、仙桃黄鳝、江汉大米、赤壁青砖茶4个省级区域公用品牌。坚持搭建平台，创新发展。建设湖北优质农产品展销中心，实现了品牌宣传推介营销从分散到集中、从传统到现代、从线下到线上、从全省到全国四个方面的突破，打造"永不落幕"的农博会。坚持依托展会，加强营销。整合省内品牌展销活动，采取"1个主会场+N个分会场"的形式扩大展会影响力。加强同国家和省级电视台、网络平台、报纸等媒体的合作，争取央视"品牌强国工程"广告资源，集中宣传湖北农业品牌，持续扩大影响力。

（三）四川省全域推动宜居宜业和美乡村建设

四川省以建设宜居宜业和美乡村为核心，不断完善工作推进机制，出台《四川省学习运用"千万工程"经验加快建设宜居宜业和美乡村工作推进方案》，省委、省政府领导亲自部署，真抓实干，充分落实，勠力同心推动乡村全面振兴。

1. 紧抓重点工作，推动"四个融合"

四川省委、省政府多次带队或组织队伍赴浙江省实地考察，领悟精髓要义，学习思想理念和科学方法，坚持抓重点、找突破、重落实，明确强调：当前和今后一个时期四川"三农"工作的主线为学习运用"千万工程"经验，在推进乡村振兴上全面发力。总体安排为明确一条主线、守牢两条底线、突出三个重点、强化四项保障。"明确一条主线"为学习运用"千万工程"经验,"守牢两条底线"为确保粮食安全、确保不发生规模性返贫,"突出三个重点"是发展乡村产业促进农民增收、推进宜居宜业和美乡村建设、深化农业农村改革,"强化四项保障"即强化组织保障、投入保障、人才保障、用地保障。同时,四川省依据指导思想,聚焦重点任务,着眼重难点工作提出"四个融合",即着眼流通不畅促要素融合、着眼联动不足促产业融合、着眼供给不均促设施融合、着眼管理不优促治理融合,为建设宜居宜业和美乡村提供了指引和方向。

2. 强化规划落实,激发创新活力

四川省委、省政府制定《宜居宜业和美乡村建设规范》,建立省级部门协同机制,以乡村建设重点项目库为抓手,每年培育 1000 个省级示范村,将全省市县纳入培育范畴,梯次推动所有行政村整体提升。如成都市启动"百村先行 千村提升",创新片区项目集群建设机制,推动形成重点村全面补短、一般村整体提升、先行村示范引领的连片发展图景;宜宾市深入推进和美乡村建设"百村示范、千村达标"工程,创新提出"五个一批"整体布局思路和"五类村庄"分类建设要求,编制以示范村为核心的村级片区规划,包括 3 个城乡融合示范带、桃坪产业提升示范带、9 个县级特色示范带;内江市委重点谋划启动农村面貌改善行动,计划用 5 年时间推动 70 个镇和 7 个涉农街道近千个村庄从"里子"到"面子"的整体改善。

四 学习运用"千万工程"经验、健全推进乡村全面振兴长效机制的路径思考

党的二十届三中全会审议通过的《中共中央关于进一步全面深化改革 推进中国式现代化的决定》提出,学习运用"千万工程"经验,健全推进乡村全面振兴长效机制。基于各地的实践调研总结和思考,学习运用"千万工程"经验,健全推进乡村全面振兴长效机制需要从以下几个方面下功夫。

（一）政治保证和组织保障机制

"千万工程"是习近平同志主政浙江时亲自谋划、亲自部署、亲自推动的"一把手"工程。坚持党的全面领导、把党的领导贯穿于全过程各方面是制胜秘诀、重要法宝。学习运用"千万工程"经验，首要是毫不动摇地坚持党对"三农"工作的集中统一领导，把党的全面领导贯穿于乡村全面振兴全过程各方面，使乡村全面振兴始终有坚强的政治保证、有可靠的组织保障。坚持党的集中统一领导，充分发挥县党组织的"一线总指挥"作用，发挥乡镇党组织的具体组织实施功能，把村党组织建设成为推进乡村全面振兴的坚强战斗堡垒，不断激发农村党员投身乡村全面振兴的积极性、主动性和创造性。

（二）确保农民主体地位机制

推进乡村全面振兴，最根本的是要坚持以人民为中心的发展思想，做到乡村全面振兴为了农民群众、乡村全面振兴依靠农民群众、乡村全面振兴成果由农民群众共享。"千万工程"最大的亮点就在于其造就了万千美丽乡村，造福了万千农民群众，让农民群众的获得感、幸福感和安全感更加充实、更有保障、更可持续，实现农民群众共同富裕，促进农民群众全面发展。学习运用"千万工程"经验，就是要以保障和改善民生、让农民群众过上好日子为出发点和落脚点，持续增强农民群众的获得感、幸福感和安全感，让农民就地过上现代文明生活。无论是推动乡村产业发展，还是实施乡村建设行动，推进乡村治理，都要把农民群众认可不认可、答应不答应、高兴不高兴、满意不满意作为评判是非得失的根本标准。实践证明，只有建立健全乡村振兴为了农民群众、乡村振兴依靠农民群众、乡村振兴成果由农民群众共享的运行机制，才能使乡村全面振兴有稳固的内生动力，加速农业农村现代化。

（三）高质量发展机制

乡村全面振兴必然以高质量发展为主要方向和重要基础。在乡村振兴的过程中，实现高质量发展是重点。高质量发展意味着更高的生产效率、更优质的产品和服务、更可持续的发展模式。通过高质量发展，可以推动乡村产业结构的优化升级，提高农产品的质量和附加值，增强乡村经济的竞争力。高质量发展要求乡村基础设施完善，公共服务水平提升，从而为农民创造更好的生活条件。乡村振兴也为高质量发展提供了广阔的空间。乡村地区拥有丰富的自然资源和人文资源，通过挖掘和利用这些资源，可以培育出具有地方特色的产业和产品，推动乡村经济发展。乡村振兴还可以促进城乡融合发展，推动城乡资源共享和优势互补，为高质量发展注入新的动力。只有坚持高质量发展理念，推动乡村经济、社会、生态等的全面发展，才能真正实现乡村振兴的目标。

（四）融合发展机制

首先是推进产业融合。学习运用"千万工程"经验，要聚力做好"土特产"文章，开发农业产业新功能、农村生态新价值，打造具有竞争优势的特色产业。推进现代农业园区、国家粮食安全产业带建设，发展高效生态农业、特色林草产业，促进农业规模化、标准化和产业化经营。培育乡村新产业新业态，推动农村一二三产业融合发展，促进乡村产业全链条升级。深化农村集体产权制度改革，健全集体资产经营管理体制，发展壮大农村新型集体经济。培育新型产业融合主体，提高融合主体跨界配置和利用资源的能力，实行集约化和规模化经营，鼓励其拓展农业的多重功能，实现要素的合理利用；大力发展多类型融合业态，实现信息技术、生物技术、大数据、物联网等与乡村元素、传统农业等的各类产业要素融合，推进乡村经济多元化，构成纵横交错的立体产业体系，增强产业发展的系统性和产业间的协调性。其次是推进城乡融合。浙江省在推进"千万工程"过程中，无论是当初的社会主义新农村建设，还是新时代推进乡村全面振兴，始终都把乡村繁荣兴旺与城镇高质量发展相关联，坚持城乡融合发展，推动形成工农互促、城乡互补、协调发展、共同繁荣的新型工农城乡关系，构建工农城乡利益共同体、命运共同体。乡村振兴不能就乡村谈乡村振兴，必须贯彻协调发展理念，推动城乡优势互补、普惠包容、均衡协调发展，只有这样，才能源源不断地为乡村全面振兴注入能量和动力。学习运用"千万工程"经验，必须跳出一域看全局，更加深入地推进以城带乡、以工促农、工农互惠、协调发展。建立健全以县域为载体、以县城为中心、以乡镇为节点、以乡村为基点的高水平促进城乡融合发展机制，实现城乡资源优化配置、要素双向进出、市场有序畅通、人员便利流动，进而在深入推进新型城镇化中联通、带动农业农村现代化。

（五）科学推进机制

一是坚持问题思维、问题导向，从解决突出问题入手，在不断解决问题中深化、升华。"千万工程"就是从农民群众反映强烈的村庄环境问题整治入手，由点及面、迭代升级，最终成为包括农村经济、政治、文化、社会、生态文明建设和党的建设在内的一项系统性工程。学习运用"千万工程"经验，要坚持问题思维、问题导向，紧紧抓住广大农民群众最关心最直接最现实的利益问题，抓住事物的主要矛盾与矛盾的主要方面，不断推动实现从量变递进到质变。二是坚持系统观念，强化战略思维，在前瞻性思考、战略性谋划、系统性布局、整体性推进中实现乡村全面振兴。自"千万工程"实施以来，先后经历了示范引领、整体推进、深化提升、转型升级等阶段，实现了从温饱型生存需求向小康型发展需求、共富型发展需求的演变，推动了从"千村示范、万村整治"向"千村精品、万村美丽"再向"千村未来、万村共富"的迭代升级。学习运用"千万工程"经验，必须把乡村振兴作为彼此联系、相互制约、相辅相成的有机统一体来认识、来谋划，做好"顶层设计"，有清晰的"路线图"、明确的"施工表"，协同推进乡村发展、乡村建设、乡村治理。三是坚持因地制宜，始终做到实事求是、一切从实际出发。学习运用"千万工程"经验，关键是要学深悟透"千万工程"经验所蕴含的理念方法，因地制宜、实事求是，善于创造性转化、创新性运用，探索出有自己特色的乡村全面振兴之路。四是持续提升乡村治理效能。学习运用"千万工程"经验，要着力完善党组织领导的自治、法治、德治相结合的治理体系，让农村既充满活力又稳定有序。坚持大抓基层的鲜明导向，推动治理和服务重心下移、资源下沉，推动乡镇赋权扩能。深化党组织领导的村民自治实践，创新乡村治理抓手载体。

（六）政府、市场和社会互动机制

浙江省"千万工程"之所以能一以贯之、一抓到底，关键在于发挥了"党政合一"垂直治理制度功能。在此基础上，"千万工程"始终坚持以人为本、人民至上的理念，明确政府和农民的权责边界，尊重民意、维护民利、强化民管，激发村民参与村庄整治规划等公共事务的内生动力。学习运用"千万工程"经验，建立健全"政府主导、农民主体、部门配合、社会资助、企业参与、市场运作"的制度体系，加强基层治理平台建设，形成全社会共同参与、共同推进、共同建设的乡村治理新格局。发挥政府的主导作用，加强制度供给及政策实施，全面保障教育、医疗、公共产品。发挥市场在优化资源配置方面的作用，充分调动农村地区各生产要素的参与，吸引外资与技术，畅通农村土地、资本、劳动力等生产要素流动，推动农村市场经济结构优化升级。充分发挥农民主体的自主性、能动性，积极参与乡村治理。广泛动员社会力量的参与，加快补齐乡村全面振兴的短板。

（七）持之以恒学习机制

2003 年至今，浙江省持之以恒推进"千万工程"迭代升级，充分说明"千万工程"绝非一时兴起，而是经得起时间考验的。学习运用"千万工程"经验，既要立足当前，更要面向长远。一是要持之以恒地学习"千万工程"经验。我国乡村建设的欠账较多，和城市相比差距还很大，是一项长期的工作。浙江省在"千万工程"实施之前就已是我国经济发达省份之一，其乡村由"脏乱差"到"农业强、农村美、农民富"的蝶变尚且经历了 20 多年的时间，其他地方在推进"千万工程"时，更要将其作为一项长期性工作，稳扎稳打，持之以恒。二是要注重长期利益。"千万工程"是习近平总书记在深刻认识"三农"工作规律、准确把握乡村农情民意的基础上作出的科学决策，早在启动之时就在顶层设计中注重长期利益。学习运用"千万工程"经验，就是要树立长期发展的政绩观，多为长远发展计，为子孙后代计。三是要注重乡村建设的动态发展性，做到久久为功与分期推进相结合。要集中力量解决一些人民群众关心且较易解决的问题，增强农民的获得感，从而快速取得农民的信任和支持。学习运用"千万工程"经验，要用"一件事情接着一件事情办，一年接着一年干"的精神，从群众反映最强烈的问题入手，由点及面，针对不同时期的工作重心，把握推进时序、明确目标任务、细化实施方案，不断积小胜为大胜。四是要坚持稳中求进，久久为功。"千万工程"的成功，得益于路线方针政策确定之后，不动摇、不懈怠、不折腾，驰而不息地抓落实。学习运用"千万工程"经验，就必须发扬钉钉子精神，树立和践行正确的政绩观，摒弃形式主义、官僚主义，远离"政绩工程""面子工程""形象工程"，脚踏实地、求真务实。

此外，要健全多元投入机制、科技和改革驱动机制、绿色发展机制、物质文明与精神文明协调机制、共同富裕机制、考核督导机制等。

总之，"千万工程"是习近平在浙江工作时亲自谋划、亲自部署、亲自推动的一项重大决策，是习近平新时代中国特色社会主义思想的生动实践。"千万工程"展现了新发展理念的重大理论和实践价值、塑造了城乡融合发展的实践样板、描绘了美丽乡村的生动图景、指引了乡村全面振兴的实现路径。贯彻落实党的二十届三中全会精神，把"千万工程"经验总结推广好、学习运用好，把握蕴含其中的习近平新时代中国特色社会主义思想的世界观和方法论，不断将其转化为推进乡村全面振兴的思路办法和具体成效，为促进城乡区域协调发展、推动美丽中国建设、全面推进乡村振兴提供助力，为实现中国式现代化奠定坚实的基础。

『千万工程』地方实践

学习运用"千万工程"经验
扎实推进乡村全面振兴的广东实践

郭跃文　邓智平*

摘　要："千万工程"启动 20 多年来,深刻改变了浙江农村的整体面貌,也为推进乡村全面振兴做出了先行探索,提供了成功范例,贡献了伟大智慧。2022 年以来,广东以浙江"千万工程"为榜样,举全省之力推进实施"百县千镇万村高质量发展工程",努力破解城乡区域发展不平衡这一最大短板,农业农村现代化呈现良好发展势头。新征程上,广东将继续总结"千万工程"蕴含的宝贵的思想财富,推动乡村全面振兴的广东实践取得更大成就。

关键词："千万工程"　百千万工程　乡村全面振兴

民族要复兴,乡村必振兴。习近平同志在浙江工作期间亲自谋划、亲自

---

* 郭跃文,广东省社会科学院党组书记、研究员,主要研究方向为公共管理、乡村振兴;邓智平,广东省社会科学院改革开放与现代化研究所所长兼社会学与人口学研究所所长、研究员,主要研究方向为社会发展与现代化。

部署、亲自推动"千村示范、万村整治"工程（以下简称"千万工程"），从农村环境整治入手，由点及面，迭代升级，经过 20 多年的持续努力造就了万千美丽乡村，造福了万千农民群众，创造了推进乡村全面振兴的成功经验和实践范例。学习运用"千万工程"经验，关键是学深悟透其中蕴含的发展理念、工作方法和推进机制，[①]因地制宜地转化运用到当地"三农"工作全过程各领域，写好新时代新征程乡村全面振兴这篇大文章。

一　"千万工程"蕴含乡村全面振兴的伟大智慧

"千万工程"探索出一条加强农村人居环境整治、全面推进乡村振兴、建设美丽中国的科学路径，充分彰显了习近平总书记以非凡魄力开辟中国特色乡村振兴新路的远见卓识和战略眼光，[②]是学习贯彻习近平新时代中国特色社会主义思想的鲜活教材，对有力有效推进乡村全面振兴、绘就宜居宜业和美乡村新画卷，以加快农业农村现代化更好推进中国式现代化建设有深刻启示。

（一）深切体悟"千万工程"中蕴含的为民情怀，始终坚持把为民造福作为乡村全面振兴的根本出发点

能否真正站在最广大人民的立场上，代表最广大人民的根本利益，是区分唯物史观和唯心史观的分水岭，也是判断马克思主义政党的试金石。"千万工程"不仅是乡村人居环境整治与改善的乡村建设工程，也是惠民工程和民心工程。实践证明，只有心里真正装着农民，想农民之所想，急农民之所急，不断解决好农业农村发展最迫切、农民反映最强烈的实际问题，才能得到农民群众的真心支持和拥护，才能加快补齐农业农村这块我国现代化建设的

---

① 韩文秀：《推进乡村全面振兴作为新时代新征程"三农"工作的总抓手》，《人民日报》2024 年 2 月 4 日，第 6 版。

② 专题调研组：《总结推广浙江"千万工程"经验　推动学习贯彻习近平新时代中国特色社会主义思想走深走实》，《求是》2023 年第 11 期。

短板。[①]

聚焦农民需求,增进人民福祉。"千万工程"源于习近平总书记的深厚农民情结和真挚为民情怀。20多年来,浙江牢记习近平总书记"凡是为民造福的事就一定要千方百计办好"的重托,坚持民有所呼、我有所应,始终把增进农民根本利益、促进农民全面发展作为根本出发点和落脚点,集中力量解决农民群众的急难愁盼问题。"千万工程"全面改善村容村貌和生产生活条件,实现了从"脏乱穷"到"绿富美"的转变,农村生活污水治理率达100%,生活垃圾处理全面覆盖,农民生活质量和健康水平显著提高,村民享受到与城市居民同样的医疗、教育等公共资源,农民的获得感、幸福感和安全感显著提升,城乡差距显著缩小。

激发农民主体意识,形成共建共享格局。习近平在浙江工作期间强调,必须把增进广大农民群众的根本利益作为检验工作的根本标准,充分尊重农民的意愿,充分调动农村基层干部和广大农民群众的积极性和创造性。浙江在实施"千万工程"过程中,始终从农民群众角度思考问题,充分尊重基层和群众的首创精神,厘清政府和农民的职责边界,坚持"村里的事情大家商量着办",不搞强迫命令,注重激发农民群众积极参与村级公共事务的主人翁意识,推动实现从"要我建设美丽乡村"到"我要建设美丽乡村"的转变,为农村发展注入了源源不断的动力。

(二)深切体悟"千万工程"中蕴含的系统观念,坚持全局性谋划和整体性推进乡村全面振兴

唯物辩证法认为,事物是普遍联系的,事物及事物各要素相互影响、相互制约,不仅乡村本身是一个有机系统,农村和城市也是一个紧密联系的整体。乡村振兴涉及硬件和软件、技术和制度、设施和观念等多领域多维度,必须把握好全局和局部、当前和长远、宏观和微观、主要矛盾和次要矛盾、特殊

[①] 专题调研组:《总结推广浙江"千万工程"经验 推动学习贯彻习近平新时代中国特色社会主义思想走深走实》,《求是》2023年第11期。

和一般的关系，需要前瞻性思考、全局性谋划、战略性布局、整体性推进。[①]

坚持城乡一体化思维，统筹推动城乡融合发展。习近平同志强调，要把农村和城市作为一个有机统一的整体统筹协调，充分发挥城市对农村的带动作用和农村对城市的促进作用，形成以城带乡、以工促农、城乡互动、协调发展的体制和机制。[②]"千万工程"实施 20 多年来，浙江始终坚持统筹城乡发展，不断推动城市基础设施向农村延伸、公共服务向农村覆盖、资源要素向农村流动，使城乡关系发生深刻变革。[③]可见，乡村振兴不能仅局限于农村，而是要推进城乡融合，抓住城市与乡村之间在资源、服务、产品等方面的相互需求，构建在相互需求基础之上的良性互动的城乡关系。

坚持系统性推动乡村重塑。"千万工程"是一项系统性工程。在推进步骤上，浙江坚持"试点先行、以点带面、点面结合"的工作原则，不断总结经验，逐步推广实施。省委规划用 5 年时间，从全省 4 万个村庄中选取 1 万个行政村开展全面整治，并将其中 1000 个中心村打造为全面小康示范村。[④]各地在浓厚的比学赶超氛围中竞相争创示范村和整治村，为全省乡村整治和振兴注入了强劲动力。在推进内容上，浙江注重推动农村物质文明和精神文明相协调、硬件与软件相结合，一体推进产业振兴、人才振兴、文化振兴、生态振兴、组织振兴，既塑形，又铸魂，把农村建设成农民身有所栖、心有所依的美好家园。

（三）深切体悟"千万工程"中蕴含的务实作风，坚持实事求是、因地制宜推进乡村全面振兴

实践证明，只有秉持实事求是的态度才能促使我们深入实际、了解实际，真正做到实事求是、从实际出发，离不开调查研究。只有学好练精调查研究这

① 黄承伟：《推进乡村全面振兴：理论逻辑、科学方法与实践路径》，《农业经济问题》2024 年第 7 期。

② 习近平：《把握"两个趋向"　提高解决"三农"问题的能力》，《人民日报》2005 年 2 月 4 日，第 9 版；习近平：《推进城乡一体重在统筹发展》，《经济日报》2005 年 2 月 22 日，第 5 版。

③ 谢富胜、匡晓璐：《学习运用"千万工程"经验　推动乡村全面振兴不断取得新进展》，《光明日报》2024 年 10 月 29 日，第 6 版。

④ 方问禹、黄筱等：《十组数据解码浙江"千村示范、万村整治"工程二十年》，《新华每日电讯》2023 年 4 月 13 日，第 4 版。

个基本功，才能把情况摸清、把问题找准，提出的点子、政策、方案才能符合实际情况、符合客观规律、符合科学精神。

坚持深入调查研究，从实际出发想问题、作决策、办事情。正确的决策离不开调查研究，正确的贯彻落实同样也离不开调查研究。"千万工程"是习近平同志到浙江工作后不久，用118天时间跑遍11个地市，一个村一个村地仔细调研，充分掌握省情农情后作出的重大决策。20多年来，"千万工程"的每一次深化拓展，都是基于调查研究从实际出发的成果。[①]新时代新征程上，要持续加强和改进调查研究，深入基层、掌握实情、把脉问诊，紧密结合自身实际，谋划实施有针对性的政策举措，不断破解矛盾瓶颈、推动高质量发展。

坚持因地制宜，科学规划，分类施策。浙江从一开始就认识到各村的资源禀赋不同，文化传承不同，发展阶段也不同，必须走特色发展之路。"千万工程"推进中，浙江立足于"千村千面""万村万象"的实际，区分山区、平原、丘陵、沿海、岛屿等地形地貌，区分发达地区和欠发达地区、城郊村庄和纯农业村庄，因地制宜、分类指导，科学编制县域美丽乡村建设规划体系，强化规划刚性约束和执行力，把握好整治力度、建设程度、推进速度与财力承受度、农民接受度的关系，打造各具特色的现代版"富春山居图"。

（四）深切体悟"千万工程"中蕴含的质量互变思维，在循序渐进中推动乡村全面振兴落地见效

事物的发展是有客观规律的，任何事物的变化都有一个量变的积累过程，没有量变的积累，质变就不会发生。[②]在习近平总书记的领导指引下，浙江坚持二十年如一日，始终把"千万工程"作为"一把手"工程，[③]保持战略定力，

---

① 专题调研组：《总结推广浙江"千万工程"经验　推动学习贯彻习近平新时代中国特色社会主义思想走深走实》，《求是》2023年第11期。

② 习近平：《摆脱贫困》，福建人民出版社，2014，第58页。

③ 20多年来，浙江在推进"千万工程"中始终遵循"四个一"工作机制，即实行"一把手"负总责，成立一个"千万工程"工作协调小组，每年召开一次"千万工程"工作现场会，定期表彰一批"千万工程"的先进集体和个人。这个工作机制对"千万工程"的接续推进发挥着至关重要的作用。

保持历史耐心，一任接着一任干，一棒接着一棒跑，积小胜为大胜，一张蓝图绘到底，创造了接续奋斗不停歇、锲而不舍抓落实的典范。

坚持久久为功的长期主义。习近平同志在浙江工作期间指出，要不断丰富"千万工程"内涵，拓展建设领域；坚持不懈地抓好这项惠及全省千百万农民的"德政工程"。20多年来，浙江与时俱进、创新举措，推动"千万工程"范围不断延展、内涵不断丰富、成果不断放大，从"千村示范、万村整治"引领起步，到"千村精品、万村美丽"深化提升，再到"千村未来、万村共富"迭代升级，[①] 真正体现了从环境改善到产业兴旺再到乡村全面振兴的有序推进和与时俱进。

坚持先易后难，循序渐进。浙江"千万工程"在实施过程中，浙江不断创新解决"三农"问题的思路和方法，合理安排改革举措的先后顺序、节奏时机，根据不同发展阶段确定整治重点，抓紧解决最为集中最为迫切的问题，既不刮风搞运动，搞短期政绩，也不超越发展阶段提过高目标，从花钱少、见效快的农村垃圾集中处理、村庄环境清洁卫生入手，到改水改厕、村道硬化、绿化亮化，再到产业培育、公共服务完善、数字改革，先易后难、层层递进，不断积小胜为大胜。

二 广东以实施"百县千镇万村高质量发展工程"为抓手，推动城乡区域协调发展取得新突破的实践探索

学习运用"千万工程"经验，关键是要从地方实际出发，找准切入点和突破口。发展不平衡不充分问题是广东高质量发展的最大短板。习近平总书记在广东考察时强调，"推进中国式现代化，必须全面推进乡村振兴，解决好城乡区域发展不平衡问题。"[②] 2022年以来，广东在学习借鉴浙江"千万工程"

---

① 黄祖辉：《用"千万工程"经验引领乡村全面振兴》，《农村工作通讯》2024年第5期。

② 《习近平在广东考察时强调 坚定不移全面深化改革扩大高水平对外开放 在推进中国式现代化建设中走在前列》，《人民日报》2023年4月14日，第1版。

经验的基础上，结合广东实际创新性实施"百县千镇万村高质量发展工程"（以下简称"百千万工程"），通过统筹县的优势、镇的特点、村的资源，实现资源共享和优势互补，推动区域间的合作与互动，提升整体竞争力，努力构建更高水平更高质量的城乡区域协调发展格局。

（一）建立健全实施"百千万工程"的体制机制和政策体系

高位推动和系统谋划是推进"百千万工程"的核心路径。广东通过构建全面覆盖、精准施策的工作机制，强化上下联动和政策集成，集中优势资源，丰富改革创新举措，着力解决"谁来抓、抓什么、怎么抓"的关键问题，为"百千万工程"高质量推进提供了坚实保障。

高位推动、系统谋划，以头号工程力度实施"百千万工程"。省市县三级全部设立"百千万工程"指挥部和工作专班，省市县镇村"五级书记"一起抓，构建起"党委管总、指挥部主战、职能部门主建"的工作格局。全面实行省领导定点联系市县、市领导挂钩镇、县领导联系村。构建"1+N+X"政策体系，省直部门已出台100多项配套实施意见和工作方案，市县两级均按"一县一策"要求制定具体实施方案。坚持分类施策，引导县（市、区）立足资源禀赋、比较优势实现差异化发展，将镇（街）划分为城区镇、中心镇、专业镇等5类，将行政村按照实际情况分别确定发展方向。选取22个县（市、区）、110个镇、1062个村（社区）作为首批典型县、镇、村，为全省"百千万工程"深入推进提供经验借鉴。

建立完善纵向支持、横向帮扶、内部协作相结合的新型帮扶协作机制。开启新一轮对口帮扶协作，珠三角6市选派300余名干部有序开展对口帮扶协作，实现对全省57个县（市）及粤东粤西粤北市辖区全覆盖；省有关单位选派193名干部组成62个纵向帮扶组团，纵向帮扶支持57个县（市）及5个重点老区苏区，确定帮扶重点项目1000余个。138家高校与86个县（市、区）结对开展"双百行动"，73家三甲医院组团帮扶粤东粤西粤北60个县（市、区）113家县级医院。创造性开展驻镇帮镇扶村工作，巩固拓展脱贫攻坚成果。

2021年以来，发动省直、中直驻粤单位和各市县7000多个帮扶单位、1190个工作队、8000多名干部，以及9000多名"三支一扶"人员、大学生志愿者、金融助理参加驻镇帮镇扶村工作，发动2812名科技特派员和1万多名乡土专家，对接帮扶1.4万多个村，发动社会力量共向帮扶地区捐款110.7亿元，引入企业新增投资1178亿元。

打好改革"组合拳"，激发县镇村发展的活力。聚焦重点领域和关键环节，在民生领域改革、发展壮大农村集体经济、农村土地综合改革、激励干部群众投身"百千万工程"等方面形成40项集成式改革典型案例。①制定实施整县推进农文旅融合发展试点方案、促进乡村酒店（民宿）高质量发展的实施意见，在环南昆山—罗浮山区域等6个片区整县推进农文旅融合发展试点，组织推进佛山市建设广东省城乡区域协调发展改革创新实验区，高州市建设广东省农业农村现代化改革创新实验区，累计创建7个省级改革创新试验区、7项综合改革试点、13个专项改革试点。

（二）统筹推动县镇村一体高质量发展

广东全域不到18万平方公里面积上的122个县（市、区）、1613个乡镇（街道）、2.65万个行政村（社区）是"百千万工程"的主战场，县镇村一体化高质量发展是推动乡村振兴的重要抓手。广东更好地统筹县的优势、镇的特点、村的资源，加强规划引领、完善支持政策和推动示范带动，促进产业、人口和服务集聚，改善提升基础设施、公共服务和人居环境，加快把短板变成潜力板。

发力产业强县，持续壮大县域经济。深化扩权强县和强县扩权改革，将60项省级事权批量调整由市县实施。以促进招商引资和推动产业升级为重点，助力做大做强县域特色经济和支柱产业。深圳市南山区、广州市天河区等17

---

① 2024年10月21日，广东省委全面深化改革委员会审议通过《全省基层推进"百千万工程"集成式改革典型案例》，分深化民生领域改革、发展壮大农村集体经济、农村土地综合改革、激励干部群众投身"百千万工程"等4个专题选出具备创新性、典型性、可复制性的40个典型案例。

个区位列全国百强区,建设粤东粤西粤北12个产业转移合作园区,共建孵化器、园中园等多种形式"反向飞地"超110个。复制推广珠三角优化县域营商环境23个典型案例,布局首批10个营商环境改革试点,县域营商环境进一步优化提升。在广阔的粤东粤西粤北地区,一个个充满生机活力、具备"造血"能力的县域增长极快速形成。

聚焦连城带乡,推动美丽圩镇提升能级。聚焦强化联县带村作用建好乡镇关键节点,持续推进美丽圩镇建设,做大做强中心镇,做专做精专业镇,做优做美特色镇。出台《广东省圩镇人居环境品质提升行动方案》,支持全省80个典型镇开展规划方案编制、人居环境整治、风貌品质提升、设施服务优化和产业发展促进。遴选确定65个"土地有潜力、产业有实力、发展有空间"的中心镇,按照小城市标准进行规划建设。高质量完成典型镇等144个镇国土空间规划编制,开展乡镇"六乱"专项整治,完成"三线"下地改造4778公里。中建、中铁、中铁建、中交4家企业与粤东粤西粤北15个地级市98个县(市、区)556个镇(街)结对共建,谋划共建项目3173个。赛迪工业和信息化研究院(集团)四川有限公司发布的"2024镇域经济全国500强榜单"显示,佛山狮山镇等7个建制镇入围全国前10;38个镇入围前100,占比1/3;98个镇入围500强,占比近1/5。

持续提升农村人居环境,镇村风貌焕新。不断巩固提升厕所、垃圾、污水"三大革命"成果,全省农村卫生户厕普及率达97%以上,标准化公厕7万余座,"村收集、镇转运、县处理"的生活垃圾收运处置体系覆盖所有行政村,36个县(市、区)基本实现农村生活污水治理全覆盖。支持引导全省1646家建筑业企业与乡镇确定4473个结对帮扶项目,积极参与镇村建设和人居环境整治提升,推动城乡面貌焕然一新。制定实施农民集中式住宅建设、"光伏+建筑"应用政策,2023年至今提升农房风貌品质约11.7万户,建设或改造绿色农房约3.7万户。大力推进绿美乡村建设,出台农村地区面源污染防治指导意见等,推动城乡生态环境保护修复,截至2024年10月底全省已种植绿化苗木2001.6万株,全省新增绿化面积4000公顷、新增绿化带长度7919

公里。实施美丽圩镇建设运营、乡村基础设施规划建设管护、农村小型公益性项目建设以奖代补等政策，推动形成财政引导、多方筹资的镇村建设和人居环境整治提升机制。

（三）推动城乡要素双向流动

城乡区域协调发展的过程，也是土地、资本、技术、人才等生产要素流动日趋自由有序、资源配置更加高效的过程。广东有力推动"百千万工程"集成式改革走深走实，充分发挥典型引领示范作用，畅通要素对流，激活城乡内生动力，有效解决"地从哪里来、钱从哪里筹、人往哪里聚"的核心问题。

稳步推进以县城为重要载体的新型城镇化建设。部署推进首批 15 个县（市）新型城镇化试点，粤西地区成为国家规划的城镇化潜力较大的集中片区之一，加快建设环南昆山—罗浮山县镇村高质量发展引领区。县域城镇化呈现加快趋势，2018~2023 年全省 57 个县城镇常住人口由 1449.1 万增加到 1628.1 万，县域常住人口城镇化率由 40.7% 提高到 45.8%，五年间提升了 5.1 个百分点，高于同期全省、全国平均水平。加快补齐县城及中心镇基础设施和公共服务短板，开工改造县城老旧小区 209 个，建成"口袋公园"2591 个，县城污水处理率提高至 97.4%；深化粤东粤西粤北地区职业教育改革，推动县域内基础教育资源均衡布局；出台促进基层医疗卫生体系健康发展行动方案，全省 57 个县域医共体已有 56 个达到紧密型标准。

推进全域土地综合整治扩面提质，有效盘活闲置土地资源。为破解空间布局无序化、耕地碎片化、土地利用低效化、生态功能退化等问题，广东以县域为统筹单元、以乡镇为基本实施单元，扎实推进全域土地综合整治扩面提质，全省 42 个试点已完成投资 650 亿元，整理农用地 6.8 万亩、建设用地 4.7 万亩、生态保护修复土地 39.5 万亩，盘活农村存量建设用地近 6.2 万亩，建立"百千万工程"项目用地"指标池"，有效拓展县镇村发展空间。支持各地在"反向飞地"、耕地集约流转、撂荒地整治、破解低效工业用地等方面进行探索实践，有效提高城乡土地要素集约化利用程度。

加大金融支农力度，促进资本下乡。强化县级财力保障，全面推进财政省直管县改革，实现省财政在收支划分、转移支付、财政结算、库款调度和项目申报5个方面直接联系到全省57个县（市）。建立生态保护补偿等转移支付制度，实施老区苏区、民族地区和边界地区补助政策，为粤东粤西粤北地区基建投资配套省级补助，县域获得中央预算内投资4年增长2.4倍，新增专项债券从248亿元扩大到739亿元。设立100亿元规模的县域经济高质量发展基金，选派3万多名金融特派员驻村入户。2023年，对1.67万个信用村和107个农业园区分别开展"整村授信"和"整园授信"，截至2023年底涉农贷款余额2.6万亿元，同比增长21.4%，创10年来新高。

（四）大力发展岭南特色现代乡村产业体系

产业振兴是乡村振兴的重中之重。广东牢牢守住粮食安全底线，以产业强镇为基础、以产业园为引擎、以产业集群为骨干，着力做好"土特产"文章，努力培育发展乡村新业态，加速发展农业新质生产力，积极延伸和拓展农业产业链，现代化农业强省建设迈出坚实步伐。

严守耕地红线，粮食和重要农产品供给保障有力。广东立足于作为全国第一常住人口大省和最大粮食主销区的实际，全面贯彻落实粮食安全党政同责要求，推动全面修订《广东省粮食安全保障条例》，不断完善粮食安全保障体系。2023年广东省粮食产量为1285.19万吨，保持在近十年较高水平。全面实施"田长制"，2023年建成高标准农田169.8万亩，深挖耕地稳产保供潜力，有序推进撂荒耕地复耕复种。强化粮食"产购储加销"协同保障，地方储备粮规模和成品粮储备规模均居全国第一位，粮食仓储企业完好仓容连续七年保持增长。推动粤港澳大湾区"菜篮子"工程建设，重要农产品供给保障有力，2023年蔬菜及食用菌产量增长2.5%，园林水果产量增长5.6%，猪肉产量增长6.5%。

构建岭南特色现代农业产业体系。以现代农业产业园为抓手，着力构建体现广东特色、展现广东比较优势的现代乡村产业体系，推动农业从小散弱向集约化转变。2023 年，广东布局建设 11 个国家级优势特色产业集群、22 个国家现代农业产业园、84 个国家农业产业强镇与一批省级现代农业产业园区，现代农业产业园全面覆盖丝苗米、荔枝、菠萝、柚子、蔬菜、畜禽、水产等岭南特色主导产业。构建国家、省、市、县四级农业龙头企业梯次联动发展格局，国家级和省级重点农业龙头企业超 1500 家。2023 年，广东预制菜产值突破 700 亿元，同比增长超过 25%，推动制定粤港澳大湾区预制菜产业"湾区标准"。大力发展数字农业，深入推进水产种业振兴行动，"粤强种芯"工程取得突破性进展。培育壮大农村电商、乡村旅游、健康养生等新产业新业态，推动一二三产业融合发展。2023 年全省乡村休闲旅游接待游客数量 1.67 亿人次，同比增长 27.42%。

海洋牧场建设势头迅猛，不断开拓"海上良田"。广东海域面积 41.93 万平方千米，是陆域面积的 2.3 倍，大陆海岸线长约 4100 千米，居全国首位。广东充分挖掘利用丰富海洋资源和潜力，树立大食物观，积极打造"蓝色粮仓""海上粮仓"，在藏粮于地、藏粮于技的同时"藏粮于海"。2023 年，全省水产品总产量 924.02 万吨、同比增长 3.35%，居全国第一位，水产养殖产量 795.71 万吨、连续 27 年居全国第一位，全省渔业经济总产值达 4420.28 亿元。2023 年以来，开工现代化海洋牧场项目 75 个、总投资额超 178.5 亿元，累计建成 15 个国家级海洋牧场示范区，所占海域面积超过 12.5 万公顷，重力式深水网箱超 5586 个，现代化海洋牧场建设初具规模。

（五）做大做强农村集体经济

乡村振兴的落脚点是要让农民受到实惠，让集体经济发展壮大。自"百千万工程"实施以来，广东各地充分发掘和利用当地资源优势，通过改革盘活闲置资源，利用市场机制，引入企业发展特色产业，不断探索新型农村集体经济的多种实现形式，增强了村集体的"造血"功能，实现强村富民。

深化农村集体产权制度改革，推动集体经济提档升级。聚焦农村产权流转交易、镇村合作机制、乡村"微工厂"、激活"人地钱"要素等方面制度创新,开展"三变五合"改革①、"股票式"改革②、成立"强镇富村公司"等探索,推动村集体经济实现提挡加速。近年来,广东累计遴选 12 个县(市、区)开展供销合作社与农村集体经济组织合作试点、897 个村开展发展新型农村集体经济试点、50 个村开展农村职业经理人试点,遴选 1048 个家庭农场、1090个农民专业合作社作为重点培育对象,持续提升新型农业经营主体能力。积极推进新型农村集体经济地方立法,③ 持续规范农村集体"三资"管理,有效保障集体利益和村民权益。2023 年全省村集体经济年经营性收入达到 10 万元以上的村有 2 万余个,比 2021 年增加 45.8%,农村集体经济收入 10 万元以下薄弱村基本清零。

脱贫攻坚成果全面巩固,城乡收入差距进一步缩小。广东现有脱贫人口51.74 万户 139.63 万人,"三类监测对象"1139 户 5352 人。2021~2023 年脱贫户人均可支配收入分别增长 2.3%、5.5%、6.2%,累计消除返贫风险 7936 户30235 人,守牢不发生规模性返贫底线。2023 年,广东农村居民人均可支配收入 25142 元,比 2021 年增长 12.7%,农村居民收入增速高于城镇居民 2.3 个百分点,城乡居民收入比从 2021 年的 2.46∶1 缩小至 2.36∶1。

三 学习运用好"千万工程"经验,谱写广东乡村全面振兴新篇章

"千万工程"引领浙江山乡巨变,为推进乡村全面振兴作出了先行探索,提供了成功范例。广东是改革开放的排头兵、先行地、实验区,也是习近平总书记

---

① "三变",即资源变资产、资金变股金、农民变股东;"五合",即通过股权量化,打造股份、土地、劳务、置业、旅游五大专业合作社。村股份经济合作社负责村集体经济资源统筹,被视为"母社";另外四个专业合作社,则分别负责相应领域的资源整合。

② 为破解制约乡村产业发展的土地难题,汕尾市在 59 个村实施"股票式"改革,通过"股票田""股票塭""股票宅"等制度创新,以"田地宅入股、村企合作开发"全面激活农村"三块地",盘活土地面积超 3.9 万亩。

③ 《广东省新型农村集体经济发展促进条例(草案)》已于 2024 年 9 月提交省人大常委会会议审议。

关于"三农"工作重要论述的重要实践地。广东承继"千万工程"的经验和真谛，结合自身实际以头号力度实施"百千万工程"，谱写广东乡村全面振兴新篇章，在城乡区域协调发展上不断取得新突破。

（一）加强党对"三农"工作的全面领导，进一步凝聚乡村全面振兴的强大合力

加强党对乡村全面振兴工作的组织领导。办好农村的事情，实现乡村振兴，关键在党。必须加强党委农村工作体系建设，全面落实乡村振兴责任制，压实市县镇村党组织书记抓乡村振兴责任，一体推进县域高质量发展、城镇提能升级和乡村全面振兴，系统摆布城乡关系，加大改革力度，破除妨碍城乡要素平等交换、双向流动的制度壁垒，促进发展要素、各类服务下乡，加快形成工农互促、城乡互补、协调发展、共同繁荣的新型工农城乡关系。守牢确保粮食安全和不发生规模性返贫底线。落实"四下基层"制度，推动解决农民群众反映强烈的问题。加强涉农资金统筹整合，完善"百千万工程"重点任务财政保障机制。实施"百千万工程"人才计划，深化拓展"双百行动"和"三支一扶"计划，落实乡村产业振兴带头人培育"头雁"项目。

做好乡村振兴新一轮驻镇帮镇扶村工作。整合党政机关、企事业单位、科技特派员等多元帮扶主体，汇聚人才、资金、技术、市场等要素下沉到镇村。完善覆盖农村人口的常态化防止返贫致贫机制，将监测帮扶对象范围扩大到全体村民。用好帮扶车间、公益性岗位等政策，大力推行以工代赈、以奖代补，千方百计增加农民就业机会和收入，积极拓展产业协作、共建产业园区、培育"菜篮子"基地等乡村产业振兴路径。用好"千企帮千镇、万企兴万村"及"6·30"助力乡村振兴等活动平台。

动员社会力量助力乡村振兴。充分调动群团组织、企业、高校、民主党派和无党派、港澳台同胞和海内外侨胞等社会各界力量，形成全社会支持参与乡村振兴的良好氛围。引导推动建筑业央企参与县镇村建设，建好用好农业农村基础设施融资项目库，做好投融资对接服务，规范用好地方政府专项债券等

工具，撬动社会资本支持乡村振兴重大项目建设。充分调动农民群众的积极性、主动性、创造性，进一步激发乡村发展内生动力。

（二）强化科技和改革"双轮驱动"，进一步激发乡村全面振兴的活力

深入推进农村改革创新。全面深化改革推进中国式现代化的根本动力，也是实现农业农村现代化的根本动力。必须深入推进扩权强县和强县扩权改革，强化镇街体制改革，完善公共资源、公共服务与人口增减挂钩机制，推进农业转移人口市民化，推动资本、技术、人才、数据等要素下乡进村，促进县域城乡融合发展。扩大第二轮土地承包到期后再延长30年试点，抓好承包地、宅基地和集体经营性建设用地"三块地"改革，以镇为单位持续开展全域土地综合整治，鼓励市县开展承包土地经营权流转奖补试点。深化财政资金"补改投"改革，推进整村授信与普惠金融相结合，完善农业保险制度，进一步创新金融支农体制机制。推动农村集体经济组织引入现代企业制度，开展农村职业经理人等试点，有序发展强村公司。鼓励农村集体经济组织同各类经营主体合作发展、联动发展，将集体闲置资产转为经营性用途，健全农村产权流转交易平台。持续深化集体林权制度改革、农业水价综合改革、农垦改革和供销合作社综合改革，探索生态环境导向的开发模式（EOD）试点。支持茂名高州市推进农业农村现代化改革创新，支持佛山市推进城乡区域协调发展改革创新。

进一步强化农业现代化的科技支撑。农业现代化的关键是农业科技现代化。加快农机装备、设施农业、智慧农业等领域农业关键技术的研发和推广，重点强化荔枝保鲜技术、岭南地区农机具等核心技术攻关。深入实施"粤强种芯"行动，推动生物育种产业化应用，提升种业自主创新能力。加强基层农技推广体系建设，充分发挥科技小院、乡村振兴人才驿站等平台的作用，推动新一轮农村科技特派员下乡服务，选派千名农业科技特派员和万名乡土专家精准对接典型镇、典型村，提升农业科技服务的精准度与覆盖率。培育一批农业领域创新型企业和科技领军企业，强化农业企业科技创新主体地位，整合各类科

研资源，推进产学研结合，解决单产低、资源利用效率低等问题，推动实现农业科技自立自强。

（三）抓好乡村产业、乡村建设、乡村治理三大重点任务，进一步推动乡村全面振兴取得实效

大力发展富民兴村产业，加快建设现代化农业强省。树牢大农业观、大食物观，聚焦稳面积增单产，不断提升粮食产能，抓好"菜篮子"农产品稳产保供，大力发展冬种农业、北运蔬菜和现代化海洋牧场，构建多元化食物供给体系，坚决守好"三农"工作基本盘。加快构建现代乡村产业体系，深入实施农业龙头企业培优工程，抓好现代农业产业园提档升级，打造一批百亿元级全产业链现代农业产业带，培育一批千亿元级农业产业集群。开展整县推进农文旅融合发展试点，发展乡村休闲旅游等新业态，创建一批全国乡村旅游重点镇村与省文化和旅游特色村。做好"土特产"文章，拓展"农产品加工+"，推动农产品加工向产地下沉、与销区对接、向园区集中，规范发展预制菜等新业态，培育一批"粤字号"农业品牌示范基地和县域特色农业区域公用品牌。完善农产品"12221"市场营销体系，建设农村电商和快递物流配送体系，推动农产品冷链物流网建设。发展特色种养、林下经济，以及就业容量大、带动能力强的共富型产业，选育标杆农民合作社、家庭农场，发展农业生产托管社会化服务，加强农民职业教育和技能培训，建设一批乡村就业驿站，强化农民增收举措。

扎实开展乡村建设行动，建设宜居宜业和美乡村。科学编制村庄规划，坚持分类指导、因地制宜，避免"一刀切"式的指标下达，确保规划贴近实际、符合农民意愿。深入推进"清洁乡村、净美家园"村庄清洁行动，聚焦厕所革命、垃圾治理、生活污水处理"三大革命"，因村施策，逐步提高农村生活污水治理率，持续改善农村人居环境。开展百县千镇万村绿化行动，深入实施林长制，推进美丽庭院建设，不断增厚"绿色家底"。加快补齐县镇村供水、电网、公路等基础设施短板，推进新型数字化基础设施向乡村延伸，推进危房

改造和抗震升级,加强新能源汽车充换电设施建设,积极探索建设新型城乡社区,为农民提供安全便捷的生产生活条件。全面提升乡村教育、医疗、养老等基本公共服务水平,加快建设城乡学校共同体、紧密型县域医共体,实施社保"镇村通"工程,不断满足农民群众的多层次需求。坚持从实际出发,防止形式主义和过度举债,做到数量服从质量、进度服从实效,以农民满意为最高评判标准,形成高质量、可持续的乡村建设良性机制。

完善党组织领导的自治、法治、德治相结合的乡村治理体系,提升乡村治理效能。强化县级党委抓镇促村的主体责任,优化基层职责清单和考核机制,强化村小组一级的党组织建设,推进治理重心下移、资源下沉。支持基层创新村级议事协商机制,结合传统资源与现代手段,整合村规民约与网格化治理,完善村民自治。加强精神文明建设,深入开展"听党话、感党恩、跟党走"等宣传教育活动,以龙舟、醒狮、粤剧等岭南特色文化元素带动乡村文化繁荣,专项治理高额彩礼、大操大办等不良风俗,强化农村非物质文化遗产保护,办好农民丰收节。坚持和发展新时代"枫桥经验",健全"一站式"矛盾纠纷多元化解机制,推进平安乡村建设,加强防灾减灾、应急管理信息化和公共消防设施建设,提升避险和自救能力,健全农村扫黑除恶常态化机制,严厉打击违法犯罪,保障乡村和谐稳定。

学习运用"千万工程"经验的安徽实践与深化路径

储昭斌[*]

摘 要: 安徽将学习运用"千万工程"经验作为推进全省农业农村现代化的"一号工程"和建设现代化美好安徽的"基础工程",进行了系统谋划、分类施策、加大投入和统筹推进,并在村庄建设、环境整治、公共服务与生态文明提升等方面进行了实践探索。下一步,安徽还可在深化学习"千万工程"经验基础上,进一步建设"千亿斤江淮粮仓"、提升农业新质生产力、壮大乡村富民产业、繁荣乡村文化、健全现代农业经营体系等,全面推动安徽农业农村高质量发展。

关键词: "千万工程"经验 安徽实践 农业现代化

"千万工程"是习近平同志在浙江工作期间亲自谋划、亲自部署、亲自推

---

* 储昭斌,安徽省社会科学院城乡经济研究所副所长、副研究员,主要研究方向为农业产业化、乡村规划理论与实践等。

动的一项重大决策①和重要工程。学习运用"千万工程"经验，也是加快城乡融合发展和推动美丽中国建设的内在要求。②对安徽这个农业大省来说，实施"千万工程"有着十分重要的意义。安徽深入学习运用"千万工程"经验，结合自身发展实际，提出实施"千村引领、万村升级"工程，加快建设彰显徽风皖韵的宜居宜业和美乡村，③大力促进农业高质高效、乡村宜居宜业、农民富裕富足，不断推进乡村全面振兴。

一 安徽学习运用"千万工程"经验的实践探索

安徽全面深入贯彻习近平总书记关于"三农"工作重要论述和关于学习浙江"千万工程"经验的重要批示精神，以及关于安徽工作的重要讲话重要指示精神，围绕走好质量兴农、城乡融合、绿色发展、文化兴盛、乡村善治、共同富裕等"六个之路"，聚焦推进乡村产业、人才、文化、生态、组织等"五大振兴"，以农村基本具备现代生活条件为目标，以产业富民强村为主线，以改善乡村基础设施和公共服务为基础，提出"千村引领、万村升级"乡村建设工程。其中，"千村引领"就是全省到2027年建设1000个左右的精品示范村，坚持差异化打造、特质化发展、整体性提升。"万村升级"在现有已建的省级中心村基础上，统筹抓好布点规划的中心村建设和一般自然村人居环境整治，到2027年系统升级建设省级中心村总数达到1万个以上，推动全省比学赶超、提档升级。安徽实施"千村引领、万村升级"工程的主要做法与成效体现在以下几个方面。

---

① 严金明、蔡大伟、夏方舟：《以"千万工程"推进乡村全面振兴：发展理念、工作方法和推进机制》，《中国人民大学学报》2024年第5期，第72~84页。

② 巩前文、张宁：《"千万工程"经验引领农业绿色低碳发展：内在机理与实现路径》，《中国农业大学学报》（社会科学版），DOI：10.13240/j.cnki.caujsse.20241105.004。

③ 范克龙：《描绘和美乡村新画卷》，《安徽日报》2024年2月5日，第1版。

（一）编制乡村规划来引领乡村建设

实施"千村引领、万村升级"工程，规划先行。乡村规划的编制，必须遵循乡村社会发展规律，结合不同村庄的实际情况，因地制宜地编制村庄发展规划。在具体实践过程中，结合实际情况，有的村庄单独编制规划，有的乡镇或若干村庄一起合并编制规划，同时还允许乡镇和村庄在乡村规划编制时"留白"，重点是要突出规划编制的实效性和可操作性，以及执行的约束力，关注乡村空间利用的设计和乡村建设中本地化文化风貌的管控，并依法实施乡村建设规划许可管理。

（二）加强精品示范村和中心村建设

谋划建立精品示范村、省级中心村的申报遴选、检查验收、考核评估一体化机制，通过"百校联百县兴千村""万企兴万村""聚社力·兴乡业"专项行动，全面推进省级精品示范村和省级中心村建设。遴选新建省级精品示范村200个，积极谋划建设一批精品示范村。在建设的过程中，强调差异化打造，注重突出不同的特质，推动村庄的整体提升。谋划新建800个省级中心村，同时针对已建成的省级中心村进行全面评估，做到建一个评估一个，全面提升建设成效。

（三）深入实施农村人居环境整治提升行动

安徽常态化开展村庄清洁行动，深入实施乡村人居环境整治，主要包括对农村地区生活垃圾、生活污水、黑臭水体、畜禽粪污的整治。进一步优化提升农村人居环境整治体系，全面落实"农户集中投放、服务企业收运、市县统一处理"农村生活垃圾收运处置工作。截至2024年10月，已改造提升农村户厕27万户，农村的生活垃圾无害化处理率达到83%。针对乡镇政府驻地，加快居民的生活污水处理设施及相应的配套管网建设。已完成行政村生活污水治理700个，全省农村生活污水治理率达35%，通过实施农村黑臭水体治理三年行动，消除农村黑臭水体 1200 个以上。同时，加强畜禽粪污收集、贮存、转运设施建设。

（四）进一步补齐农村基础设施短板

安徽省深入实施乡村基础设施补短板工程，促进农村生活用水、充换电等设施的提升。具体通过实施农村供水保障提升工程，基本实现全省县域与城乡的供水统一管理，大大提高农村自来水普及率。2024 年 10 月，全省农村自来水普及率超过 97%。加快推进皖北地区群众喝上引调水工程，已完成 405 万人地下水水源替换年度任务。通过实施农村电网巩固提升工程，户均配变容量提高到 3.25 千伏安。全面推动农村分布式新能源发展，加强重点村镇的新能源汽车充换电设施规划与建设，同时推动充电桩在省内所有乡镇的全覆盖。开展新一轮"四好农村路"建设和危房改造，已新建或改建农村公路 3000 公里、安防工程 1 万公里，改造危桥 200 座，完成 4000 户农村危房改造任务，对农村危房实行动态清零。另外，积极实施智慧广电乡村工程。

（五）进一步健全农村公共服务体系

全面推进全省农村学校改造提升、乡村医疗卫生机构服务能力提高建设，不断健全农村养老服务体系，加强农村生育支持，做好流动和留守儿童、妇女、老年人、残疾人等关心关爱服务。分区启动基础教育优质资源扩容工程，持续推进乡村寄宿制学校、乡村小规模学校动态达标建设，改善普通高中办学条件；实施"一村一名大学生村医提升计划"，持续提升农村传染病防控和应急处置能力，全省村医中具备执业（助理）医师资格的人员比例提高到 40%，同时将符合条件的村卫生室全部纳入医保定点管理，实现村级医保经办服务全覆盖，提升 125 个紧密型县域医共体建设水平；支持具备条件的乡镇敬老院有序转型为区域性养老服务中心，探索发展结对搭伙、邻里互助等农村老年助餐模式，2024 年 10 月村级养老服务站覆盖率提高到 45% 以上；加强农村生育支持和婴幼儿照护服务，落实生育补贴政策。

（六）持续加强全省农村生态文明建设

全面减少农业面源污染，扎实推进化肥农药兽药减量增效。目前，全省的农作物秸秆和畜禽粪污等综合利用率分别达 94% 和 84%，农膜和农药包装废弃物回收率分别达 84% 和 83%。持续推进巢湖流域农业面源污染治理，强化重大动物疫病和重点人畜共患病防控。大力推进长江十年禁渔，持续巩固禁渔成效。推进绿美江淮行动，深入推进绿美村庄、绿美乡镇等建设，截至 2024 年 10 月底，完成人工造林 25.95 万亩，并实施了 10 处重要湿地保护修复工程。高水平推进新安江—千岛湖生态环境共同保护合作区建设，推进全国森林防火网格化管理试点省建设，加强古树名木保护修复。

二　安徽实施"千村引领、万村升级"工程的经验与启示

近年来，省委、省政府深入贯彻落实习近平总书记重要指示精神，准确把握浙江"千万工程"蕴含的精髓要义和理念方法，以农村基本具备现代生活条件为目标，大力实施"千村引领、万村升级"工程，加快建设彰显徽风皖韵的宜居宜业和美乡村。总结起来，有如下经验和启示。

（一）系统谋划，高位推进

安徽省委、省政府重视运用学习浙江"千万工程"经验，将加快建设彰显徽风皖韵的宜居宜业和美乡村作为推进全省农业农村现代化的"一号工程"、建设现代化美好安徽的"基础工程"。安徽省委、省政府主要领导和分管领导均多次作出批示，先后带队赴浙江考察学习，将浙江"千万工程"经验作为主题教育的案例教材，带头深入学习、深入谋划，明确要求走好"六个之路"，全力推进乡村"五个振兴"，着力构建"千村引领、万村升级"新格局，同时成立"五个一"工作机制，即各级党政"一把手"负总责，省委、省政府每年

召开全面推进乡村振兴现场会，省级成立"千村引领、万村升级"工作推进小组和工作专班，每季度召开一次调度会，每年表扬一批工作突出的地区、集体和个人。

（二）统筹协同，政策支持

安徽出台实施"千村引领、万村升级"工程，全省统筹协同推进和美乡村建设。以精品示范村和省级中心村为抓手，紧紧围绕产业富民强村发展，目标是提升全省农村的现代化水平，重点是聚焦乡村产业、人才、文化、生态、组织等五个方面的振兴，不断改善乡村基础设施和公共服务设施。具体是每年建设 200 个精品示范村，到 2027 年建设 1000 个以上；在已建的 7395 个省级中心村基础上，每年再建设 800 个省级中心村，到 2027 年总数达到 1 万个以上。同时制定精品示范村"千村引领"建设标准以及申报审批办法、省级中心村"万村升级"验收办法、和美乡村建设检查督查工作机制、和美乡村建设工作考核方案等 6 个配套文件及 20 个推进宜居宜业和美乡村建设的部门专项工作方案，实现可量化、可具象化、可考核，构建形成"1+6+20"较为完善的政策体系。

（三）分类指引，彰显特色

通过规划分类指引村庄建设。具体通过村庄发展规划，协同村庄布局、村庄建设和村域产业发展，着力塑造彰显徽风皖韵的宜居宜业和美乡村新风貌。按皖南、皖西、皖中、皖北进行分类指引：皖南地区彰显山水徽韵，打造有魅力的乡村休闲度假旅游目的地；皖西大别山区彰显生态优势，打造红色资源与绿色生态相融合的产业新高地；皖中地区彰显山水风韵，打造环都市乡村的新业态典范；皖北地区彰显田园风光，打造一批农业大地景观、平原田园风情、果园林海等特色品牌。在村庄建设中，积极彰显村庄的特色，避免千村一面。具体通过发掘不同乡村的乡土特色和地域特点，指导精品示范村科学合理规划村庄生活、生态、生产布局，使徽风皖韵的特色更加鲜明，整体风貌与自然环境更加协调。同时突出优势特色产业发展，做好农业增值大文章，培育乡村产业新业态，推进一二三产业融合发展。

（四）加大投入，创新服务

建设彰显徽风皖韵的宜居宜业和美乡村离不开资金投入。为增加资金的投入，在保持原有农村人居环境整治、美丽乡村建设等投入不变的基础上，省级财政将新增 20 亿元地方政府一般债券支持各地开展和美乡村建设。各地在省级下达新增地方政府一般债务限额内，按照平均每村 1000 万元的标准支持精品示范村建设。此外，省财政每年还将安排资金 10 亿元左右，支持 800 个左右省级中心村建设，资金用于人居环境改善和乡村产业发展等。2023 年省级补助资金 10.7 亿元已下达有关县（区），支持 838 个省级中心村建设。同时还将以政策组合拳的方式，鼓励金融机构加强产品和服务创新，引导更多金融资源投入宜居宜业和美乡村建设。鼓励省直有关部门将项目资金向和美乡村建设倾斜，鼓励金融机构贷款每年新增不少于 200 亿元支持和美乡村建设。加大招商引资力度，鼓励社会资本以村企共建、捐资助建等多种方式创新投入宜居宜业和美乡村建设；鼓励各地结合实际设立乡村振兴基金、成立乡村振兴投资公司，吸引更多的社会资本参与宜居宜业和美乡村建设。

（五）党的领导，激发内生动力

加强村党组织对各类组织的领导，重塑乡村活力。健全党组织领导的自治、法治、德治相结合的乡村治理体系，形成共建共治共享的乡村治理格局。持续培养选树"皖美村支书"，开展宜居宜业和美乡村建设培训，到 2027 年，农村基层干部至少集中轮训 1 次。派强用好驻村第一书记和工作队，健全常态化驻村工作机制。全面落实"四议两公开"制度，开展村务公开标准化建设试点。推广运用"积分制""清单制""六尺巷工作法"等行之有效的治理方式，尊重农民群众的主体地位和首创精神，推广明光"陆郢模式"、南陵"四自一提模式"，动员村民自觉主动参与和美乡村建设。发挥村规民约、红白理事会、道德评议会、村民议事会、禁毒禁赌会"一约四会"作用，持续推进移风易俗。加强法治宣传教育，深入开展"法律明白人"培养工程，确保农村社会和谐稳定、农民安居乐业。

三 运用"千万工程"经验深度推进安徽全面乡村振兴的路径

运用"千万工程"经验深度推进安徽全面乡村振兴，需全面深入贯彻落实党的二十届三中全会精神，落实习近平总书记关于安徽工作的重要讲话重要指示精神，锚定建设高质高效的农业强省目标，以学习运用"千万工程"经验为引领，以构建新型城乡融合发展新格局为主线，通过构建现代粮食体系、强化科技赋能农业、注重农业提质增效、繁荣乡村文化、健全现代农业经营体系、壮大乡村人才队伍等措施，全面建设彰显徽风皖韵的宜居宜业和美乡村。

（一）构建现代粮食体系，建设"千亿斤江淮粮仓"

安徽是全国五个粮食净调出省份之一，粮食生产要做到"强产业，促流通，开新局"。[1]构建现代粮食产业体系、生产体系、经营体系，扎实推进高标准农田建设，加快建设"千亿斤江淮粮仓"，坚决扛稳粮食主产区责任，着力提单产、稳面积、减损耗，多种粮、种好粮、多产粮，为保障国家粮食安全多作贡献。一是严格落实耕地保护制度。做到耕地数量、质量、生态"三位一体"保护，确保耕地和永久基本农田保护面积，做到"以补定占"实现耕地占补平衡，健全补充耕地质量验收制度，做到后续管护和再评价。分类稳妥开展违规占用耕地整改复耕，细化明确耕地"非粮化"整改范围，明确恢复时序。二是加强农业基础设施建设。通过投资补助来促进高标准农田的改造提升，

---

[1] 本刊评论员：《加快构建现代粮食产业和流通体系　夯实粮食安全根基》，《中国粮食经济》2023 年第 9 期，第 1 页。

加大对产粮大县的投入。鼓励农村集体经济组织、新型农业经营主体、农户等直接参与高标准农田建设管护。三是抓好粮食和重要农产品的稳产保供。严格落实耕地保护和粮食安全党政同责，制定出台实施千亿斤粮食产能建设指导意见和规划，确保粮食播种面积稳定，积极提升粮食产量水平。树立大农业观、大食物观，构建多元化食物供给体系。以大面积提高单产为重心，推进良田、良种、良机、良法、优链、优农六大工程。提高优质专用水稻、小麦种植面积，因地制宜发展再生稻，积极完成国家下达的大豆和油料扩种任务。扩大完全成本保险和种植收入保险政策实施范围，实现三大主粮全省覆盖，积极发展特色农产品保险。推进农产品质量安全智慧化监管。四是深化节粮减损，提升农业土地产出效率。推进全链条节粮减损，健全常态化、长效化工作机制，落实粮食机收减损措施，确保粮食机收损失率得到有效控制。应用绿色仓储技术改造升级粮仓，实现安全储粮，推进粮食适度加工，倡导健康饮食，坚决制止餐饮浪费。

（二）强化科技赋能农业，推进农业新质生产力发展

农业新质生产力是引领现代农业变革的根本动力，是实现农业高质量发展的重要依靠，是建设农业强国的强大动能。[1]安徽农业的发展要加速整合创新资源，构建农业科技创新体系，提升农业科技创新水平，加快形成农业新质生产力。一是推进农业产业共性技术的研发与应用。加强省现代农业产业技术体系建设，构建集技术研发、技术集成、成果转化、试验示范于一体的科技创新团队，实施农业关键核心技术攻关，培育一批省级农业科技创新平台，积极争创国家级创新平台。加强基层农技推广体系建设，加大基层农技推广人才定向培养力度。探索以乡镇为服务单元组建科技特派团，建设一批科技特派员示范基地。二是加大种业技术的投入与应用支持力度。推进小麦、水稻、玉米等农作物以及肉牛、生猪、家禽等畜禽良种联合攻关，加强地方特色品种保护和

---

[1]　樊胜根、龙文进、孟婷：《加快形成农业新质生产力引领农业强国建设》，《中国农业大学学报》（社会科学版），DOI：10.13240/j.cnki.caujsse.20241108.002。

选育，加强抗病虫害品种选育，开展大豆重大品种推广补助试点，建设生物育种安徽省实验室，培育壮大优势种业企业，支持种业"保、育、繁、推、服"全产业链发展。三是提升农机装备水平。加强智能化、自动化高端农机研制和应用，提升区域特色农业发展的机械化水平。开辟急需适用农机鉴定"绿色通道"，探索实行与作业量挂钩的农机购置和应用补贴资金兑付方式。支持育秧中心、烘干中心、综合农事服务中心建设。四是大力发展智慧农业。推动农业生产智能化、数字化，积极新建数字农业工厂（农场、牧场、渔场）。深化数字乡村智慧农业暨农业产业互联网建设试点，推进人工智能、大数据、物联网等新一代信息技术在农业农村领域的应用，建设粮食生产安全监测监管系统。健全农业防灾减灾救灾长效机制。

（三）注重农业提质增效，壮大乡村富民产业

乡村产业富民要以农产品深加工与产业融合为根本途径来解决产业振兴难题。① 做强做优乡村特色产业，大力发展特色、绿色农产品种植，推动乡村富民产业升级，提高农业综合效益，壮大新型农村集体经济，打造长三角乃至全国重要的特色农业产业基地，推进农产品深加工和农文旅深度融合发展，加强农产品的流通，实现乡村产业的提质增效和富民增收，把农业建成现代化富民强村的大产业。一是加快打造乡村特色产业。实施一村一品乡村特色产业高质量发展规划，落实支持特色产业发展的各项政策，高水平建设长三角绿色农产品生产基地，推广"园区＋公司＋农户＋科技"模式，推动特色产业提标扩面增量。二是做大做强农产品加工业。大力发展绿色食品产业，推进全产业链建设，扩大精深加工，推进农业绿色食品产业提升。加快建设皖北绿色食品产业集群，在品质粮食、优质蛋白、绿色果蔬、徽派预制菜、功能食品等产业领域打造新产业、新技术、新模式、新业态。三是推动农文旅深度融合发展。坚持以文塑旅、以旅彰文，推出一批精品线路，打造一批精品主题村、特色美

---

① 胡高强、孙菲：《新时代乡村产业富民的理论内涵、现实困境及应对路径》，《山东社会科学》2021 年第 9 期，第 93~99 页。

食村,以及旅游风景道和旅游基地,努力打造长三角最受欢迎的休闲度假旅游目的地。把传统文化、工艺美术与优质农产品结合起来,积极推进旅游业与乡村文化的深度融合,助力皖美休闲乡村建设发展,推出一批乡村旅游文创产品。四是提升农产品销售物流体系建设。深化农村电商高质量发展行动,推进县域电商直播基地建设。加强农村流通领域市场监管,持续推进农村假冒伪劣产品集中整治,建设一批县域冷链集配中心。五是拓宽农民增收渠道。千方百计拓宽农民增收致富渠道,提高农村常住居民人均可支配收入,开展农民工职业技能培训,提升农业的技术产出效率。在重点工程项目和农业农村基础设施建设领域积极推广以工代赈,吸纳本地居民就业。盘活利用农村资源资产,多管齐下增加农民财产性收入。

(四)立足区域特色,繁荣乡村文化

繁荣发展乡村文化是中国特色社会主义文化建设的重要内容,关乎国家软实力的提升,关乎民族复兴中国梦的实现。[①] 立足安徽各地区的乡村发展特色,繁荣乡村文化,让省内的乡村既充满活力又具有多种文化特色。一是繁荣发展乡村文化。深入挖掘安徽特色的淮河文化、长江文化、徽州文化,以及戏曲、民俗、非遗等特色文化底蕴,让农耕文明和现代文明要素有机结合。加强传统村落的保护与利用。编制省域传统村落保护利用专项规划,突出村庄的文化特色,加强传统村落保护,开展集中连片保护利用。二是实施传统工艺振兴计划。在特色村落举办中国非遗传统技艺大展,加强农业文化遗产的保护传承和利用。办好中国农民丰收节安徽庆祝活动、中国农民歌会,支持开展"四季村晚"、"和美乡村"篮球赛、广场舞联赛等群众性文体活动。三是持续推进农村移风易俗的改善与提升。推广"爱心超市"等积分制模式,推行新风堂、包公家宴等做法,发挥"一约四会"作用,持续锻造"好人安徽"品牌,广泛选树宣传时代楷模、道德模范、最美人物、身边好人等先进典型。持续开展

---

① 李美玲:《繁荣发展乡村文化的多维审视》,《湘潭大学学报》(哲学社会科学版)2019年第5期,第180~183页。

好家庭好家教好家风宣传，深化文明家庭、五好家庭等创建。四是建设平安和美乡村。完善矛盾纠纷源头预防、排查预警、多元化解机制，培育推广"六尺巷""一杯茶""作退一步想"等人民调解品牌，努力把各类矛盾纠纷化解在基层、化解在萌芽状态。健全农村扫黑除恶常态化机制，开展打击整治农村赌博违法犯罪专项行动，常态化开展反电诈宣传进农村活动。健全农村地区社会治安防控体系，实现村组视频监控全覆盖。

（五）深化农村改革，健全现代农业经营体系

针对不同区域、产品或产业，探索差异化的农业经营体系构建路径和模式，为推进农业农村现代化、加快建设农业强国筑牢坚实保障。[①]牢牢把住处理好农民和土地关系这条主线，守住"四个不能"（2016 年 4 月习近平总书记在安徽凤阳县小岗村主持召开农村改革座谈会时强调：不管怎么改，都不能把农村土地集体所有制改垮了，不能把耕地改少了，不能把粮食生产能力改弱了，不能把农民利益损害了）底线，充分尊重农民意愿，加快推动重要领域和关键环节改革落地见效，使现代农业经营体系不断健全。一是稳妥推进第二轮土地承包到期后再延长 30 年试点。在全省二轮延包整省试点的过程中，积极探索具体延包路径，为全国的全面推广提供经验。利用现代技术，全面开展延包合同网签，依法维护外嫁人员等特殊群体土地承包权益。二是健全现代农业经营体系。现代农业经营体系是实现中国式农业现代化的必要手段。[②]发挥安徽省新农人协会作用，大力发展新型农业经营主体和服务主体，开展区域性农业社会化服务平台建设试点，健全服务标准体系。三是完善农村产权制度。深化农村集体产权制度改革，进一步推进"三变"改革。实施新型农村集体经济"百千万"工程提升行动，加强农村集体经济组织运营监管，稳慎推进农村宅基地制度改革试点。深化新一轮林长制改革，高质量建设全国林长制改革示范区。

---

① 张红宇、郭静威：《健全完善现代农业经营体系的道路选择》，《前线》2024 年第 8 期，第 65~68 页。

② 穆娜娜、孔祥智：《中国式现代农业经营体系的构建逻辑、政策创新与重大意义》，《教学与研究》2024 年第 6 期，第 83~94 页。

（六）完善农业农村投入机制，壮大乡村人才队伍

实施乡村振兴战略亟待构建多元化的乡村振兴投入机制。[①]一是加大一般公共预算优化保障资金的投入。坚持将农业农村作为一般公共预算优先保障领域，确保投入与乡村振兴目标任务相适应。规范用好地方政府专项债券，支持乡村振兴重大工程项目建设。二是完善金融进入乡村振兴的多元化投入机制。鼓励金融机构加大对"千万工程"重点领域的支持力度。发展农村数字普惠金融，推动省绿色食品产业基金发挥更大作用，推广农业产业链生态担保模式，探索设施农业建设贷款贴息奖补。三是鼓励社会资本投资农业农村。有效防范和纠正投资经营中的不当行为。加强涉农资金项目监管，实行资金分配与绩效挂钩。四是壮大乡村人才队伍。加大乡村本土人才培养力度，继续开展乡村振兴人才评选，按规定给予补贴。实施乡村产业振兴带头人培育"头雁"项目，实施乡村工匠"千师万匠"培育工程，认定更多乡村工匠名师。五是加强高等教育支持新农科建设，加快培养农林水利类、医疗卫生类、中小学教育等紧缺专业人才。探索开展"乡编村用"工作，吸引更多人才投身宜居宜业和美乡村建设之中。

[①] 靳炜峰、何飞、卢肖鹏：《完善乡村振兴多元化投入机制的对策研究——以湖北省为例》，《当代农村财经》2024 年第 11 期，第 56~60 页。

学习运用浙江"千万工程"经验推进陕西宜居宜业和美乡村建设

于宁锴 席 莹*

摘 要： 浙江"千万工程"实施20多年来，造就了万千美丽乡村，造福了万千农民群众，为加强农村人居环境整治、全面推进乡村振兴、建设美丽中国探索出了一条科学的路径，创造了农业农村现代化的成功经验和实践范例。学习运用浙江"千万工程"经验，有利于陕西在乡村建设领域发挥好西部地区示范作用。陕西在乡村建设领域既取得了一定成绩，也面临一些亟待解决的问题，深入学习运用"千万工程"经验，借鉴其先进理念和科学方法，通过提高思想认识、健全工作机制、提供资金保障、放手发动群众、调动社会力量等，加快推进陕西宜居宜业和美乡村建设。

关键词： "千万工程" 乡村建设 陕西省

* 于宁锴，陕西省社会科学院农村发展研究所所长、研究员，主要研究方向为农业经济学、农村发展；席莹，陕西省社会科学院中国马克思主义研究所助理研究员，主要研究方向为农村改革与发展。

浙江"千万工程"是习近平同志亲自擘画的乡村建设宏伟蓝图。"千万工程"实施 20 多年来，造就了万千美丽乡村，造福了万千农民群众，为加强农村人居环境整治、全面推进乡村振兴、建设美丽中国探索出了一条科学的路径，创造了农业农村现代化的成功经验和实践范例。学习借鉴浙江"千万工程"经验，有利于陕西在乡村建设领域发挥好西部地区示范作用。习近平总书记在听取陕西省委和省政府工作汇报时强调，陕西要促进城乡区域协调发展，健全城乡融合发展体制机制，因地制宜大力发展特色产业，持续深化农村人居环境整治等，为陕西学习借鉴"千万工程"经验指明了方向。

一　浙江"千万工程"经验的启示

（一）启示一：树立正确政绩观，一心为民办实事

"造就万千美丽乡村、造福万千农民群众"是浙江"千万工程"最大的政绩，群众需要是"千万工程"的直接动力，"群众要什么、我们干什么，干得好不好、群众说了算"。"千万工程"以群众最关心的环境卫生问题为切入口，逐步扩大范围、提升水平。从战略部署到具体工作，彰显着干部对群众的责任、群众对干部的信任、干群共建美好生活的决心和毅力，体现了习近平同志一心为民办实事的正确政绩观。

（二）启示二：世上无难事，只要有心人

迎难而上是"千万工程"的实践品格，从"化工一条江"到"最美母亲河"，从"坐在垃圾堆上数钞票"到"端稳绿水青山'金饭碗'"，从"室内现代化、室外脏乱差"到"室内现代化、室外四季花"，每一次蝶变的背后，都有持之以恒、锲而不舍的艰苦奋斗。调查研究是"千万工程"的基本方法，总书记跑遍了浙江的 11 个地市，察民情、听民意、贴民心。"到基层调查，要一下到底，亲自摸情况，直接听反馈，寻求'源头活水'"。

（三）启示三：一任接着一任干，一张蓝图绘到底

"千万工程"是一项系统工程，立意深远、内容丰富，美丽、人文、共富、善治等要求，无不展现其复杂性与艰巨性。项目启动之初，习近平同志便提出"要深入研究一些根本性的问题，认真把握一些规律性的要求，积极探索一些政策性的导向，加快推进农业产业化、农村城镇化、农民非农化。"为此，每五年出台一个行动计划，每个阶段出台一个实施意见，再根据工作重心，明确任务分工、细化落实举措。锚定同一个目标，干部们前赴后继、久久为功，实现了"美丽乡村"从典型示范到全面开花的盛况。

（四）启示四：大处着眼，小处着手

天下难事，必作于易；天下大事，必作于细。从道路、路灯、河道、杆线、墙面等一件件小事，到生活污水治理全覆盖、农村卫生厕所全覆盖、农村生活垃圾基本"零增长""零填埋"大目标，从家风家训、村规民约到移风易俗，淬炼了个人、融合了家庭、团结了村庄、凝聚了社会。群众关心的每一件小事，都是党治国理政的大事。"干在实处走在前列"，"以人民为中心"，群众的每一声呼唤都引来干部的埋头苦干，群众的每一声赞叹都凝聚着干部的真抓实干。

（五）启示五：循序渐进，积少成多

20 多年筚路蓝缕，"千万工程"逐渐实现从典型到普遍、从简约到丰富、从平面到立体、从阶段到长远的飞跃，发展出了"厚植生态的绿色发展""数字赋能的智慧引领""强村富民的产业振兴""产村融合的乡村经营""组团联动的片区推进""城乡一体的服务优享""改革创新的要素激活""共建共享的引凤筑巢""韵味彰显的文化兴村""党建统领的四治融合"等诸多模式。从环境美到生态美、从经济美到文化美，农民对美好生活的向往期待逐步得以实现。

二　陕西乡村建设的成绩与问题

（一）成绩

1.成绩一：多元主体协同共建，农村人居环境整治效果显著

陕西顺利完成农村人居环境整治三年行动目标任务，并接续推进农村人居环境整治提升五年行动，优化了村庄布局，农村户用卫生厕所改造、农村基础设施建设及村容村貌有了较大提升，农村生活污水综合治理、农村生活垃圾处理和农业生产废弃物资源化利用水平大大提高，各项长效管护机制逐渐建立完善，农村人居环境整治迈上新台阶，95%以上的群众对整治成效感到满意。一些村庄通过借助社会力量，对外吸引资金，对内团结村民，营造出了一种"有钱出钱，有力出力，共同建设美好村庄"的良好氛围。例如，在永寿县监军街道寨里村，通过招商引资，带动村民广泛参与，全力打造"百草寨里"，大力发展美丽经济。在社会资本、村庄精英、普通村民的共同努力下，寨里村围绕康养中心、风情民宿、药膳养生、采摘体验等产业项目，构建了农旅融合发展新格局，形成了"景从身边过，人在画中游"的美丽乡村景象。

2.成绩二：乡村特色产业发展初具成效，农村集体经济不断发展壮大

发展乡村特色产业，壮大农村集体经济是推动乡村振兴的重要途径。近年来，陕西各地区依托区域特色资源禀赋，形成了优势显著的乡村特色产业，探索出了各具特色的农村集体经济发展模式。例如，合阳县方寨村利用当地樱桃产业的发展优势，通过整合项目资金，建设樱桃产业大棚和交易市场，有效提升了该村的樱桃产业发展水平，实现村集体经济年收入100万元以上，成为远近闻名的樱桃村和乡村振兴示范村。乡村特色产业和村集体经济的发展，催生了村庄发展的新产业新业态，吸引了年轻农民的回流，提高了村民对于家乡发展的预期和返乡建设家乡的意愿，为推动乡村可持续发展奠定了良好的基础。

3. 成绩三：基层党组织领导力增强，乡村治理效能不断提升

建设美丽乡村，需要充分发挥农村基层党组织的战斗堡垒作用，完善党组织领导的自治、法治、德治相结合的治理体系。随着脱贫攻坚的全面胜利，农村基层党组织的领导力显著增强，基层党组织的群众工作能力、群众动员能力不断提升，这对于当前打响人居环境整治"战役"、加快推进美丽乡村建设有着重要意义。从实地调研来看，当前各地美丽乡村建设推进较好的村庄，均是村党支部组织能力突出、动员和联系群众能力较强的村庄。这些村庄，在党支部的带领下，广泛地带动了农民群众的参与，全面激活了村民自治，在农户中牢牢树立了"美丽乡村建设是自己家的事"这一观念，充分调动了农民群众主动参与的意识和行动。

（二）问题

在取得成绩的同时，陕西乡村建设还存在一些突出问题亟待解决。

1. 问题一："样板村"建设超前，村庄建设不均衡问题突出

在当前巩固拓展脱贫攻坚成果同乡村振兴有机衔接的过程中，省内各地建设了一批乡村振兴"样板村"。地方政府在财政资金有限的情况下，重点打造了这些"样板村"。随着大量项目资金的密集投入，一些村庄建造的人工湖、亭台楼阁、林荫绿道等毫不逊色于城市公园的现代景观，但是，邻近的村庄却呈现出了不同的面貌。并且，承接建设项目多的村庄，因基础条件完善、项目投入效果较好，这使得其更易再次获得项目支持。这就导致村庄建设不均衡问题突出。

2. 问题二：乡村特色产业经营风险较大，农村集体经济发展不稳定

当前陕西的乡村特色产业以农业为主，第二、第三产业发展严重不足。农业特色产业的经营收益较好，能够显著增加农户和村集体的经济收入。但是，农业特色产业的市场风险和自然风险也较高，很难形成稳定的市场收益，在遭受风险时，易导致村集体经营亏损严重，形成集体债务。例如，合阳县某村于2020年投资100多万元用于建设日光温室大棚，由村集体统一经营，种

植小番茄，发展特色蔬果产业。该年小番茄市场价格较好，供不应求，但是第二年市场上同类产品供过于求，小番茄价格从 8 元 / 斤降至 1 元 / 斤，导致该村集体直接亏损了 100 多万元，形成了沉重的债务负担。

3. 问题三：人居环境整治资金配套有限，群众激励不足

浙江省在实施"千万工程"过程中，为调动群众积极性，政府财政按 70% 的建设资金进行了配套，30% 为群众自筹。这极大地激发了群众投入村庄建设的积极性和主动性。陕西各级政府的财力较为有限，一个行政村每年仅有 2 万元的日常运转经费，维持日常的行政办公开支尚且困难，而开展环境整治工作又需要大量经费。大多数村庄的人居环境整治工作，或者依赖于基层政府干部的动员，或者依赖于政府专项资金的投入。这导致村庄人居环境整治的持续性较差，群众的投入力度和参与度远远不足。虽然少数村庄可以利用社会资本投入和政府动员，大力改善村庄人居环境，但由于村庄的内生发展能力不足，缺乏长效维护机制保障，影响到这一建设模式的进一步推广。

三　陕西学习运用浙江"千万工程"经验的做法

为深入学习贯彻习近平总书记关于浙江"千万工程"经验的重要指示批示精神，陕西省委、省政府于2023年12月印发了《学习运用浙江"千万工程"经验加快建设彰显三秦风韵的宜居宜业和美乡村行动方案（2023—2027年）》，提出深刻把握浙江"千万工程"经验的精髓要义和理念方法，锚定建设农业强省目标，落实"七个提升工程"要求，全面推动乡村产业、人才、文化、生态、组织振兴，加快建设宜居宜业和美乡村，努力推动陕西乡村振兴走在西部前列、争做西部示范。并提出到2027年创建"千万工程"示范村2000个以上，在此基础上，打造一批"千万工程"示范镇和示范县。

在 2024 年中央一号文件《中共中央 国务院关于学习运用"千村示范、万村整治"工程经验有力有效推进乡村全面振兴的意见》出台后，陕西省委、省政府也出台了《关于学习运用"千村示范、万村整治"工程经验 有力有效推

进乡村全面振兴的实施意见》（以下简称《实施意见》），从七个方面提出了35条具体实施措施。陕西省农业农村厅还配套印发了《陕西省"千万工程"示范村建设管理办法（试行）》，就村庄规划、人居环境、乡村产业、基础设施、公共服务、乡村治理等六方面做出明确要求。省财政厅、省农业农村厅联合印发《陕西省集中财力支持"千万工程"的实施意见》，为陕西"千村示范、万村提升"工程提供坚强的财政资金保障。同年，10月28日至11月1日，全省"千万工程"和乡村建设工作能力提升培训班在浙江大学举办，各市（区）和部分县农业农村局负责同志参加了培训，深入学习领会习近平总书记重要指示批示精神，认真学思践悟浙江"千万工程"经验，准确把握其精髓要义，结合陕西实际，对照查找在思想观念、工作方法等方面的差距和不足，进一步找准定位、明确目标、厘清思路，持续改善农村人居环境，提升乡村建设、乡村产业发展、乡村治理水平，加快建设彰显三秦风韵的宜居宜业和美乡村。

陕西各地因地制宜，贯彻中央和省委部署，学习运用"千万工程"经验，加快推进乡村全面振兴。如西安市委农办、市农业农村局认真盘点全市深入学习运用浙江"千万工程"经验的创新做法和典型经验，推出"西安市第四批乡村振兴十大案例"，持续为实现乡村振兴城乡融合发展的深刻重塑、都市现代农业的系统谋划、乡村发展乡村建设乡村治理的一体推进、多维度促进农民增收致富提供可借鉴的经验，推动书写西安全面推进更高水平乡村振兴、加快城乡融合发展新篇章。陕西省商洛市深入贯彻习近平总书记关于"千万工程"的重要指示批示精神，结合实际学习运用"千万工程"经验，为巩固拓展脱贫攻坚成果、全面推进乡村振兴、建设宜居宜业和美乡村开辟了新路径和注入了新动能。商洛市落实"山水林田湖草沙是生命共同体"的要求，注重村庄与山水、田园的整体塑造，彰显田园意境和乡土风情，坚持因地制宜，科学规划具有商洛特色的秦岭山水康养乡村、旅游乡村、宜居乡村。坚持"保护优先、节约集约，政府主导、村民参与，多规合一、统筹协调，因地制宜、突出特色"原则，统筹村域全部国土空间，整合现有规划，通盘考虑土地利用、产业发展、居民点布局、人居环境整治、生态保护和历史传承，实现土地利用规划、城乡规划等有机融合。陕西省山阳县把改善农村人居环境整治提升作为"千万工程"的先手棋，通过垃圾治理、污水处理、厕所革命、庭院美化等一系列措施，加快建设宜居宜业和美乡村，广大农村正呈现出"望得见山、看得见水、记得住乡愁"的如画美景。

四 陕西学习运用"千万工程"经验的成效

陕西以学习运用浙江"千万工程"经验为引领，全面启动实施"千村示范、万村提升"工程，加快建设彰显三秦风韵的宜居宜业和美乡村。全省上下聚力实干，成效逐步显现，"千万工程"实现了良好开局。

在强化政策支持保障体系方面，陕西省委、省政府出台了"千万工程"五年行动方案，明确到 2027 年建设 2000 个以上示范村的目标任务，展望到 2035 年发展水平，聚力打造陕西版的"千万工程"。同时，对照省委一号文件和五年行动方案，以省委办公厅、省政府办公厅印发的粮食安全保障、特色现代农业发展、乡村建设行动、乡村振兴重点帮扶镇村发展等 4 个指导性文件为依托，以 20 多个省级部门跟进制定的行业落实措施为支撑，形成了"1+4+N"政策框架体系。陕西每年统筹不少于 20 亿元财政资金，出台用地、电力、金融、人才等多方面措施，支持"千万工程"顺利实施。

在着力整治提升农村人居环境方面，陕西开展"清洁乡村、净美家园"村庄清洁行动，延安等 4 个市、县（区）受到国务院办公厅农村人居环境整治督查激励，富平等 20 个县（市、区）获评全国村庄清洁行动先进县。全省累计改建农村户用卫生厕所 487.2 万座、普及率 83.1%；完成 6733 个行政村生活污水和 159 个农村黑臭水体治理，农村生活污水治理率 39% 以上；农村生活垃圾收运处理的自然村达到 93.7%。

在大力促进城乡融合发展方面，陕西推进城镇基础设施向农村延伸、公共服务向农村覆盖。陕西所有行政村及 83% 的 30 户以上自然村通硬化路，农村集中供水率 96.5%，平均供电可靠率 99.9%，行政村 5G 网络通达率 93.5%，村级寄递物流综合服务站覆盖率 59.7%。1316 个乡镇（街办）实现社工站全覆盖，农村社区综合服务设施覆盖率 76%，82% 的行政村建有互助幸福院。83 个县（市、区）开展紧密型县域医疗卫生共同体建设，纳入医保定点村卫生室 1.7 万余家。

在持续培壮特色优势产业方面，陕西建立"省抓千亿级、市抓百亿级、县抓十亿级"联动机制，持续打造 8 条特色产业链，认定 35 个省级产业链典型县，苹果、猕猴桃、奶山羊产业规模实现"三个全国第一"。全省创建国家级现代农业产业园 12 个、优势特色产业集群 9 个、产业强镇 56 个，实现行政村、主导产业和产业农户全覆盖。实施集体经济消薄培强行动，村集体经济经营收益 10 万元以上的行政村（社区）达到 65.7%。农村居民收入增速继续跑赢城镇居民收入增速。

五　进一步加快推进陕西宜居宜业和美乡村建设的对策建议

一是提高思想认识。充分认识学习借鉴浙江"千万工程"经验是贯彻新发展理念的重大举措、加快城乡融合发展的有效途径、建设美丽中国的有力行动和扎实推进乡村振兴的必然要求的重大意义，要把学习借鉴浙江"千万工程"经验作为陕西当前和今后一段时期落实习近平总书记来陕重要讲话重要指示精神的重要抓手，加快推进陕西宜居宜业和美乡村建设，推动农业农村现代化，探索出一条适宜陕西的乡村建设路径。

二是健全工作机制。领导带头、组织引领是浙江"千万工程"的核心密钥，在推进"千万工程"过程中，"一把手"亲自挂帅、五级干部责任担纲、部门单位统筹协调，保障了政策落地发挥实效。陕西要健全党委领导、政府主导、农民主体、企业参与、社会协作的工作机制，坚持人民至上、共建共享，创新驱动、绿色发展，统筹协调、突出重点，因地制宜、分类施策，加强领导、完善机制，锲而不舍、久久为功的科学方法，坚持自上而下和自下而上相结合的工作方法，干部主动下沉，激发群众活力，合力推进宜居宜业和美乡村建设。

三是提供资金保障。统筹财政资源，设立乡村建设专项资金，提高项目资金管理水平，提升资金使用效率，带动社会资本投入乡村建设。在工作机制和资金保障条件下，因地制宜，学习借鉴浙江"千万工程"所形成的"空间集聚""绿色崛起""产村融合""品牌引领""数字赋能""文化深耕""要素激活""能人带动""片区联动""四治融合"等典型模式，实现以城带乡、以工促农、城乡一体发展的深刻变革。

四是放手发动群众。围绕群众最关切的环境整治、产业发展、乡村治理等问题，把群众的利益诉求放在首位，把群众的满意作为评价标准，维护农民的知情权、参与权、表达权、监督权，使农民成为和美乡村建设的积极参与者和最大受益者。打造群众参与的实体平台和数字平台，激发农民群众主体性、主动性，在村庄、社区、学校等地积极宣传，鼓励青年、妇女、老年等群体广泛参与和美乡村建设，激发乡村建设内生动力。

五是调动社会力量。宜居宜业和美乡村建设是一项系统工程，仅靠政府的资金投入和基层干部的动员，容易造成"官动而民不动"。因此，需要广泛调动社会各方面的力量积极参与、协同共建。深刻理解"两个结合"，加强农村精神文化建设，使"千万工程"融入民心，焕发出持久的活力。激发各类经营主体参与热情，鼓励商会、企业、乡贤等勇担社会责任，发挥工会、共青团、妇联等群团组织的号召力凝聚力，引导高校、科研院所、社会组织等部门单位多元协同，汇聚各方合力共建共享和美乡村。

农业农村现代化

农业农村现代化的理论内涵、现实矛盾与实践路径

罗　颖[*]

摘　要: 党的二十大报告提出以中国式现代化全面推进中华民族伟大复兴,农业农村现代化作为中国式现代化的重要内容,其推进速度直接影响中国式现代化的进程。本文从农业农村现代化的理论源流出发,辨析农业农村现代化、乡村振兴与农业强国的逻辑关系,提出农业农村现代化的理论内涵。结合中国国情农情提出中国农业农村现代化,具有以农民为主体、筑牢粮食安全底线、促进共同富裕、物质文明与精神文明相协调、人与自然和谐共生等中国特色。基于现代化的本质要求,分析其在农地经营规模化、农业生产标准化、农业人力资本结构高级化、农业科技创新与应用融合化、农村要素市场化、城乡基础设施均等化等方面遇到的现实矛盾,从战略布局、要素驱动、内生动力、保障机制等方面提出推进农业农村现代化的实践路径。

关键词: 农业农村现代化　中国式现代化　乡村振兴　农业强国

---

* 罗颖,湖北省社会科学院中部发展研究所助理研究员,主要研究方向为农业农村政策、绿色发展。

一 引言

没有农业农村现代化，就没有整个国家的现代化。[①] 相较于西方国家农业问题的"二元"（农业、农村）甚至是"一元"（农业）结构，中国农业农村现代化包含的"三元"（农业、农村、农民）框架关系决定了我们的农业农村现代化道路具有特殊性。因此，深刻认识当前农业农村现代化的理论内涵，识别农业农村现代化的现实矛盾并探索中国农业农村现代化道路尤为重要。本文试图从农业农村现代化的理论源流出发，辨析农业农村现代化、乡村振兴与农业强国之间的内在关联和逻辑关系，提出中国农业农村现代化的理论内涵，并明晰其在巩固拓展乡村振兴成果、推动农业强国建设中的重要作用，对新时代新征程做好"三农"工作的战略部署，加快建设农业强国具有现实意义。

二 理论源流与概念辨析

（一）农业农村现代化的理论源流

中国式农业农村现代化理论思想浸润着马克思主义农业农村思想底色，要明晰农业农村现代化的理论源流，就需要回顾马克思主义经典作家对农业农村现代化的论述，虽然马克思恩格斯的著作中并没有关于农业农村现代化的直接表述，但是他们对农业农村的关注和研究形成的农业发展思想对实现农业农村现代化具有指导意义。马克思主义经典作家围绕农业农村农民问题形成了农业基础作用理论、改造小农经济的社会主义农业过渡理论、农村土地国有理论以及城乡融合理论等。

1.农业基础作用理论

对于农业的经济学思考始于以魁奈为代表的重农学派，他通过对法国农业生产的观察，认为"土地是财富的唯一源泉，只有农业能够增加财富"。[②]

[①] 习近平：《论"三农"工作》，中央文献出版社，2022。
[②] 〔法〕魁奈：《魁奈经济著作选集》，吴斐丹、张草纫译，商务印书馆，2011，第364页。

马克思基于对重农学派思想的辩证思考发展形成了农业基础作用理论，认为农业在国民经济中具有基础性地位，"农业劳动"是其他生产活动独立存在的"自然基础和前提"，"一切资本"都建立在农业劳动生产率的基础之上，[①]资本的产生是建立在农业生产者"能生产出比每个劳动者再生产自身所需要的生活资料更多的生活资料"，否则"如果他全部劳动力每日的耗费只能够再生产其满足个人需要所不可缺少的生活资料，那就根本谈不上剩余产品，也谈不上剩余价值"。[②]列宁同样认可农业的基础性地位，并不止一次地强调："没有这些粮食，国家政权就等于零。没有这些粮食，社会主义的政策不过是一种愿望而已"。[③]

农业现代化可以理解为用现代化的生产方式对传统农业进行改造，而现代化的生产方式与生产方式的变革密不可分。18 世纪中叶，在工业革命的发源地英国出现了现代农业，因此马克思认为大工业采用机器为资本主义农业提供了牢固的基础，彻底地剥夺了绝大多数农村居民。[④]

2. 关于通过合作化道路改造小农经济，实现向社会主义农业过渡的理论

小农经济是一种小生产经济，无论是在资本主义制度下，还是在社会主义制度下，都是一种落后的经济形式。因此，马克思提出要引导广大农民走共同富裕的社会主义道路，需要对小农进行改造，并提出需要在土地制度上进行变革，集体所有制能够激发农民积极性，合作化耕作方式让农民获得利益。马克思指出，无产阶级夺取政权后要"改善农民的状况"，通过"土地私有制向集体所有制的过渡"实现"将农民吸引到革命方面来"[⑤]的目的。恩格斯也曾

[①] 中共中央马克思恩格斯列宁斯大林著作编译局编译《马克思恩格斯全集》（第二十六卷），人民出版社，1972，第 28~29 页。

[②] 中共中央马克思恩格斯列宁斯大林著作编译局编译《马克思恩格斯全集》（第二十五卷），人民出版社，1974，第 885 页。

[③] 中共中央马克思恩格斯列宁斯大林著作编译局编译《列宁选集》（第四卷），人民出版社，2012，第 356 页。

[④] 中共中央马克思恩格斯列宁斯大林著作编译局编译《马克思恩格斯文集》（第五卷），人民出版社，2009，第 858 页。

[⑤] 中共中央马克思恩格斯列宁斯大林著作编译局编译《马克思恩格斯选集》（第二卷），人民出版社，2012，第 634~635 页。

提出类似的观点，他认为将"农业工人的主要劳动对象"从"封建主私人占有中夺取过来"交由"农业工人的合作团体共同耕种"，"他们才能摆脱可怕的贫困"。[1]

列宁发展了马克思、恩格斯的农业合作化理论，指出："公社、劳动组合的耕作，农民的协作社，这就是摆脱小农经济的坏处的救星……公社可以使整个劳动组合、整个协作社进行那种单个的小私有者无法办到的经营上的改良等等。"[2]力图通过共耕社、农业劳动组合和农业公社三种形式的农业生产合作社，使小农经济过渡到社会主义经济。并且他提出在国家层面给予更多的支持，"在经济、财政、银行方面给合作社以种种优先权"。[3]此外，他还注意到，在引导农民走社会主义道路时，必须提高农民的文化水平，以提高农民的基本技能——"不做到人人识字，没有足够的理解能力，没有充分教会居民利用书报，没有这一切物质基础，没有一定的保障，如防备歉收、饥荒等等保障——没有以上这些条件，我们就达不到自己的目的"。[4]

3. 农村土地国有理论

马克思指出土地国有化是符合经济发展规律的，他在《论土地国有化》中提到"土地国有化"是"资本主义农场主"面对"社会的经济发展、人口的增长和集中"的必然选择，当"土地国有化愈来愈成为一种'社会必然性'，抗拒这种必然性是任何拥护所有权的言论都无能为力的"。[5]马克思提出无产阶级掌握政权后，只能选择土地国有："社会运动将做出决定：土地只能是国家的财产"，[6]农业和工业中的"资本主义生产方式"将完全消除，"只有到那

---

[1] 中共中央马克思恩格斯列宁斯大林著作编译局编译《马克思恩格斯选集》（第二卷），人民出版社，1995，第630页。

[2] 中共中央马克思恩格斯列宁斯大林著作编译局编译《列宁全集》（第二十八卷），人民出版社，1956，第157~158页。

[3] 中共中央马克思恩格斯列宁斯大林著作编译局编译《列宁选集》（第四卷），人民出版社，1972，第683~684页。

[4] 中共中央马克思恩格斯列宁斯大林著作编译局编译《列宁选集》（第四卷），人民出版社，1972，第687页。

[5] 中共中央马克思恩格斯列宁斯大林著作编译局编译《马克思恩格斯全集》（第十八卷），人民出版社，1964，第64~65页。

[6] 中共中央马克思恩格斯列宁斯大林著作编译局编译《马克思恩格斯全集》（第十八卷），人民出版社，1964，第67页。

时，阶级差别和各种特权才会随着它们赖以存在的经济基础一同消失。靠他人的劳动而生活将成为往事"。列宁吸收了马克思恩格斯的观点，领导人民直接实现了土地国有化，创造性地把马克思的土地国有化理论设想变为现实。他在总结第一次俄国革命的经验时指出："土地问题是俄国资产阶级革命的根本问题，它决定了这个革命的民族特点"。[①]

4. 城乡融合理论

马克思主义的城乡融合理论是基于历史的、发展的唯物主义辩证思想来认识城乡关系的，其关于城乡"城于乡育—城乡分离—城乡融合"的历史辩证法，既体现了人类对理想社会目标的价值追求，也符合社会演进的历史规律。

马克思、恩格斯从社会矛盾根源出发探究了消除城乡分离走向融合的途径，认为城乡对立与分离是生产力发展到一定历史阶段的产物，"只是工农业发展水平还不够高的表现"，他认为"消灭城市和乡村"的分离和对立，需要让"大工业"在全国尽可能平衡地分布。列宁在探索俄国改革过程中，认为土地的重要作用及其特点决定了农村具有"地方的闭塞性和狭隘性"。[②]同时他也分析了缩小城乡差距的途径，"只有把居民吸引到城市去，才能削弱城市优势的片面性"。那么，"只有农村居民流入城市，只有农业人口和非农业人口混合地融合起来"，才能使"乡村脱离从属的、不发达的、无助的、闭塞的状态"，让"农村居民摆脱孤立无援的地位"，"正是农业人口和非农业人口的生活条件接近才创造了消灭城乡对立的条件"。[③]

从强调农业的基础支撑作用，到强调以合作化改造小农经济，再到农村土地国有以及城乡融合发展，这些思想是马克思主义政治经济学的组成部分，也是推进中国农业农村现代化的理论支撑。

① 中共中央马克思恩格斯列宁斯大林著作编译局编译《列宁选集》（第一卷），人民出版社，1972，第768页。
② 中共中央马克思恩格斯列宁斯大林著作编译局编译《列宁全集》（第三卷），人民出版社，1990，第282页。
③ 中共中央马克思恩格斯列宁斯大林著作编译局编译《列宁全集》（第二卷），人民出版社，1990，第196~197页。

（二）农业农村现代化与乡村振兴、农业强国

从政策沿革上看，党的十九大提出乡村振兴，是着眼于重塑中国城乡工农关系，面对我国区域和城乡发展不平衡不充分的现实情境而提出的，对应于中华民族伟大复兴的历史使命。党的二十大提出农业强国战略，是立足于各国政治、经贸关系受到一些自利国家干扰而具有不确定性，出于粮食战略安全考虑而制定，对应于建设社会主义强国的目标任务。从两者的完成时间来看，乡村振兴提出"三步走"战略的时间节点，2020 年取得重要进展，制度框架和政策体系基本形成，出台《乡村振兴促进法》并成立乡村振兴局；2035 年和 2050 年的目标任务分别为"乡村振兴取得决定性进展，农业农村现代化基本实现"和"乡村全面振兴，农业强、农村美、农民富全面实现"。对于农业强国的目标任务，习近平同志提出"到 2035 年基本实现农业现代化，到本世纪中叶建成农业强国"。[1]农业农村现代化在乡村振兴和农业强国目标任务中均被提出，作为两者的阶段性任务和目标表征，是完成乡村振兴和农业强国建设的过程化表述。

从意蕴内涵上看，农业强国从产业贸易角度强调农业生产和经营体系的现代化强国地位。[2]其作为建设社会主义强国的组成部分，具有"四强一高"特点。[3]农业农村现代化是从动态转换角度强调农业农村的转变过程，农村作为承载农地农业农民及地理空间、经济活动空间、社会关系和制度秩序的空间，农村现代化是农业现代化的延伸，[4]是农业现代化和农村现代化的结合，[5]两者分别是产业现代化和区域现代化的不同范畴，不仅关注粮食供给安全，也

---

① 习近平：《加快建设农业强国　推进农业农村现代化》，《求是》2023 年第 6 期。

② 何秀荣：《农业强国若干问题辨析》，《中国农村经济》2023 年第 9 期，第 21~35 页。

③ 魏后凯、崔凯：《建设农业强国的中国道路：基本逻辑、进程研判与战略支撑》，《中国农村经济》2022 年第 1 期，第 2~23 页。

④ 姜长云、李俊茹：《关于农业农村现代化内涵、外延的思考》，《学术界》2021 年第 5 期，第 14~23 页；张红杰、张旭：《中国式农业农村现代化的探索历程、基本逻辑和发展趋势》，《经济纵横》2023 年第 2 期，第 14~22 页。

⑤ 陈锡文：《当前农业农村的若干重要问题》，《中国农村经济》2023 年第 8 期，第 2~17 页；杜志雄：《农业农村现代化：内涵辨析、问题挑战与实现路径》，《南京农业大学学报》（社会科学版）2021 年第 5 期，第 1~10 页。

强调改善乡村治理失序、文化割裂及凋敝加重等农村功能性问题[①]。乡村振兴从城乡融合视角提出乡村振兴是"五位一体"的全面振兴，包括产业振兴、人才振兴、文化振兴、生态振兴、组织振兴，总要求是产业兴旺、生态宜居、乡风文明、治理有效、生活富裕。

从逻辑关系上看，农业农村现代化、乡村振兴与农业强国，是站在不同的战略视角上提出的。农业强国是乡村全面振兴的国家表现，是农业农村现代化的全球表达，是社会主义现代化强国的重要表征。[②]农业农村现代化、乡村振兴和农业强国可以看作新发展阶段"三农"工作的一体三面，实施乡村振兴战略是新时代做好"三农"工作的总抓手，农业农村现代化是实施乡村振兴战略的总目标，也是建设农业强国的内在要求和必要条件。

（三）农业农村现代化的理论内涵

中国农业农村现代化既不是简单的农业现代化与农村现代化的单纯加总，亦不是两者的阶梯推进，而是农业现代化和农村现代化一体设计、一并推进，其中农业现代化既是农业发展的现代化又是农业生态的现代化，农村现代化包含农村文化现代化、乡村治理现代化和农民生活现代化，其目标任务与乡村振兴的内涵要求具有一致性。农业农村现代化既是乡村振兴的总目标，又是建设农业强国的突出短板，只有完成了农业农村现代化建设，农业强国建设才具备先决条件。农业农村现代化既具有过程性也具有内容性，从过程看，它是立足国际环境、从中国国情出发，农业现代化、农村现代化及农民现代化"三化"协同推进的过程，其最终目标是实现由农业大国向农业强国的跃升。从内容来看，农业农村现代化的首要任务是保障粮食和重要农产品的稳定安全供给，具备土地产出率高、科技贡献率高、资源利用率高和农产品质量高的"四高"特征，有农业产业强、农村文化兴、农民生活富和乡村治理好的内在要求，通过

---

① 司伟:《经济转型过程中的中国农业农村现代化》,《南京农业大学学报》(社会科学版) 2021 年第 5 期, 第 11~19 页。

② 陈明:《农业强国、乡村振兴与农业农村现代化——新时代"三农"政策范式解析》,《治理现代化研究》2023 年第 3 期, 第 29~35 页。

实施耕地保护和解决种业种源"卡脖子"技术难题、促进粮食增产和农民增收、加快科技创新和制度改革等措施，最终实现农业高质高效、农村宜居宜业和农民富裕富足。

三　农业农村现代化进程面临的现实矛盾

我国发展不平衡不充分的矛盾在农业农村问题上凸显，农村发展不充分和城乡发展不平衡是推进农业农村现代化进程中所面临的现实困难。因此，实现农业农村现代化要将现代化的本质要求、普遍规律与中国人多地少、小农经济、区域禀赋差异、城乡二元结构长期存在等基本国情相结合，厘清矛盾问题，寻求突破之策。

（一）小农户分散经营、精耕细作与现代农业规模化、集约化、标准化发展的矛盾

土地是农业生产的关键投入要素，"大国小农"是我国的基本国情，人均耕地面积小且分布零散，是发展现代农业的主要制约因素之一。根据第三次全国农业普查统计，全国有近 2.3 亿农户承包了 95% 的集体耕地，当前我国耕地面积 10 亩以下的农户有 2.1 亿户，户均耕地规模仅相当于欧盟的 1/40、美国的 1/400。当前我国以家庭为单位承包集体土地，土地面积小且不连片，大型机器无法适用，一些山区丘陵地带的地势条件限制了农用机械化设备的使用。同一户农户的耕种土地分散，农用机械化设备特别是大型设备在转移过程中也存在困难且会延长设备租用时间。农民可能出于成本考虑偏向于选择传统的耕作方法，这会影响农业生产规模和机械化，造成土地资源利用率低等问题。作为人口大国，我国对农产品有超大需求，而保障国家粮食战略安全的重任和超小规模经营之间的现实矛盾突出，加上随着人口结构的变化，农村人口外流趋势长期存在，农业生产主体呈现老龄化、兼业化、无继化。要保障粮食安全有效供给，就需要推进农业规模化、集约化和标准化，但在衔接实施过程中，农

民生产主体性决定其要在种粮与收益之间达到平衡，生产经营理念难以转变、市场交易成本居高不下。农业社会化服务主体的市场化程度不足等，有些地区的小农户与现代农业生产相脱离，导致生产效率较低、农产品品质低、农民增收困难。

（二）农民在基层治理中的参与度不够与"三治融合"要求的矛盾

乡村"三治融合"作为国家治理的"神经末梢"，对乡村基层社会治理提出新要求。20世纪90年代后，随着城镇化进程推进，大规模的人口流向城市。同时，在自上而下的县乡管理体制下，以自治为主的村委会逐渐行政化，农民社会主体性中的社会自我治理向度减弱。农民的社会主体性发挥不足引发的治理成本高、治理体系松散和治理主体联动弱等问题，阻碍了治理效果的有效发挥。此外，在治理目标方面，地方政府可能受其经济发展目标影响，更多关注短期的政绩实现，基层乡村则出于自身的利益考量更多的是片面追求经济价值，不同的治理目标可能导致治理成本升高。现阶段，不少地区的乡村治理实践未能充分激发农民作为社会主体参与决策的积极性，导致治理成本升高，不利于治理效率的提升。在乡村治理过程中，乡村基层党组织、社会组织与村民自治组织的协调性不足。多方参与治理的协同性低、联动弱不利于乡村综合吸引力的提升，直接影响到乡村治理体制的构建，导致一些地区"三治融合"的制度变迁成本甚至可能高于收益。

（三）农民技术与农业科学技术有效顺畅衔接的矛盾

农业产值提升的动力源泉是不断进步的农业科学技术和更具激励的制度变革。从作用效果来看，根本性的制度变革只能在短期内对农业增长产生强激励效应，从长期来看，颠覆性和原创性的农业技术进步才是保障农业持续增长的有效动能。

我国小而全的家庭农业经营模式决定了农业生产技术主要来自传统耕作

经验的传授。[①]农业科学技术特别是科技攻关主要是科研院所和高校的任务，要让农业科技攻关成果更好地服务于农业生产，让科技成果与传统耕作经验共同服务于农业生产，就必须依靠农业技术成果转化和农业技术推广。将科研单位和农民链接起来，让农业技术从实验室进入田间地头，农民知晓、掌握、运用好农业科学技术，这一过程涉及政府、农技推广站及农民等多方主体。当前，我国乡级层面拥有农业技术推广站的仅占 60%。现已实现农业现代化的日本，其在第二次世界大战后的情况与我国当前"一家一户"超小规模经营模式类似，面临着人多地少、土地分散、精耕细作现实约束，为此，日本采取了大、中、小学生全覆盖的农业推广教育，大部分学校设有教学田地，供师生开展农业教学活动。相较而言，我国仅仅是在农业院校设置农业专业，农业科技人才以及农业科普教育还存在较大差距。

此外，动力机械使用是提升农业生产效率的重要方式，我国部分农机具的利用效率不高，如我国大中型拖拉机的市场保有量从 2003 年的 98.06 万台增加至 2022 年的 538.0 万台，年均增长约 9%，但相应的机耕面积年均增长率仅为 4.55%，在一定程度上反映出我国现有动力机械化水平不高。现已实现农业农村现代化的一些发达国家，早在 20 世纪中期就基本实现机械化，之后经过了 10~15 年的时间完成了全面机械化。如日本的农业机械化水平全球领先，在 50 年前就实现了水稻种植全程机械化，在一些蔬菜的移栽和收割环节也基本实现了机械化，极大提高了生产效能。

（四）农业农村要素市场化滞后与现代化要素资源高效配置需求的矛盾

生产要素通常会因经济取向而流向收益更高的区域和产业，使得农村成为"要素洼地"，政府的扶持政策时常会受到执行机构、目标群体及环境因素的影响，甚至因监管漏洞或执行不力而造成效果与政策设计初衷"背道而驰"

---

① 李奕好、刘辉:《如何有机衔接中国小农户与现代农业——基于日本、韩国的启示》,《世界农业》2023 年第 6 期, 第 60~66 页。

的局面。由于历史或制度等原因，当前农村仍存在大量"沉睡"的资源资产，其利用效率低，与农村要素市场化配置和资源高效利用的要求差距较大。一方面表现为土地资源闲置。从一般农业用地来看，随着城镇化进程的加快，农业生产成本高、收益低等，导致农村青壮年劳动力的耕种意愿不强，其更愿意进入城市工作。此外，从设施农业用地来看，国家耕地红线划定区域要确保长期稳定可利用的耕地不再减少，当前设施农业用地主要来自一般农田，且政策规定设施农业用地配给采用"进出平衡"原则，因此想通过流转基本农田发展设施农业的企业无法获得农业用地，一些地区设施农业发展受限。从集体建设用地来看，我国严格限制农地的非农转化，我国一些地区面临着农用地标准化规模化建设滞后、农用地生产效率低和城市建设用地短缺的两难境地。另一方面则表现为要素跨城乡、跨区域流动不畅。一是集体建设用地跨区域流动受限，现阶段农村劳动力、资本已基本实现跨区域流动，但是集体建设用地的跨区域配置还存在障碍。部分地区对工商资本下乡设置过多、门槛过高，以避免工商资本下乡引发土地"非农化""非粮化"。二是城乡劳动力双向流动仍存在隐性门槛。城乡劳动力双向流动仍存在制度性障碍，进城务工人员并不能完全享受到与城市原居民同等的基本公共服务。

（五）耕作方式粗放、农业面源污染治理难度大与生态绿色发展的矛盾

在工业文明阶段，为追求高产出农业经历了粗放式生产经营阶段，对生态环境造成了巨大的破坏，一些地区的自然资源环境甚至受到不可逆转的影响。此后，各国意识到生态环境的重要性并出台规制性的政策要求农业生产具有环境友好性，但由于路径依赖，农民在农业生产决策时会在经济理性与生态理性之间徘徊，受到家庭资源禀赋、认知差异、风险偏好、数字素养和邻里关系等的影响，当农民仅追求经济利益而不考虑生态效益时，必将通过大量使用农药化肥来提升土壤肥力，以逆自然力量人为改变土壤生产周期，造成严重的农业面源污染。

当前一些地区农业面源污染治理难度依旧较大，2021年全国77.84%的建制镇对生活污水进行处理，仅有45.68%的乡对生活污水进行处理。当前农业已经远超过工业成为最大的面源污染产业，在一些地方来自农田面源污染的贡献达到70%，工业污染占30%，而在此之前工业与农业面源污染占比分别为70%和30%，由此形成了新时期环境污染的"倒三七"现象。其中，化肥污染、地膜污染、农药污染成为常见的污染形式，除草剂、抗生素、激素等生物污染也是农业污染的重要来源。在耕作过程中，由于长期过度使用化肥，农业植物吸收利用率不到30%，70%以上成为污染物进入环境。在地膜污染方面，地膜中所含的二噁英、塑化剂和微塑料是健康的三大杀手。我们在治理这些污染上的花费远远超过了其投入耕作所带来的收益，且一些污染会通过食物链进入人体循环，对国民身体健康造成巨大威胁，这与农业农村现代化要求的可持续发展目标背道而驰。在农药使用方面，农民喷洒的农药不足1%针对靶标害虫，其余则直接进入了生态环境。在生物制剂方面，粗放式的耕作方式，除草剂、抗生素和激素等的使用量较大。剧毒农药使用、过量施用化肥、露天焚烧秸秆、随意丢弃不可降解农膜、大型养殖场清除粪便甚至尸体时不做无害化处理且随意堆放丢弃等落后的生产方式和非科学的经营理念，导致农业环境面源污染严重。

四 农业农村现代化的实现路径

相对于农业现代化的阶段性成效，农村现代化建设的任务更繁重，若只是推进农业现代化，而没有农村现代化作为支撑或同步发展，到头来"一边是繁荣的城市、一边是凋敝的农村"，[①] 其结果就是城乡发展严重失衡。因此要将农业现代化与农村现代化看成一个有机整体，聚焦实现以农业现代化为基础带动农村现代化，持续推进乡村治理能力现代化，以农业现代化和农村现代化共

---

① 中国农网评论员：《让"繁荣的农村"与"繁荣的城市"交相辉映》，《农民日报》2021年8月26日，第1版。

同促进农民现代化，将三者统一于实现农民共同富裕过程之中，最终实现农民共享发展成果。

（一）从战略部署上坚持农业现代化与农村现代化一体设计、一并推进

农业农村现代化在实践过程中要从战略上统一谋划，农业现代化和农村现代化一体设计、一并推进。一是加强农业现代化示范区建设。农业现代化示范区是农业现代化建设的重要抓手，要根据不同地区的产业优势、资源禀赋建设各具产业特色的农业现代化示范区，发挥示范区的带动作用和辐射作用，形成可复制、可推广的生动案例。二是依托乡村基础设施建设推动农村生活现代化。在乡村建设过程中充分考虑乡村的特色优势，不搞"千村一面"，进一步加强乡村交通、水利电力能源保障，对于大规模种植的乡村做好农田水利设施灌溉工程，将智能化手段有效融入农业农村生产过程，支持5G、物联网等新基建向农村覆盖延伸。三是对于乡村治理过程中存在的问题，以战略思维统筹谋划，以农村现代化治理保障农业生产生活组织有效，将农业生产问题视为组织问题。强化党对农业农村问题的组织领导，行政村党组织主抓农业生产。

（二）从要素驱动上坚持"放活"与"融合"两手抓

统筹和盘活农村资源资产。一是要保护好基本农田。守好粮食安全底线，确保18亿亩耕地红线毫不动摇，建设永久基本良田。随着人口老龄化和技术的更新迭代，未来我国农户将进一步分化为家庭农场、服务型专业农户、兼业型小农和休闲型小农，不管以何种形式的农业经营模式，基本农田都是保障粮食安全生产的底线。二是统筹和盘活农村的资源资产，加强乡镇和村庄规划。立足当地资源禀赋，着眼于十年甚至更长时间，按照国土空间的主体功能，区分好农业空间、生态空间和城镇空间并做好功能性规划，立足"五位一体"，在空间和实践上进行系统谋划和具体安排。坚持立足县域进行统一规划，优化

村域空间布局，避免"大拆大建"。三是科学进行村域内土地的统筹规划，充分利用废弃宅基地、集体建设用地等土地资源，通过入市流转、联营联建、功能区开发等方式挖掘其经济价值、社会价值、生态价值，更好地助力当地的农业农村现代化发展。

加快产业融合发展步伐。一是促进先进制造和科技要素融入农业生产，利用我国制造业优势，采用先进农机装备，以农机装备、农业技术引领农业发展，促进农产品精深加工。二是将数字技术等先进、优质资源集聚的功能转化为农业高质量发展的新动能。促进数字要素与农业深度融合，盘活农业大数据资源，以数字化方式使产业不同环节、不同部门的信息共享。三是打造农业全产业链，推动农产品深加工。在纵向上，将产业链向后端延伸，向下游拓展，做好"土特产"文章，由卖产品向卖品牌转型，推进产品增值、产业增效。在横向上，要促进农业与其他产业的深度融合，丰富乡村产业类型，提升乡村经济价值。

加快促进城乡融合发展。一是乡村经济与城乡需求有效衔接，实现经济融合。以乡村产业带动乡村发展，乡村在力促"土特产"和农产品深加工的同时，结合城乡消费需求打通购销渠道，拓宽经销范围，将农村的田间地头与市民的餐桌联系起来。二是实现城乡人口的双向流动，推动城乡居民融合。对于"新农人"入乡村，加大政策扶持力度，鼓励带新理念入乡、带新项目建乡、带新业态富乡；鼓励科技人才、教育人才、卫生人才下乡服务，促进城市公共服务向乡村延伸，提高农村居民的生活质量；完善农民工权益保障机制，对于养老、医疗、子女教育等民生问题给予切实的政策制度保障。三是统筹乡村风貌和城市建设，达到生态融合。乡村建设中要注重遗址的保护和民俗的保留，资本在支持乡村建设时也要有情怀，不搞"千村一面"，要有地方特色。四是城乡居民认知和观念差异缩小，实现价值融合。要从教育、文化等领域入手，丰富群众的业余生活，增强农村居民的归属感和认同感，注重挖掘传统农耕文化、山水文化，培育乡土文化人才，弘扬主旋律和社会正气，使乡村文明焕发新气象。

（三）从内生动力上坚持科技与改革双轮驱动

科技是第一生产力。农业农村现代化，关键是农业科技现代化，给农业插上科技的翅膀。一是加大农业科研技术攻关力度和投入，积极构建现代农业技术体系。依托国家级实验室、高校、科研院所做好农业基础研究工作，借助国家农业科技创新联盟汇聚农业领域的高端人才，紧盯国际农业科技前沿，对高效育种、耕地保育、智能装备等农业关键核心技术问题进行科技攻关，做好核心种源和新品种培育。二是推动先进技术的广泛应用和知识信息（如大数据、互联网、人工智能等）在农业领域的深度融合。促进适应农业数字场景的智慧化农机产品、数字技术装备应用，实现作业智能化、管理精细化和产出高效化，推动乡村产业全链条升级。三是加强基层农技推广，促进现代农业技术体系与基层农技推广体系的有效衔接。基层农技推广是连接农业科学技术和农业生产的关键环节，通过"专家—农技人员—农民"的农业技术转化应用通道，实现农业科技在产业上中下游的紧密结合。四是做好农业职业教育培训，相较于高等教育培训周期长且就业偏好更倾向于城市的特征，做好当地农民和新生代农民的职业教育培训则能够更直接地作用于农业生产经营。地方政府应该加大力度培养一批爱农业、懂技术、善管理的新农人，使其成为推动农业农村现代化的中坚力量，并将这一项目纳入地方政府长期规划。

在农村体制改革方面，要继续推进农村"三块地"改革，[①] 持续推进农村集体产权制度改革，建立社会资金向农业科技投入的激励机制，进一步完善农民创业创新融资支持制度，推进农业科技成果转移转化和推广激励机制的落地实施，完善农业人才培养机制。

（四）从保障机制上坚持"补短板"与"强弱项"两端发力

围绕"人、地、钱"补齐农业农村要素短板。一是让农业能"吸引人"，

---

① 《关于农村土地征收、集体经营性建设用地入市、宅基地制度改革试点工作的意见》（中办发〔2014〕71号）。

农村能"留住人"。进一步加大扶农助农政策力度，建立激励机制支持农村青年返乡创业，让农村环境能够留住人才。培育造就一批农业专技人才，服务农业农村现代化建设。二是强化政府财政支持农业农村建设，充分发挥金融资本作用，从数量和质量上提高金融资本支持农业生产的力度和效益。为现代种养业、农产品深加工、乡村旅游发展提供有力支持，进一步提高农村金融服务的普惠性，使得农业生产经营主体能够快速便捷地获得金融服务。三是加强政府引导，保障农民根本利益，利用政、银、保、担业务满足农户资金需求。在遵循"政府参与"和"风险可控"的原则下，采用多种担保模式开展组合授信，但要注意防止资本扩张对"小农"的"侵害"，实现金融机构和农户的双赢。四是做好高标准农田建设，保障粮食安全生产。同时完善农村闲置土地包括闲置宅基地和闲置房产适用政策，因地制宜，有条件的区域可适当将闲置土地作为乡村旅游、养老、教育等的有效载体。

围绕民生领域弥补农业农村弱项。一是坚持城市医疗资源下乡，加快建设医疗人员共同体和城乡文化共同体，提升农村公共服务水平。运用好5G技术、云技术，将优势的医疗资源适当引导到农村，加强乡村医疗卫生体系建设，推进乡村医疗卫生服务标准化，加强村卫生室的健康管理和疾控，做好村医的培训教育和职称评定工作，提升乡村医生的待遇，让村医更好地在基层工作中服务于当地百姓。二是做好乡村教育中的学前教育、义务教育及职业教育的统筹规划。要多渠道增加农村普惠性学前教育资源供给。对于义务教育，要统筹规划，优先并持续改善农村义务教育学校基本办学条件，支持建设城乡学校共同体。提升高中阶段教育普及水平，发展涉农职业教育。加强农村职业院校基础能力建设，结合职业教育特点和农民生产需要，推进乡村地区继续教育发展。三是进一步做好农业农村基础设施建设，在农业方面，兴建农业水利灌溉设施，做好电力输送和网络输送等设施建设，方便机械化智能化农业生产。在农村方面，做好水电路讯房规划建设，做好农房建设提升工程，让农民能够住上舒适安全的宜居型农房，建设宜居宜业和美乡村。

五 结语

农业农村现代化作为"四化"同步的突出短板，是中国实现乡村振兴、农业强国的必然要求，本文通过对农业农村现代化的理论溯源，提出中国农业农村现代化的理论内涵、当前面临的现实矛盾，以及实现农业农村现代化的实践路径。中国农业农村现代化，要结合中国式现代化的本质特征，以农民为主体，筑牢粮食安全底线，促进共同富裕，实现物质文明与精神文明相协调、人与自然和谐共生的农业生产方式和农民生活方式的现代化。当前农业农村现代化还存在农地经营规模化、农业生产标准化、农业人力资本结构高级化、农业科技创新与应用融合化、农村要素市场化、城乡基础设施均等化等方面的现实矛盾，要进一步推进农业农村一体设计、一并推进，释放要素活力，以要素驱动引领农业农村发展，依托科技和改革，充分发挥内生动力，完善保障机制，支持农业农村优先发展。

农业现代化的省域实践

——以安徽为例[*]

孔令刚^{**}

摘　要： 农业是国民经济的根基性产业。以小农户家庭经营为主的农业发展现实是安徽也是我国推进农业现代化的基本面。多年来，安徽以占全国4.3%的耕地，生产了占全国6%的粮食。每年净调出粮食200亿斤左右，是全国5个粮食净调出大省之一，为国家粮食安全持续贡献力量。安徽正处于从农业大省向农业强省迈进的关键时期，农业发展的主要矛盾由总量不足转变为结构性问题突出，进入农业全面转型升级和全面推进农业现代化发展的新战略阶段。安徽农业现代化面临着资源约束和综合生产能力逼近"天花板"、工农城乡差距依然明显且农民增收乏力、农业功能拓展能力与周边省份相比有差距、耕地质量不稳定且农业可持续发展能力亟待提升、需兼顾农户稳步增收与国家粮食安

---

* 基金项目：安徽省社会科学院2023年重点学科建设项目"农业农村现代化研究"（AHSSKYZDXK2023-01）、2022年度安徽省社会科学创新发展研究课题委托课题"农业现代化的安徽实践研究"（2022WT002）。

** 孔令刚，安徽省社会科学院二级研究员，安徽省人民政府参事，安徽经济学学会副会长兼秘书长，主要研究方向为区域经济与发展经济学、产业经济与技术经济学、城乡融合发展与城镇化、农业和农村发展。

全等问题，如何利用工业化、信息化、城镇化成果，以并联、叠加、迭代等方式同步推进以小农为主体的农业现代化，需健全工农城乡要素自由流动和平等交换机制、健全对农民有福利溢出效应的政府补贴机制与市场机制、健全促进小农户融入现代农业发展轨道的利益链接机制等，建立适应农业强省建设要求的体制机制，以镇为基本单元，鼓励跨行政村小农户就近就地产业链式协作发展，在发展农业新质生产力等方面积极探索。

关键词： 根基性产业　小农户家庭经营　农业现代化　农业新质生产力

在科技进步、政策扶持和市场需求等多方面因素的推动下，全球农业在近几十年间经历了快速的发展与变革，农业已经成为全球经济的重要支柱之一。中国是亚洲的主要农业生产国，是农业大国，但大而不强。安徽是全国重要的农业大省、粮食大省，为稳定全国"粮袋子""菜篮子""肉案子""果盘子"作出了重要贡献。安徽正处于从农业大省向农业强省迈进的关键时期，如何兼顾农户稳步增收与国家粮食安全，如何利用工业化、信息化、城镇化成果，以并联、叠加、迭代等方式同步推进以小农为主体的农业现代化，需要研究农业现代化与农业强省建设的关系，突出筑牢以粮食安全为重心的农业生产底线，推动农业科技创新和绿色发展，建设"千亿斤江淮粮仓"，统筹抓好肉牛、生猪、水产品和蔬菜生产，做好"粮头食尾""畜头肉尾""农头工尾"增值大文章，持续提高"菜篮子"产品保供能力，推动绿色食品产业全链条升级，把农业建成现代化大产业。

一　安徽优质高效农业强省建设的战略意义与实践价值

推动城乡融合发展。中国面临的主要矛盾之一是城乡发展不平衡。农业现代化有助于缩小城乡差距，通过提高农业生产效率，释放农村劳动力，促进农民增收和农村经济发展,带动农村经济发展和社会进步,提高农民的收入水平和生活质量,破解城乡发展不平衡难题。

农业强省是在农业现代化建设中取得显著成就,农业综合生产能力、农业科技创新能力、乡村产业竞争力、农民收入水平和农村现代化水平等达到较高标准的省份。安徽省提出建设高质高效的农业强省这一目标,具有重要的战略意义和实践价值,有助于推动安徽农业现代化进程,通过引进先进技术和管理经验,提高农业生产效率和质量,实现农业的可持续发展。

农业强省的主要特点体现在以下几个方面。

一是农产品供给保障能力强,粮食和重要农产品供给量足质优,多元化食物供给体系完备。

二是农业科技创新能力强,打造种业强省、农机装备制造强省,建成国家农业科技创新高地。

三是乡村产业竞争能力强,新型农业经营主体活力充分迸发,产业链供应链韧性强劲,主要农产品竞争优势明显。

四是农民收入水平高,农民全面发展,城乡居民收入差距显著缩小。

五是农村现代化水平高,乡村面貌实现全面提升,城乡融合发展,基本公共服务均等化。

首先,建设高质高效的农业强省体现了安徽省对国家粮食安全和农业现代化的高度重视。作为粮食生产大省,安徽坚决扛稳粮食安全责任,通过实施藏粮于地、藏粮于技战略,不断提升粮食产能和农业科技水平,确保粮食生产的稳定和增长。

其次,建设高质高效的农业强省有助于推动安徽省农业结构优化升级。通过发展绿色食品产业、加强农产品加工业、推进农业全产业链开发等措施,安徽省能够提升农产品的附加值,增加农民收入,促进乡村产业的提质增效,从而实现农业与农村经济的全面发展。

再次,建设高质高效的农业强省将促进安徽省农业可持续发展。通过加强农业基础设施建设,推进农业科技创新,实施农业绿色化、循环化、数字化转型等措施，安徽省将实现农业生产方式的转变，提高农业资源利用效率，保护和改善农业生态环境，为子孙后代留下绿水青山。

最后，建设高质高效的农业强省有助于安徽省在长三角一体化发展和中部地区高质量发展中发挥更大的作用。通过打造长三角乃至全国重要的"粮袋子""菜篮子""大厨房"，安徽省将更好地服务于区域经济发展，提升自身在长三角、中部地区乃至全国的经济地位和影响力。

为中国式现代化提供更加多元和可持续的发展动力。农业现代化不仅是提高农业生产力的过程，也是推动农业向产业化、市场化、信息化方向发展的过程，促进经济结构转型。

中国式农业现代化在安徽省这样的传统农业大省的实现，既表现在能守住农业特别是粮食安全底线，在农业关键技术、经营体制等方面有实质性创新，提高农业生产率和竞争力，使农业成为现代化大产业，也表现在土地制度改革、人力资本提升、农民增收与社会福利改善等方面有突破。

二　安徽推进农业现代化的阶段性成果及短板与弱项

农业是基础性产业，事关经济社会发展全局。作为农业大省、粮食大省的安徽处于从农业大省向农业强省迈进的关键时期。安徽农业发展中也存在一些短板与弱项，如资源约束逼近"天花板"、部分大宗农产品面临进口压力、农村人口老龄化程度加深、工农城乡差距依然明显等。这些发展中的问题，迫切需要在推进全省农业现代化进程中予以解决。

（一）安徽农业现代化建设的现实基础

安徽农业发展特色与成绩。多年来，安徽以占全国 4.3% 的耕地，生产了全国 6% 的粮食，每年净调出粮食 200 亿斤左右，是全国 5 个粮食净调出大省之一，为国家粮食安全持续贡献力量。安徽农业在综合生产能力、农民收入水平、拓展农业多功能、农业绿色可持续发展和农业的国际与区域合作等方面有特色，绿色食品、有机食品等高品质农产品的比例逐年上升，把建设具有全国影响力的"大粮仓""大肉库""大厨房"作为发展目标，加快把农业建成现代化大产业，奠定了安徽建成高质高效的农业强省和农业现代化"五强"建设的现实基础。

1. 粮食产量居全国第五位

安徽在全国率先立法保护生长期粮食作物，全面落实粮食安全党政同责，构建权责清晰、上下贯通、奖惩分明的责任链条。2023年，安徽全省全年粮食播种面积11001.7万亩，比2022年增加30.3万亩。粮食总产4150.8万吨（830.16亿斤），比2022年增产1.2%（较2022年增产10.14亿斤）。粮食产量位居全国第5位。2023年，安徽夏粮1740.8万吨，增产1.1%；早稻101.5万吨，增产0.4%；秋粮2308.4万吨，增产1.4%；油料产量189万吨，增产9%。

2023年，安徽猪牛羊禽肉产量495.8万吨，增长4.5%；禽蛋产量206.3万吨，增长10.5%；牛奶产量53.6万吨，增长5.7%；水产品产量254万吨，增长3.5%。年末生猪存栏1551.7万头，比上年末下降6.3%；全年生猪出栏3075.5万头，增长5.3%。

表1 2023年安徽主要农产品产量及增速

单位：万吨，%

产品名称	产量	同比增长
粮食	4150.8	1.2
其中：夏粮	1740.8	1.1
早稻	101.5	0.4
秋粮	2308.4	1.4
油料	189.0	9.0
其中：花生	79.3	1.2
油菜籽	110.6	14.7
棉花	2.0	-20.8
茶叶	14.6	3.2
蔬菜及食用菌	2630.1	3.6
水果	828.8	3.8

资料来源：安徽省统计局、国家统计局安徽调查总队：《安徽省2023年国民经济和社会发展统计公报》，安徽省人民政府官网，2024年3月20日。

2. 拓展农业产业链的长度和宽度

持续推进农业产业链完善和升级。加强农产品加工、流通和销售环节的建设。现代化大产业势头较好，2023 年十大绿色食品全产业链产值突破 1.2 万亿元。推进稻米、小麦、玉米、生猪、家禽等十大千亿级绿色食品产业发展，做大做强绿色食品产业，"粮头食尾""畜头肉尾""农头工尾"增值大文章持续做实，推进产业融合。推动农业与旅游、文化等产业的深度融合，开发了一系列农业观光、乡村旅游等新产品，拓展了农业产业链的长度和宽度，聚焦全产业链开发、全价值链提升。

3. 宜居宜业和美乡村建设开局有力

和美乡村精品示范村开展规划建设。全省现有 1237 个乡镇和 1.48 万个行政村。2023 年启动建设首批 200 个和美乡村，省级平均每村支持 1000 万元。已建和在建各级和美乡村中心村 11869 个，占全省行政村总数的 81%。

4. 农业生产新型经营主体发展迅速

加快构建现代农业经营体系，加大对农业龙头企业和农民专业合作社的扶持力度，促进农业产业化和规模化发展。安徽把培育家庭农场作为丰富基本经营制度内涵、促进现代农业发展的抓手，深入推进家庭农场高质量发展，在资金、人才等方面给予倾斜支持，增强发展活力和带动能力，培育了一大批规模适度、生产集约、管理先进、效益明显的家庭农场。截至 2023 年 12 月底，全省在市场监管部门注册登记的家庭农场数量为 307338 个，较 2022 年底增加 66318 个。安徽家庭农场数量连续十年位居全国第一，较好地展现了家庭经营管理优势和适度规模效率优势的互补性，成长为推动农业发展的新引擎。农民合作社数量居全国第 4 位。创新成立全国第一家省级新农人协会。

5. 农业综合科技进步率居全国中上水平

安徽建成高标准农田超 6000 万亩，高标准农田占比达 75.2%，比全国高 20 个百分点；农作物耕种收综合机械化率达 85%、高于全国 10 个百分点；推广生态农业、循环农业等新型农业模式，秸秆综合利用率和畜禽资源化利用率分别达 93%、83%，均高出全国 5 个百分点；农业科技进步贡献率达 66.5%、比全国高 3.5 个百分点。拥有两家种业上市公司、居全国第 1 位；大力推动智能农业、精准农业等新兴技术应用，探索让精耕细作走上新技术革命道路，数字乡村发展总体水平居全国第 4 位，其中农业生产信息化率达 52%、居全国第 1 位。全省有效绿色食品、有机农产品和地理标志农产品总数达 6480 个。

6. 农民收入实现较快增长

农民收入来源更加多元化，除了传统的农业生产外，还涉及农产品加工、乡村旅游等多个领域。2023 年，安徽省农村居民收入跨上新台阶，农村居民人均可支配收入达 21144 元，首次突破 2 万元，农村居民收入增速 8%、居全国第 9 位。实现从"人均居中"到"人均靠前"的跃迁。高素质农民发展水平连续四年蝉联全国榜首。[①]

作为农业大省，安徽近年来粮食、生猪、家禽、茶叶等乡村产业发展迅速，农业发展基础持续向好，农业现代化成效显著，科技及装备整体跃升，供给保障稳步提升，经营体系不断健全，产业韧性持续增强，进入农业大省向农业强省加快转变的推进期。

（二）安徽农业发展与现代化发展要求的差距

从全国来看，"大国小农"被许多学者认为是中国农业现代化的首要特征。[②] 我国农业处于传统农业向现代农业发展过渡阶段，农业现代化建设面临一系列挑战。农业科技含量、劳动生产率、土地产出率和资源利用率不够高，国际竞争力不够强。资源环境约束趋紧，生产发展方式亟须转型，结构性与区域性矛盾突出，粮食等重要农产品价格低且涨幅小、成本高且持续上涨，比较效益低，农业产业结构与居民消费需求结构不匹配等，农业现代化仍是"四化同步"的短板。安徽也不例外，结合农业资源禀赋和人地关系格局，与全国平均水平和长三角沪苏浙水平相比，安徽农业现代化建设存在

---

① 彭摘旆：《安徽实施"1239"行动，建设高质高效的农业强省》，http://www.moa.gov.cn/xw/qg/202402/t20240223-6449004.htm，中华人民共和国农业农村部网站，2024 年 2 月 23 日。

② 罗浩轩：《东亚主要经济体农业转型进程的共同趋向对中国式农业现代化的启示——以日本、韩国和中国台湾地区为例》，《农业经济》2024 年第 1 期，第 20~22 页。

不足，表现为，土地产出率低，农业劳动生产率低，农业科技进步率低，农业产业链短，省内生产条件和发展水平区域间差距大，农产品市场竞争能力弱，等等。

1. 农业产业体系不完善

安徽农业产业链条较短、农产品附加值较低、产业融合层次较浅等问题非常突出。农产品加工业是构建乡村产业链的核心，一头连着农业、农村和农民，另一头连着工业、城市和市民，沟通城乡，亦工亦农，是体量最大、产业关联度最高、农民受益面最广的乡村产业。2023年，我国农产品加工业产值与农业总产值之比为2.6∶1，农产品加工转化率为74%。安徽农业产业链条延伸不充分，第一产业向后端延伸不够，第二产业向两端拓展不足，第三产业向高端开发滞后，小而散、小而低、小而弱问题突出。农产品加工业与农业总产值比为2.4∶1，低于全国平均水平，远低于发达国家3.5∶1的水平。农产品加工转化率为69%，比全国平均水平低近5个百分点，比发达国家低近20个百分点。

2. 农业科技水平急需提升

我国现阶段农业科研整体水平与世界农业科研先进水平的差距约20年。2022年我国农业科技进步贡献率为62.4%，而五大世界农业强国（美国、加拿大、法国、澳大利亚、德国）平均水平为87%。2023年我国农业劳动生产率仅为0.75万美元／人，仅相当于美国农业劳动生产率的5.9%，而且远低于五大世界农业强国平均水平（10.57万美元／人）。相比长三角其他省市，2023年浙江省农业劳动生产率达到5.4万元／人，农业科技进步贡献率达到67%；江苏省农业劳动生产率达到5.8万元／人，农业科技进步贡献率达72%；而安徽农业劳动生产率4.8万元／人，农业科技进步贡献率66%。另外，2023年，江苏粮食亩产463.8公斤，浙江省粮食亩产415.6公斤，而安徽粮食亩产仅377.3公斤。安徽农业劳动生产力和农业科技进步率不高是农产品竞争力不高、农民收入不高、农业经济综合效益不高的主要原因。

3. 新型农业经营体系建设面临诸多挑战

近年来，安徽加快培育发展新型农业经营主体，新型农业经营主体数量不断增长，其优势作用不断增强。家庭农场、农民合作社数量在全国处于领先地位。农产品加工企业和县级以上龙头企业也成为辐射带动农户增收的主要力量，吸纳农村劳动力就业五成以上。但是，与全国一样，安徽农村农业也在发生着深刻变化，新型农业经营主体还处于成长的初级阶段。一是农业经营组织化程度较低。家庭农场经营方式粗放，经营规模不稳定，还存在偏离家庭经营倾向；农民专业合作社成员之间大多是单打独斗，利益联结不紧密，抱团发展理念不强，"家族社""挂牌社"等现象不同程度地存在，存在人才与技术不足、运行机制不健全、经营不规范以及利益联结不紧密等问题。二是农业服务体系不健全，农业社会化服务组织发展水平不高，农业社会化服务集中于生产环节，而农业生产的产前和产后等环节往往服务缺位，社会化服务发展不均衡、供给和需求存在错位等问题。

农业市场主体发育不足，市场主体组织化程度低，经营规模小，效率低，适应市场化的能力较弱，抵御市场风险的能力也较弱。市场服务体系不健全，服务意识淡薄。农业发展面临"地板"和"天花板"的双重挤压，要解决农业结构性失衡、生产成本过高等问题，就必须通过建设现代市场体系，进一步发挥市场机制的作用，从而提升农业的质量效益和竞争力。农产品流通监管滞后，农产品流通管理体制机制不健全。农业的信息供给与信息需求脱节，在很大程度上影响了农业生产与农产品销售。另外，虽然农业信息化发展较快，但是农业信息服务水平还较低。

4. 联农带农机制不完善

农业产业现代化需要整合各方力量，有效促进农民进场。小农户在资金、技术和市场信息等方面存在不足，对市场需求、政策法规、先进技术等的了解不足，若单打独斗易导致其农业生产和经营决策的盲目性。

技术推广不足。农业科技成果转化率低，农民对新技术、新品种的接受度有限，影响了农业生产效率的提高。

产业链条不完整。农产品加工、销售、物流等环节发展滞后，农民增收空间受限。

合作组织发展不规范。农村合作社、家庭农场等新型农业经营主体发展不成熟，内部管理和利益分配机制不健全，影响了联农带农的效果。

政策支持不到位。政府对农业发展的扶持政策落实不到位，农民享受政策红利的程度有限。

农业产业现代化需要整合各方力量，有效促进农民进场。农民作为农业产业现代化最重要的主体，不能缺场，但不能只靠农民单打独斗，这是由于小农户往往在资金、技术和市场信息等方面存在不足，需要积极引入政府、龙头企业（包括国有和民营）及其他主体力量，通过建立紧密的利益联结机制，将分散生产的农民组织起来，以集约经营方式，帮助小农户选择产业、习得技术和对接市场，化解他们自身的生产弱势、市场弱势和组织弱势，增强其应对风险和节本增效的能力，形成多方主体可持续发展的联农带农机制，进一步推进合作主体由以小农户为主的同类主体向以小农户为基础、新型农业经营主体等共同参与的多元主体转变。

5. 农业生产资金稳定投入机制尚未建立

农业投入需求不断增长与资金不足的矛盾有待破解。随着我国农业现代化快速发展，农业现代化建设的资金需求呈几何级数增长，农业农村部预计未来 5~10 年农业农村投资需求近 15 万亿元。但是，受自然规律影响，农业生产周期和投资回报时间较长、风险较大，致使农业领域的投资长期不足。近年来，国家的财政支农投入不断增加，但是投入比例还较低，农业财政支出占国家财政支出的比例远低于农业产值占 GDP 的比例。目前，安徽农业财政支出占国家财政支出的比例不到 8％，而发展中国家平均水平在 10% 左右，印度、巴基斯坦等这一比例达到 15% 以上。另外，虽然安徽农业发展较快，但是农业比较效益仍然明显偏低，城乡投资效率差距较大，引致农业对外部资本的吸引力较小。农民是农业的主体，但是农民收入较低，难以对农业进行大规模投资。乡村地区的金融机构相对较少，金融服务覆盖面较窄，难以为农业现代化建设提供充足的融资支持。由于资本的逐利性以及财政撬动民间资本力度不大，投向农业的社会资本有限。目前，安徽农业的资金稳定投入机制尚未建立，资金等农业基本要素向城镇和第二、第三产业单向流失的总体趋势还没有得到根本扭转。农村金融体系发育滞后，农业农村投资缺少良好的生态和制度环境。为加快推进农业现代化，建设农业强省，安徽要把支农扶农放在第一位，加大对农业和农村发展的资金等要素投入，为农业现代化发展注入活力。[①]

三　安徽由农业大省向农业强省迈进的重点领域

农业现代化是农业强省建设的基础。探索适合安徽特点的农业现代化道路，科学合理地制定农业现代化的重点任务，突出科技强农、机械强农，突出种业强省，突出农民增收等重点领域，加快建设现代农业产业体系、现代农业生产体系、现代农业经营体系。

（一）在推进农业科技创新上有突破

在省域层面强化基础研究系统布局。加强农业科技基础研究和前瞻布局，争取国家层面的支持，聚焦种子和耕地这两个农业发展的关键要素，以及农机装备这一重要支撑，在省域层面强化基础研究系统布局，在优选重点方向基础上，长期稳定支持一批优势团队、创新基地，聚焦制约农业现代化发展的基础问题、核心技术开展攻关，尤其是在精准农业、低碳农业、基因编辑、合成生物学、大数据、人工智能等前沿领域，以实现原创性基础研究和应用基础研究的重大突破。加快重大科技基础设施体系化布局。瞄准农业产业发展需要，推进关键核心技术协同攻关，加强颠覆性技术和前沿技术研究，整体提升安徽农业原始创新能力。

在省域层面优化研究中心与农产品研究所区域布局。优化评价考核机制，做好科研家底摸底调查，加强对现有研究机构的分类分级管理，加大对现有涉

---

① 朱铁辉、辛岭:《中国特色农业现代化的历史演进、现实挑战与建设内容》,《农村经济》2023年第9期, 第109~116页。

农高校学科以及研究机构科研力量的统筹，明确科研机构与大学的科技创新分工，明确中央级农业科研机构与省级农业科研机构的科技创新分工；加快区域研究中心与重要农产品研究所建设。统筹资源整合与调配，根据农业区域分布特征、农业产业发展需求，将研发机构分为专业研究中心、农产品研究中心、生态区域研究中心和特别服务中心，并将农产品研究中心和生态区域研究中心主要布局在各个生产区，便于及时发掘产业、生态发展需求，加快实用成果试验与推广。[①] 建设农产品加工技术集成科研基地，围绕农业生物技术、农业管理信息化自动化和农业供应链管理等建设共性技术平台，推广新技术新品种，提高农业科技进步贡献率。

集成社会创新资源。整合创新资源，构建更加有力有效的农业科技创新体系，统筹推进农业基础研究、应用研究和技术创新，培育扶持社会化、市场化新型科技服务主体，建立产学研用一体化农业技术推广联盟，创新成果转化应用机制。以新型农业社会化综合服务为平台，构建市场化、多元化基层农技推广服务体系，推进科技与产业深度融合，提升农业科技创新能力水平，强化科技与产业对接，重点推广低成本、高适应性技术，结合地区具体情况，提供定制化的技术支持和培训服务。[②]

推动农业发展提质。推动数字赋能、绿色赋能、金融赋能，加快"互联网＋现代农业"发展，着力打造数字乡村示范县，推进行业头部企业产业互联网建设，集成推广适应性广、实用性强的绿色技术模式，实现产业链全程绿色化发展。发展精准变量施肥、水肥一体化等技术，提高化肥农药的利用效率。推广稻田绿色种养、水产养殖水质调控等绿色技术，促进农业废弃物的资源化利用。

推动农业装备升级。应用遥感无人机进行病虫害防治，结合 AI 病虫害识别和大数据分析系统，为种植户提供精准植保管理建议。推广全程机械化作业

---

① 陈天金、任育锋：《巴西农业科技创新：体制机制、特征成效、启示借鉴》，《科技导报》2023年第 16 期，第 43~53 页。

② 罗汉祥、彭慧灵、田婧、王战：《农业技术进步是否加剧农民收入不平等？》，《中国农业资源与区划》2025 年第 1 期，第 236~249 页。

装备、北斗导航支持下的无人耕地整地技术、小麦无人播种收获技术、水稻无人机插技术等，提升农业生产的智能化和精准化水平。

（二）在推进农民增收上有新突破

通过工资性收入、财产净收入、经营净收入和转移净收入等多元化途径，不断拓宽农民增收致富的渠道。支持农民根据土地、技术、资金、劳动力等不同生产要素的投入来获得多种形式的收益，丰富农民参与分配的形式，让农民在共享农业现代化成果上有新突破。

1. 增加工资性收入

促进就地就近就业。创新财政、金融、用地、人才等扶持政策，让农民在家门口就有工作机会，减少外出务工的必要性，降低生活成本，形成创新带创业、创业带就业、就业促增收的格局。

提高农民工就业质量和稳定性。加强职业教育和技能培训。提升农民的科技文化素质和职业技能，帮助农民适应不断变化的就业需求，增强在劳动市场中的竞争力。

推进农产品加工园区涉农县区全覆盖，提供更多的就业机会促进农民就地就近用工和灵活就业。

健全跨区域信息共享和有组织劳务输出机制，做好大龄农民工就业扶持，引导农民工有序外出就业，通过提供更好的就业服务和政策支持，促进农民通过务工增加收入。

在重点工程项目和农业农村基础设施建设领域积极推广以工代赈，促进农村劳动力多渠道就业，增加农民的工资性收入。

2. 扩量财产净收入

激活农村"沉睡"资源。将农村集体资产量化至集体成员，提高农民财产净收入，推动农村资源变资产、资金变股金、农民变股东。加大力度推进农业生产"大托管"，促进土地资源的有效利用，增加土地增值收益和集体资产股份分红，赋予农民更加充分的财产权益，为农民增收提供新动能。

推动农村集体产权制度改革。加快完成农村集体资产的清产核资，将经营性资产量化至集体成员，提高农民财产净收入。

发展多元化的农村金融服务。鼓励金融机构创新适应农村发展要求的金融产品和服务，提高农民的金融知识和风险管理能力，拓宽农民的投资渠道。

建立健全农村产权流转交易市场。推进农村承包土地经营权、林业经营收益权、农民住房财产权、农村集体资产股权等抵质押融资，增强农村产权的融资功能。

提高农民的社会保障水平。完善农村医疗、养老、失业等社会保障制度，降低农民的生活风险，增强其财产积累能力。

3. 壮大经营净收入

支持乡村产业发展。加大力度推动"一县一业"发展，根据安徽地域特点，发展优质专用粮食、稻渔综合种养、农产品加工业等，让农民分享农产品加工和乡村产业发展带来的增值收益。

发展乡村新型服务业。发展休闲旅游、餐饮民宿、文化体验等新产业新业态，延长农业产业链和提升农产品附加值，为农民提供更多的就业机会。

培育新型农业经营主体。培育新型农民合作社，支持有条件的小农户成长为家庭农场，强化农业科技和装备支撑，提高农业生产的规模化、专业化水平，提升农业生产效率和产品质量，进一步拓宽农户增收渠道。

4. 提升转移净收入

稳定和增加农业补贴。政府应继续实施和完善针对农民的种粮补贴政策，提升收储调控能力，坚持完善最低收购价政策，扩大完全成本保险和收入保险范围，确保农民种粮收益。

改善农民生活条件。通过公共服务和基础设施建设，加强农村在交通、通信、卫生、教育等方面的基础设施建设，提高农村生活和生产条件，吸引更多企业和人才到农村投资，带动农民创业就业。

完善社会保障体系。加强农村医疗、养老、失业等社会保障制度建设，提高保障水平，确保农民在遇到困难时能够得到必要的帮助和支持。

（三）在推动农业全产业链优化升级上有新突破

田间连车间，延长链条。纵向延长产业链条，横向拓展产业形态，集成创制一批科技含量高、适用性广的加工工艺及配套装备，破解农产品加工工艺和设备瓶颈，引导大型农业企业加快生物、工程、环保、信息等技术集成应用，促进农产品精深加工。以特色产业培育优质企业，以优质企业促进产业提升，推动全产业链优化升级。

地头连餐桌，优化供给。加强农业基础设施建设，如灌溉系统、仓储物流、冷链运输等，提高农产品的储存、加工和流通效率。加快农产品初加工和精深加工、副产品综合利用等链条式发展，以构建现代乡村产业体系为着力点，统筹支持初加工、精深加工和综合利用协调发展，开发多元产品，加强农产品初加工和精深加工，培育农产品加工副产物综合利用主体，促进循环利用、高值利用和梯次利用，提升农产品加工转化增值空间。

乡村连城市，畅通循环。进一步挖掘农产品加工亦工亦农连城带乡潜力，优化布局，推动农产品加工业向镇、村延伸，更多加工项目落地田间，推动农产品走向城乡商超货架。以构建现代乡村产业体系为着力点，推进要素集聚，推动人才、资金、技术等现代要素从城市流向乡村，以农业产业强镇、特色产业集群等项目为抓手，支持以县域为重点建设一批农产品加工产业园，创建一批一二三产业融合发展先导县，把更多的加工增值效益留在农村。

（四）在加快全省农业产业集中和布局优化上有新突破

制定省域农业发展规划。从资源禀赋和产业基础出发，综合考虑资源禀赋、市场需求、环境保护和农民增收等多方面因素，制定科学合理的农业发展规划，明确产业发展的重点，加强区域之间的统筹与协作，促进各地农业特色化、专业化发展，形成优势互补、协同发展的区域农业发展格局。推动农业产业链条延伸，形成以优势农产品为核心的产业集群，如粮食、蔬菜、水果、畜牧、渔业等特色产业集群，加快推动全省农业产业集中和布局优化。

建设皖北高效农业集聚区。建设水稻生产功能区、特色果蔬生产功能区、道地药材生产功能区和小麦生产功能区，打造高质量"大粮仓""大果园""大药库""大食堂"等。

建设皖中现代农业示范区。加强粮食生产功能区、重要农产品生产保护区和特色农产品优势区建设，发掘特色资源优势，加快培育发展精准农业、生物农业、智慧农业和都市农业全产业链，建设高端绿色农产品生产加工供应基地和出口基地。

建设皖南生态特色农业样板区。聚焦名优徽茶、特色畜禽、特色林果、名优中药材、特色水产等生态特色产品，打造特色绿色生态食品全产业链。

强化县域统筹。在县域内统筹考虑城乡绿色食品产业发展，合理规划绿色食品产业布局。发挥镇（乡）上连县、下连村的纽带作用，支持农产品加工流通企业重心下沉。构建现代乡村产业体系，以农业农村资源为依托，培育壮大现代种养业、乡村特色产业、农产品加工流通业、乡村休闲旅游业、乡村新型服务业、乡村信息产业等，形成特色鲜明、类型丰富、协同发展的乡村产业体系。引导农业企业与农民专业合作社、家庭农场、农户联合建设绿色食品原料基地、加工车间。推进镇域产业聚集，实现加工在镇、基地在村、增收在户，有效推动全省农业产业集中和优化布局，提高农业综合生产能力和市场竞争力，实现农业可持续发展。

（五）在创新有安徽特色农业生产社会化服务模式上有新突破

完善农村基本经济制度。进一步优化有安徽特色的农业生产社会化服务模式，在农业生产过程中的某些环节，如耕种、防治、收获等，通过市场化的方式交由专业的服务组织来完成，提高农业生产效率，促进农业现代化。

创新服务供给模式。培育多元化的服务主体，构建多层次的服务供给体系，发展服务型合作社、服务型龙头企业、专业服务组织以及服务型联合体，形成覆盖农业生产全产业链条的服务，有效支撑农业现代化的发展。

推进服务规范化。加强农业社会化服务质量提升，通过示范创建、规范化试点、信息管理建设等措施，开展服务主体名录库和服务平台建设试点，推动服务行业的规范化发展，提高服务资源的利用效率。强化行业指导，安徽省鼓励相关部门、服务主体、行业协会等研究制定服务标准和服务规范，加强服务过程指导和服务效果评估，规范服务行为，保障农户权益。

创新实践服务模式。进一步加大政策引导和财政支持力度，拓展服务领域和内容，从传统的粮棉油糖等大宗农作物生产向果菜茶等经济作物以及养殖业等领域拓展。同时，服务内容也从产中环节向产前、产后等环节及金融保险等配套服务延伸。创新服务机制，安徽省鼓励服务主体创新服务模式和组织形式，发展多层次、多类型的专业化服务。例如，推广"服务主体＋农村集体经济组织＋农户"等组织形式，形成利益共享、风险共担的机制。推进资源整合，安徽省探索建设多种类型的农业综合服务中心，提供一站式服务，包括农资供应、技术集成、农机作业、仓储物流、农产品营销等，实现资源的集约和高效利用。

培育各类农业社会化服务组织，包括专业合作社、农业企业、专业服务公司等，以提供多样化、专业化的服务。支持各类服务组织、村集体和农户围绕全程托管、生产环节托管、专项服务托管和劳务托管创新合作模式，优化"服务组织＋农户""村集体＋农户""服务组织＋村集体＋农户"等多种服务模式，鼓励规模适度的家庭农场，既做到精耕细作又实现土地产出率提高，有效地解决小农户与现代农业发展之间的衔接问题。

强化科技支撑。通过实施科技创新政策、建立现代农业产业技术体系、创建政产学研推协作联盟等，推动农业科研成果转化，提升农业生产的科技含量。充分发挥农业社会化服务在集成推广应用新品种、先进技术和现代物质装备中的作用，鼓励服务主体利用互联网、大数据等信息技术，提升农业的信息化、智能化水平。

（六）在打响安徽地域特色明显的农产品区域公用品牌上有新突破

地域特色明显的农产品区域公用品牌是在一定地理区域内，依托于当地的自然生态环境、历史人文因素,以及特定的生产工艺,形成具有独特品质和特色的农产品,由能够代表区域公共利益的组织所持有,由若干农业生产经营主体共同使用的品牌。这类品牌不仅代表产品的地域特性,还蕴含丰富的文化内涵和历史传承。

培育农业高端品牌。明确地域特色农业品牌的核心竞争力和目标市场,塑造独特的品牌形象和文化内涵。以粮食生产功能区为载体,鼓励在自然生态、品种、产品、产业、文化等方面有相对统一性的跨行政区的地域,发展绿色食品、有机食品,加大力度推进徽派食品和"食安安徽"品牌建设,建成稻米、小麦等千亿级绿色食品产业并培育在全国有影响力的高端企业品牌和产品品牌。

发掘具有乡土特色的农产品。挖掘和整合地域文化、历史传说、生产工艺等故事元素,增强品牌的吸引力和传播力,构建一批农产品区域公用品牌、知名加工农产品品牌和乡土特色品牌。

推进品质提升。统一产品标准,确保品质特色,通过品种改良、种植技术优化、质量控制等手段,确保农产品的高品质和优良口感。整合上下游产业链资源,形成完整的产业生态,提升整体竞争力和品牌价值。持续创新,不断研发新产品、新工艺,适应市场变化和消费者需求。

四 建立适应农业现代化和农业强省建设要求的体制机制

建设农业强省促进农业高质量发展是弥补现代化短板的迫切要求。以农业现代化为导向,加强科技创新和土地制度创新,优化农业产业体系、生产体系、经营体系,提高农业生产效率,深化农业农村体制改革,健全领导体制和工作机制,强化协同配合、汇聚全社会资源力量,实现农业从数量到质量、从规模到效益、从结构到韧性的飞跃,[①] 建立起适应农业强省建设要求的体制机

---

① 肖金成、申现杰:《中国式现代化与区域重大战略》,《开放导报》2023 年第 5 期,第 19~26 页。

制，促进城乡要素的自由流动和平等交换，推动形成工农互促、城乡互补、协调发展、共同繁荣的新型工农城乡关系，促进农业和农村经济的全面发展，实现农业现代化的目标，为农业农村现代化提供坚实的体制机制保障。当前亟须优化设计工农城乡要素自由流动和平等交换、对农民有福利溢出效应的政府补贴机制与市场机制等机制体制，建立适应农业强省建设要求的体制机制。

（一）健全工农城乡要素自由流动和平等交换机制

健全工农城乡要素自由流动与平等交换机制是推动城乡融合发展、实现农业现代化的重要机制。

一是深化户籍制度改革。放宽城市落户限制，完善农业转移人口市民化配套政策，提高城市政府吸纳落户的积极性，支持农业转移人口市民化，将城镇建设用地增加规模与吸纳农业转移人口落户数量挂钩，以及中央预算内投资安排向吸纳农业转移人口较多的城镇倾斜，实现城镇基本公共服务常住人口全覆盖。

二是建立人才入乡激励机制。设立城市人才入乡激励机制，鼓励人才向乡村流动，激励人力资源在城乡之间的双向流动，鼓励人才返乡创业兴业。

三是统一城乡建设用地市场。建立城乡统一的建设用地市场，确保农村建设用地能够同等入市、同权同价，让农村在土地要素交换中获得更多的收益，支持农村发展。深化土地制度改革，完善承包地"三权分置"制度，探索宅基地"三权分置"制度，允许农村集体经营性建设用地依法合规入市，提高土地资源利用效率。

四是推动城乡要素流动。建立健全农村金融服务体系，提升金融服务乡村振兴的能力，解决乡村金融资金供给不足的问题。通过农村产业和各项农村建设事业的发展，促进农村对资金的需求增加，并以充足的回报率吸引资金流入。

五是推动城乡公共服务均等化。建立统一的城乡基本公共服务机制，提高农村基础设施和公共服务设施水平，缩小城乡差距。增强中小城市吸引力，通过政策倾斜，增强中小城市的人口承载力和吸引力，促进大中小城市和小城镇协调发展。

六是推动城乡基础设施一体化。推动城乡基础设施统一规划、统一建设、统一管护，提升乡村基础设施水平，改善农民生产生活条件。

七是推动城乡产业协同发展。搭建城乡产业协同发展平台，培育特色小镇和农业园区，推动城乡要素跨界配置和产业有机融合。

八是优化城乡融合发展设计。科学编制市县发展规划，优化城乡融合设计，统筹市县空间布局，发挥规划对市县发展的指导作用。

九是推动农民收入增长。拓宽农民增收渠道，完善农民增收长效机制，持续缩小城乡居民生活水平差距。

十是保护产权交易。建立农村产权保护交易制度框架，保障农民权益，促进农村各类资产的有效利用。

（二）健全对农民有福利溢出效应的政府补贴机制与市场机制

补齐农村社会福利短板，市场与社会有机组合，逐步建立更加公平、更加高效的对农民有福利溢出效应的政府补贴机制与市场机制，形成因地制宜的农户增收长效机制，提升农民的整体福利水平，促进农村与农业健康发展。

一是完善政策补贴机制。适应农业发展新要求，评估和调整现有补贴政策，加大粮食生产支持、农机购置与应用补贴、重点作物绿色高质高效行动补贴等力度，推动农业补贴政策更加精准和高效，保障粮食安全和提高农民收入。增加耕地保护与质量提升补贴，通过耕地保护补贴，鼓励农民保护耕地，提高耕地质量，实现农业可持续发展。

二是探索农民福利供给新模式。确保农民的福利权，明晰农民福利的基本特性和发展型福利属性，构建农民、农民工、失地农民和回流农民等群体间的福利衔接机制。

三是农产品价格形成机制。适时调整稻谷和小麦最低收购价政策，改革和完善玉米临时收储制度和大豆目标价格政策，建立市场化收购＋生产者补贴制度。

四是促进农村劳动力市场化配置。建立规范有序的城乡统一劳动力市场，保障农民工劳动权益，提供就业创业服务，促进农民工就业增收。促进乡村人力资本积累，推动农村劳动力要素市场化配置，建立平等竞争、规范有序、城乡统一的劳动力市场，提高农民工资性收入。解决人才流失问题，通过改善农村教育、医疗卫生和社会保障等基本公共服务，实现城乡人才信息互动，鼓励有技能的农村劳动力留在农村。

五是提升农村土地资产功能。探索农村要素资源资本化改革，推动农村集体建设用地入市和农村土地要素市场化配置，形成健全的土地流转价格形成机制，让农民获得资产增值收益，增加农民的财产性收入。

六是加快基础设施建设。改善农村防灾减灾体系，加强基础设施建设，建立健全农业风险防控机制，提高农业抵御自然灾害和市场波动的能力，提高农业生产的稳定性和抗风险能力，提高民生保障水平，缩小城乡差距。

（三）健全促进小农户融入现代农业发展轨道的利益链接机制

以小农户家庭经营为主的农业发展现实是我国推进农业现代化的基本面。"大国小农"是我国长期存在的基本国情与农情，以小农主体推进现代农业与实现农业现代化需要在理论上深化研究。[①] 安徽小农户数量占农业经营主体的95%，小农户从业人员占农业从业人员的90%，小农户经营耕地面积占总耕地面积的70%，小农户在安徽农业经营中占据着极其重要的地位。因此，在推进安徽农业现代化和建设农业强省的实际中，政策制定更需要立足于这样的现实。全面提高农业综合生产能力和全要素生产率是推进农业现代化最迫切的任务，推动现代化转型后的小农模式成为我国农业新质生产力的代表性形式。[②]

更加突出小农户增收目标。高度重视"大国小农"的基本国情，实现小

---

① 叶兴庆：《如何理解大国小农的国情农情》，《经济日报》2023年2月15日，第10版。
② 程必定：《新质生产力视角下推进安徽经济由"大"向"强"再跨越的路径研究》，《理论建设》2024年第2期，第1~12页。

农户的全面发展，形成小农户稳定的收入增长机制。通过更有效的财政支农制度安排，完善农民培训体系，增加对小农户的"人力资本"投资，培养现代化职业农民，提升农业从业者的身份认同感，促进农民充分就业，发展连接小农户的多种类型产业联合体，提升小农户参与农业现代化建设的身份认同与价值实现预期。

将传统农业家庭经营引入现代分工经济。继续发挥精耕细作传统在社会稳定、提供就业机会、发展特色种植养殖业、生态可持续发展以及传承农耕文明与美丽乡村建设等方面的特殊作用。激发小农户的积极性、主动性、创造性，使小农户成为发展现代农业的积极力量和主要参与者，培育核心农户和职业农民，促进传统小农户向现代小农户转变，共享农业强国建设成果，实现小农户与现代农业发展的有机衔接，走"劳动密集型＋技术密集型"的农业现代化路线，推进安徽农业现代化。①

建设共荣共生产业生态圈的利益联结机制。激发农民内生动力，尊重农民意愿，激发农民的积极性、主动性、创造性，让农民在乡村振兴中有更多的获得感、幸福感、安全感。在生产经营领域，重点提高农民的组织化水平，优化产业组织模式，带动农民合作社、家庭农场和广大农户各展所长、分工协作、优势互补，避免直接干预利益分配。基于"大国小农"国情，把激励有稳定务农意愿的小农户稳步扩大生产规模作为突破口，以镇为基本单元，鼓励跨行政村小农户就近就地产业链式协作发展，建设一批产业多元化发展的农业强镇。通过经营方式转型和扩展农业经营中迂回交易与分工深化的空间，鼓励农户参与社会分工。如在农业生产环节，引入整地、育苗、栽插、病虫害防治、收割等方面的专业化服务。在农业经营环节引入代耕代种、联耕联种、土地托管、经理人代营等方面的专业化服务。鼓励小农户按照现代农业方式从事生产经营，与互联网实现有效对接，发展订单农业，使用现代技术和现代装备。吸引农民在农业领域施展才华，培育一批规模适度、生产集约、管理先进、效益

---

① 孔令刚：《基于"大国小农"国情的农业现代化之路及政策体系优化》，《安徽乡村振兴研究》2024 年第 3 期，第 2~10 页。

明显的农户式家庭农场。①

　　建立风险收益对等的利益联结机制。在资产运营领域，重点深化农村产权制度改革，引导利益分配方式从"保底分红"向"按股分红"或"按贡献分红"等方式转变，设置多种收益分配方案供农民选择。强化资产增值收益分配引导，探索建立针对工商资本、新型农业经营主体违约惩罚的具体机制。在乡村公共产品供给领域，重点创新政府与工商企业合作方式，强化利益合理补偿，健全农村产权市场和风险防范体系。

　　建立产业链价值创造与利益分配联结机制。优化产业发展联农带农机制，通过产业发展带动农民增收，特别是要优化新型农业经营主体和涉农企业扶持政策与带动农户增收挂钩机制，让农民更多地分享产业增值收益。引导家庭农场、专业大户、农民专业合作社等主体发展农业产业化联合体（综合体），务实开展生产、供销、信用"三位一体"合作，稳慎推进兼并、合并，实现组织重构和资源整合。培育社会化服务主体，聚焦生产薄弱环节，推进先进生产技术、信息技术等同社会化服务深度融合，提升生产效率和效益。通过合作与联合，不断带动小农户打通从农业生产向加工、流通、销售、文旅等环节延伸的路径，让小农户增收渠道扩展到第二、三产业，使各类资源转化为多元化资产，完善产业链价值创造与利益分配方式，②让农民分享产业链增值收益。

　　健全适合"大国小农"特点的农业金融支持体系。加强涉农金融产品创新。③普惠金融要重点支持新型农业经营主体和小农相融相促发展，提升小农户金融服务的可得性和质量。优化面向小农户的农业保险服务体系，扩大粮食作物完全成本保险和种植收入保险实施范围，发展特色农产品保险。

　　① 孔令刚等：《乡村振兴战略背景下的农业支持保护政策研究》，光明日报出版社，2021，第5~10页。

　　② 钟真：《完善联农带农机制　提升乡村产业发展水平》，《光明日报》2024年3月20日，第5版。

　　③ 蒋岳祥、付涛：《农村普惠金融对产品创新的影响研究——基于调节城乡收入差距的作用途径》，《浙江大学学报》（人文社会科学版）2020年第5期，第90~102页。

提升农业新质生产力
加快实现上海农业农村现代化研究

郭 岚[*]

摘 要： 推动农业现代化进程，关键在于不断深化数字、生态及生物技术的创新与应用，以此催生并培育农业的新质生产力。新质生产力的培育与发展，是实现高质量发展的核心环节与关键路径。面对新发展阶段，上海郊区农村应把农业新质生产力作为引领，积极担当农业科技创新的先锋，勇当农业科技创新的主力军，早日实现农业农村现代化。

关键词： 农业新质生产力 农业农村现代化 浦东新区

在农业领域，新质生产力的孕育与发展，构成了农业高质量发展及乡村全面振兴的强大动力。2023年7月以来，习近平总书记在四川、黑龙江、浙江、广西等地考察调研期间提出，要整合科技创新资源，引领发展战略性新兴

---

* 郭岚，上海社会科学院副研究员，主要研究方向为城乡关系、三农问题。

产业和未来产业，加快形成新质生产力。同年 12 月中央经济工作会议指出，科技创新是产业创新的关键，强调突破性技术的应用对推动新兴产业模式、改变业态发展格局的积极影响以及作为驱动经济增长的关键地位。在 2024 年 1 月 31 日的政治局集体学习研讨会上，习近平总书记详细讨论了新质生产力对推动高质量发展的重要影响。党的二十届三中全会审议并批准了《中共中央关于进一步全面深化改革　推动中国式现代化的决定》，在"完善城乡融合发展体制机制"这一部分提出"完善强农惠农富农支持制度"。纵观中国城乡的发展历程，居民收入结构优化（从 2013 年的 2.81∶1 逐步缩减到 2023 年的 2.39∶1），农村基础设施和服务设施得到了显著改善。然而，城乡发展的差距仍然很大，农业与农村现代化的步伐依然迟缓。因此，需要加速推动城乡融合发展机制创新，以激发农村社会的经济活力，开辟农民增收的新路径，确保城乡在基本公共服务方面均等化，共享发展成果。作为农业大国，我国在农业领域取得了显著成就，农业总产值占全球比重高达 22.5%，位居世界首位。然而，我国还不是农业强国，农业强国的整体实现度仅为 67.2%，这说明我国在农业生产效率、科技创新、高水平人才支撑等关键领域与发达国家相比仍然存在较大的差距。对照新质生产力与现代农业强国的标准，差距愈加明显，成为我国实现农业农村现代化的瓶颈。必须深化农村改革，提升农业科技化程度，构建农业全产业链模式，促进粮食生产能力的持续提升，大幅增加农民收入。

科技创新是推动农业现代化的核心引擎。近年来，上海在农业科技创新方面强支撑、建体系、谋突破，以更好地凝聚以科技创新驱动发展农业新质生产力的强大合力。2024 年 6 月，上海市人民政府办公厅印发《关于加快推进本市农业科技创新的实施意见》，立足上海超大城市和都市现代农业特点，围绕农业产业链部署创新链、资金链、人才链，从巩固特色种源优势、挖掘生物制造潜力、补强现代设施农业等方面布局农业科技新赛道。

一　农业新质生产力的内涵和特征

新质生产力的培育与发展，是实现高质量发展的核心环节与关键路径。

（一）农业新质生产力的内涵

新质生产力的诞生，是实现了技术飞跃性的进步，伴随着生产要素配置模式的创新转变，以及产业结构深层次的重构。新质生产力的基础就在于劳动者、劳动资料、劳动对象三者的优化，以达到全要素生产效率的快速增长。这一过程的核心在于不断推动创新，关键在于追求卓越的品质，究其本质，这是先进生产力的特性高度概括和集中体现。在农业领域，新质生产力的构建是一个多维度、深层次的变革过程，需要科技、数字、网络、智能等元素全面渗透融合，借助革命性技术进步，以高技能劳动力为核心，体现为多要素的紧密耦合。其发展路径明确指向产业链的延展与结构性革新，以数智融合与绿色转型为显著标识。在农业领域，以科技创新为先导的新质生产力正在蓬勃兴起。这股力量深深植根于农业生产要素的革新之中，借助产业升级的契机，构建独具特色的差异化优势，目标是引领农业进入现代化、智能化与绿色化并重的新阶段，是建设农业强国的决定性要素。农业新质生产力的演进轨迹清晰可辨，它见证了农业生产力量从细微之处的不断累积，直至实现本质上的飞跃。在这个过程中，农业生产方式经历了深刻的变革，产业结构优化升级，经营模式进一步完善。相对于传统的农业生产力，新质生产力展现出与以往不同的要素配置特性，显著标志就是劳动力素质明显提升，生产资料智能化转型，同时生产对象的范畴拓展。

（二）农业新质生产力的特征

1. 劳动者素质提升

与新质生产力相匹配的劳动者群体，彰显了卓越的技能水平、独到的创新思维以及深厚的科学素养。具体而言，这些劳动者群体可细化为两类：一类是农业技术创新领域的领军人物，另一类则是能将先进科技精准融入农业生产过程的高素质实践型人才。农业新质生产力的主体，既包括农业科技精英，也包括各类耕种能手和新型经营服务主体。这些劳动者，秉持先进的理念，拥有卓越的管理才能，引领传统农业向数字化、智能化农业迈进。劳动者素质的提升，则是农业新质生产力持续发展的基石。

2. 劳动资料智能迭代

随着人工智能、物联网与自动化装备等尖端科技在农业生产中的深入应用，农业生产领域正迎来一场前所未有的变革，生产效率显著提升。同时，前沿农业科技如大数据分析、基因编辑和微生物组学等，正在被应用于盐碱地农业、沙漠农业等特殊环境的开发之中，为农业生产的多样化与高效化注入了新的活力与动力。农业装备与设施的数字化、智能化转型，显著降低了农业生产过程中的风险，有效提升了农业的附加价值，当前，智能迭代的浪潮正以前所未有的力量，推动着传统农业产业向更高级的阶段迈进，加速农业新质生产力的形成和发展。

3. 劳动对象边界拓展

随着新质生产力的发展，劳动对象的范畴已经超越了传统物质形态的界限，前沿科技的迅猛发展催生了众多新型生产要素，拓宽了劳动对象的边界。科技的进步突破了自然资源方面的局限，为农业生产开辟了新领域，如盐碱地变良田、天山融水育鱼蟹；同时，大数据、物联网、人工智能等技术的深度融入，使农业数据成为新的生产力源泉，通过精准分析气候、土壤、病虫害及生物基因等信息，释放出巨大的生产力潜能，如表1所示。

表1　农业传统生产力和农业新质生产力比较

生产要素		农业传统生产力	农业新质生产力
劳动者	特点	以体力劳动为主	素质跃升；以富有创新性的劳动为主；先进的农业生产理念、专业技能和经营经验
	举例	技术工人、普通农民	农业科研人员；高素质农民、法人农业经营者
劳动资料	特点	依赖传统物质资料的工具和机器；生产方式简单、效率低	智能迭代；信息化、智能化、数字化
	举例	原材料、农业机械等实体工具	农业大数据平台；无人农场、无人运输车、无人机施肥
劳动对象	特点	传统的、原始的农业物质形态	边界拓展；高科技支撑的物态物质、数字技术应用的非物态物质
	举例	农地、动植物	能产粮的盐碱地；农业生产数据

二　上海提升农业新质生产力的意义

农业新质生产力的培育与发展，不仅是传统农村产业升级、农业新兴产业及未来产业布局的关键环节，还是推动农村产业新模式与新业态形成的重要动力源泉。上海郊区通过提升农业创新能力，推动农业在品种改良、技术创新、市场营销等方面取得新突破，为农业产业可持续发展提供有力支撑。

（一）为完善现代农业产业体系提供技术支持

首先，提升农业的生产效率。智能农机和精准农业等先进技术的应用，可以方便农业生产各环节的数据采集和分析，实现了对土壤、空气和水资源的精细化管理，优化农户的生产决策，降低农业生产成本，提高农产品的产量和质量，增强农业的市场竞争力。其次，推动农业的产业升级。农业新质生产力可以通过集聚各类资源，开发农业的多重功能，发展"互联网＋现代农业""互联网＋绿色生态循环农业""互联网＋现代休闲农业"等新型农业业态，促进农村一二三产业融合发展，使农业向更高附加值和更可持续的方向发展。再次，优化和延长农业的产业链。通过引入物联网、大数据等现代信息技术，实现农业在生产、加工、销售等各个环节的紧密衔接，提高产业链的协同效率。最后，提升农业的创新能力。通过加强农业科技创新和人才培养，推动农业在品种改良、技术创新、市场营销等方面取得新突破，为产业的可持续发展提供有力支撑。

（二）为农业农村绿色发展提供动力支持

绿色发展是高质量发展的底色，新质生产力实质上就是绿色生产力。农业新质生产力是农业发展的重要支撑，为宜居宜业和美乡村建设赋能。从农业生产绿色转型方面来看，农业新质生产力强调的是经济效益、社会效益、生态效益的有机统一，可以有效破解农业资源趋紧、生态退化等发展困境。农业新质生产力就是将生产力的概念从"改造自然"提升到"人与自然和谐共生"的高度。通过使用生态农业技术、数字农业技术、调控微生物代谢技术、农业面源污染治理技术等一系列先进技术，积极拓展碳汇农业、林下经济等农业新领域，并形成休闲农业、旅游农业等绿色产业集群，推动高投入、高消耗、高污染的传统农业向高效能、高质量、绿色化的方向发展，从而真正实现"绿水青山"转变为"金山银山"。从农民生活绿色化转型来看，农业新质生产力是将绿色发展理念传导到乡村生活模式中，为打造宜居宜业的乡村环境，需要摒弃过去"先污染再治理""边破坏边治理"的旧思路，全力践行农业新质生产力的新理念，科学筹谋、合理规划乡村发展，加大乡村环境整治力度，培养出一批具有新观念、新思想的新农人，形成绿色生活方式，绘就乡村绿水青山新画卷。

（三）为国家粮食安全提供坚实基础

粮食安全是最重要的民生问题，农业新质生产力是符合新发展理念的先进生产力形态，是保障粮食和重要农产品安全的重要引擎。农业新质生产力强调的是农业科技创新和人才培养，采用一些创新性技术，不断培育战略性新兴产业和未来产业，实现劳动者、劳动资料和劳动对象的提质升级，显著提高农业的生产效率和粮食产量，以增强粮食供应的稳定性和可持续性，为粮食安全提供有力支撑。从粮食产量方面来看，基于农业新质生产力的创新技术推动了现代生物技术和信息技术，改造了传统的农业生产流程，提高了粮食抗病虫害的能力，大幅增加了粮食的产量。从粮食生产的流程来看，基于农业新质生产力的创新技术可以有效解决由土地碎片化导致的大机械利用率低的问题，进一步促进粮食生产的规模化、标准化和产业化，降低农业的生产成本，提高农业的生产效率。从粮食储存方面来说，基于农业新质生产力的创新技术（如智能仓储、低温干燥等），可以使粮食保存的时间更长，从而增强粮食储备的稳定性和可靠性。从粮食应急管理方面来看，基于农业新质生产力的创新技术可以有效应对自然灾害等突发事件，提高农业生产和物资调配能力（例如，通过精准农业技术，能够快速评估受灾地区的粮食损失情况并制定相应的补救措施，及时将智能化的农机装备投入抢收抢种工作，而智能化的粮食应急管理平台则可以实现对粮食储备、运输、加工等环节的实时监控和调度）。农业新质生产力的创新技术还孕育了生态农业、循环农业等新的农业生产方式，减少化肥农药施用量，在更大程度上保护土地资源和水资源，为粮食生产提供可持续的生态环境。

（四）为实现共同富裕提供加速引擎

习近平总书记强调，中国要实现共同富裕，但不是搞平均主义，而是要先把"蛋糕"做大，然后通过合理的制度把"蛋糕"分好。[①]从增加农民收入来看，科技创新能够极大地提升农业生产效率。农业生产效率提高的含义就是单位面积（单位时间）的农产品产量增加，这将会直接增加农民的收入。随着收入的增加，农民生活水平也将提升，购买力增强。因此将进一步促进农村经济发展，缩小城乡差距，推进实现共同富裕。从提升农民的技能和素质方面来看，随着新技术的应用，农民需要不断掌握新知识和新技能，以适应新的生产方式。这将有助于提升农民的劳动技能，增强农民的就业能力，促进农民增收

---

① 习近平：《坚定信心　勇毅前行　共创后疫情时代美好世界》，http://politics.people.com.cn/nl/2022/0117/C1024-32333457.html，央视网，2022 年 1 月 17 日。

致富，最终实现共同富裕。通过改革土地制度，我国成功地构建了稳固的新型农业经营体系，提升了农业经营主体的活力，进而推动了新形态农村集体经济运作模式的完善，实现了集体资产稳步增长，大幅提高了农民的财产性收入。由此可见，农业新质生产力是以劳动者素质提升—生产效率提高—农民增收致富—城乡收入差距缩小这一逻辑顺序来逐步实现共同富裕目标。

三　上海提升农业新质生产力的基础

经过多年的发展，上海郊区在农业生产中探索出了一条独特的都市型现代化绿色农业发展道路，使得上海在继续当好全国"改革开放排头兵，创新发展先行者"的过程中，努力绘就超大城市农业农村现代化更加美丽的新画卷。

（一）现代都市农业取得新进展

上海在"三农"方面，从总体上看，现代都市农业发展指数在全国名列第一，从结构上看，现代都市农业有了新进展，农产品的供应保障能力稳步提升。同时，上海还致力于完善农村基本经营制度，促进各类农业新型经营主体协调发展，推动一二三产业融合发展，并取得了显著成效。上海郊区坚持走现代都市农业发展道路，截至2024年3月，上海全市粮食总产量稳定在90万吨以上，粮食和"菜篮子"生产能力保持稳定。已完成农业"三区"的划定工作，共划定136.49万亩的农业用地。其中，有80.32万亩用于粮食生产，49.07万亩用于种植蔬菜，还有7.1万亩是用于生产本地特色农产品（如西甜瓜、水蜜桃、蜜梨等）。本地农产品供应情况稳定，粮食总产量约90万吨，蔬菜种植面积保持稳定，蔬菜自给率约40%（其中，绿叶菜自给率达到80%），这些成就无疑是值得引以为豪的。

（二）农业科技创新能力稳步提升

上海农业的科技创新能力稳步提升，农业科技进步贡献率达到79.09%，同时不断加大农业物质装备和信息化建设力度，使农产品质量安全监管能力和水平持续提升。截至 2024 年 6 月，上海拥有绿色食品企业共计 875 家，提供将近 1600 种产品，总产量超过 120 万吨，获得绿色食品认证的产品占比达到 24%。上海农业发展势头强劲，农业基础设施逐步完善，规模化畜禽养殖成为主要方式，占比达到 97%，水产健康养殖示范面积的比重超过 75%。农村的生态环境更加优良，尤其是畜禽养殖废弃物的资源化利用率几乎实现 100%，主要农作物秸秆综合利用率也达到 96.5%。

（三）加快生物绿色农业布局

新一轮的科技革命和产业革命加速演进，被誉为第三次生物技术革命的合成生物学迎来全球化高速发展期。在《"十四五"生物经济发展规划》中多次提到合成生物学在农业领域的应用。2024 年 6 月，上海市人民政府办公厅发布的《关于加快推进本市农业科技创新的实施意见》中也将合成生物学技术应用作为布局农业科技新赛道的重点方向之一。新形势下，合成生物学农业交叉学科建设积极推进，在更大程度上鼓励高校、科研院所和企业开展产学研协同创新，并通过跨学科、跨领域的专家引进，引育一批生物育种、生物制造等顶尖科学家及创新团队。浦东的张江种谷、崇明的长三角农业硅谷和奉贤的上海农业科创谷等产业园区错位发展，一批生物育种、生物制造的农业企业和科研团队作为"隐形冠军"进驻，其创新项目也引来期待，这些为推动未来农业的绿色转型升级、形成新兴农业产业链打下基础。

专栏 1："RNA 生物农药绿色制造"

2024 年 9 月，在"2024 浦江创新论坛"上，"RNA 生物农药绿色制造"项目获得创新大赛的最高奖"卓越奖"。普遍来看，传统化学农药研发周期长、费用高，在施用过程中会产生环境污染，且农作物易产生抗性等问题，给农业绿色可持续发展带来负面影响。RNA 生物农药的"颠覆性"在于，以 RNA 干扰的方式，靶向干扰宿主（昆虫或病菌）关键因子 mRNA，实现对病虫害的精准灭杀。新技术还具有研发周期短（仅 3~6 个月）的特点。

四 上海提升农业新质生产力面临的困境

近年来，上海郊区农村新质生产力发展迅速，为农业现代化提供了强大的动力。然而，农业科技创新体系尚不完善、农业生产资源环境约束趋紧以及国际市场竞争激烈等，使得农业领域新质生产力发展面临新的挑战。

（一）现代农业发展和农业经营体系不匹配

上海的郊区农村创新性地发展了一套农业经营模式，紧密依托家庭承包制，将龙头企业、家庭农场、专业农户及农民合作社等多元主体紧密联结，形成了全方位、多层次的农业经营生态。然而，该生态体系在与现代农业的深度融合及高效联动上尚存不足，阻碍了农业新质生产力的增长和效率的提升，其影响包括多个领域。其一，在市场竞争和风险抵御方面，新型农业经营主体较为脆弱。这些新型经营主体，包括家庭农场和合作社，倾向于采用常规的经营方式，不能完全适应市场经济发展要求。由于涉农的交易平台不健全，加上金融中介机构对农业创新经营实体的资金融通支持倾向不显著，农业创新经营实体的抗风险能力不强。其二，农业合作社及供销社等集体组织发挥的效能有待提升。以家庭为单位的承包经营体系，在实际运作中更侧重于"分"的职能，统一管理的效能发挥不足，导致集体经济组织的力量相对较弱。其三，在农业服务领域，存在经营性服务与公共性服务发展不平衡的现象。经营性服务在促进增产、提升效率与增加收益方面成效显著，但是在预防灾害和病虫害等领域，其公共服务的供给相对缺乏，严重制约了农业新质生产力的发展。

（二）人口老龄化与人力资本不足

当前，我国已经进入人口老龄化阶段，农村地区老龄化状况更为突出。有研究指出，农村地区耕地弃耕与人口老龄化有一定的联系，这导致全国农地平均规模减小。劳动力素质不高、人力资本不足等问题日益显著。目前，上海各涉农区域普遍面临着农业劳动力短缺与老龄化加剧的问题，新型职业农民队伍建设不足，50 岁以上人口是农业的主力军。根据相关的调查数据，以粮食生产功能区为例，该区域劳动力总数为 53746 人，平均年龄高达 57.69 岁，区域间差异显著，崇明区老龄化情况最为严重，平均年龄为 60.88 岁，而松江区的平均年龄为 48.8 岁。经济作物及蔬菜生产领域的老龄化问题尤为严重，从业人员年龄大多超过 60 岁。[①] 高素质劳动者是提高农业新质生产力的关键，上海郊区广大的农村地区面临着劳动力资源数量与质量的双重提升压力。农业的从业人员年龄偏大，创新意识不够活跃，对高新技术的接纳和融合能力有限，这严重阻碍了新理念、新技术与新模式的应用，导致新型生产方式的潜力不能被充分挖掘，农业生产的效率和效益都受到制约，影响都市现代农业发展。与此同时，高素质劳动力流失现象日益显著，这反过来又影响了农民职业化进程。

（三）资源环境约束趋紧

在高质量发展背景下，资源的有效利用和环境保护成为不可忽视的问题。特别是在农业领域，作为支撑国民经济的重要产业，集约化、减量化和可持续性发展模式成为构建资源节约型、环境友好型社会的关键。在养殖业领域，对于畜禽和水产养殖存在认知误区，简单地将其视为污染源并施以"一刀切"的治理措施，严重影响了该产业的健康发展。因此，需重新审视养殖业的定位，开展科学规划布局与资源化利用，例如将畜禽粪污转化为有机肥，实现养殖业与环境的和谐共生，为农业循环经济与绿色发展提供新动力。在种植业领域，随着化肥农药减量使用，土壤重金属污染风险有所降低，但对照上海绿色农业发展目标，耕地整体质量仍然有较大的提升空间。绿色防控技术的滞后和种植户用地养地意识的缺乏也加剧了农业面源污染。当前，对农药化肥的过度依赖，引发了土壤酸化、次生盐渍化、耕作层退化等一系列问题，制约农业可持

---

① 上海市政协农业和农村委员会:《调研报告 | 上海农业产业发展存在的问题及对策建议》，2019年 12 月。

续发展。因此，推广生态种植模式，提升土壤健康管理水平，是应对资源环境约束趋紧、推动农业绿色转型的必由之路。

（四）农业科技创新有待加强

企业是农业科技创新的主体，上海郊区的农业企业普遍存在创新意识不强，只注重短期效益，没有充分认识到技术创新是核心竞争力和持久发展的动力等问题。同时农业企业在技术创新方面缺乏主动性，在很大程度上依赖政府的技术创新投入，但是政府的资源毕竟还是很有限的。由于市场经济体制不完善、农业技术市场信息不对称等，市场对农业技术创新的自组织能力较弱，农户掌握的市场信息不够全面，农业技术创新缺乏有效的市场需求和调节机制支撑。

五　上海提升农业新质生产力面临的新机遇

伴随着现代农业的发展，技术革新和产业融合步伐不断加快，新模式和新业态不断涌现，上海的农业发展正在由传统的要素投入模式向高质量要素投入和高科技驱动模式转变，初步实现了从规模到实力的飞跃，处于从"量"向"质"的过渡期。

（一）创新要素组合形成农业新模式

"三权分置"政策的推行，促进了土地流转市场的发展和适度规模经营模式的普及，推动了新型农业经营主体快速发展，创新生产要素的重新组合形成了农业的新模式，这就是农业新质生产力的具体体现。截至 2023 年 12 月，上海良元农产品专业合作社等 102 家农民专业合作社被认定为上海市农民专业合作社示范社，上海鱼跃水产专业合作社等 208 家农民专业合作社被认定为监测合格合作社。其中，有 8 家合作社入选国家农民合作社示范社名单。

专栏 2：上海合作社入选国家农民合作社示范社名单

上海宝岛水产养殖专业合作社、上海建宇水稻种植专业合作社、上海浦信蔬果专业合作社、上海家绿蔬菜专业合作社、上海享农果蔬专业合作社、上海圣泉葡萄种植专业合作社、上海欣香花卉种植合作社、上海越亚农产品种植合作社。

（二）产业升级融合形成农业新业态

现代农业技术日新月异，农业转型升级融合了多种新技术，形成了全新的业态。自动化机械、智能机器人以及物联网和大数据技术的应用，极大地推进了上海农业现代化进程。在生产端，这些技术的应用，改变了传统农业对环境的依赖，促进了农业作业方式革新，农业生产效率因新技术的普及而显著提高。在消费端，互联网电商的迅速发展也为浦东农副产品的销售提供了新的渠道，推动了产业链进一步发展。这些新要素极大地提升了新区的农业生产力，增强了农产品的市场竞争力和可持续发展能力。

专栏3：农业生产社会化服务体系发展迅速

例如，浦东新区建立了"1+2+9+X"和"农资+"社会化服务体系，即1个线上平台+2个中心仓+9个前置仓+X个前置柜，推进了浦东涉农区域服务全覆盖，实现了高效、便捷、全程化服务。

（三）农业全要素生产率大幅提升

当前，我国农业全要素生产率已达到2.52%，对总产值增长的贡献率为47.54%。在传统的生产要素方面，土地与人力资本的投入对经济增长的推动作用逐渐减小，资本投入效应保持不变。而技术进步和规模化经营在提升全要素生产率方面的作用则越来越明显。上海的农业全要素生产率年均增长达到3%，其中技术进步的贡献率达到2%，全要素生产率大幅提升是新质生产力的核心标志。全要素生产率的提升既取决于"技术"因素，即科技进步程度，还取决于"制度"因素，即经济制度调整能力。制度创新对技术创新会形成激励和保障作用。要推进全要素生产率提升，汇聚形成新质生产力发展的强大动力，就必须统筹技术创新和制度创新，进一步深化经济体制改革，完善城乡融合发展体制机制和政策体系，协同推进新型城镇化和乡村振兴。

六　上海提升农业新质生产力的新举措

在《中共中央　国务院关于学习运用"千村示范、万村整治"工程经验有力有效推进乡村全面振兴的意见》的指导下，上海正在探索发展现代都市农业，致力于提升现代都市农业的综合实力，注重品种的优化、品质的提升和品牌的塑造，并坚持运用高新技术，追求产品高品质与高附加值，目标就是要构建创新型现代农业产业体系，以此带动新质生产力迅速发展。

（一）促进乡村产业融合发展

上海郊区积极促进农业产业融合发展，引导农业的功能由"基础保障"转向"多元发展、综合服务"。上海的郊区农村在做好耕地保护、粮食保障和重要农产品供给的同时，还要积极承接城市的溢出效应，充分利用乡村的优质资源，为城市发展补齐短板。还要注重保护乡村资源的稀缺性，发挥农业空间生态和保育功能，积极培育乡村旅游、创意文化产业等，推动乡村的一二三产业融合发展，培育新产业、新业态。同时，还要进一步推动城乡的产业衔接，促进乡村的多元化发展。

（二）巩固特色种源优势

聚焦有竞争优势的种源领域，加快推动现代育种技术应用，巩固强化育种创新优势。在"人工智能＋基因编辑"、单倍体诱导、新型基因编辑等重点领域，突破生物育种底盘技术，建立快速精准育种技术体系，服务种业强国建设。培育节水抗旱稻、设施蔬菜、工厂化食用菌、华系种猪、中华绒螯蟹等自主核心种源，创制或改良一批突破性新品种，抢抓种业振兴机遇，做大做强生物种业。

（三）补强现代设施农业

在温室和植物工厂领域，突破目标识别、智能控制和作业运动等关键核心技术，研制智能农业装备专用元器件，研发柔性农业机器人。开发基于多技术体系智能集成的垂直农业生产系统，创设生产型植物工厂，形成融合温室制造、设施装备、控制软件、农艺技术、生产运营等系统技术模式，发展现代设施农业，推动服务设施农业转型升级。数字赋能智能生产关键技术和装备，创新国产设施温室控制模型和软硬件技术体系，实现茄果类、叶菜类等蔬菜温室生产智慧决策和智能控制。

（四）挖掘生物制造潜力

发展生物合成系统创制、基因合成、分子进化、蛋白设计等合成生物学技术，突破生物合成蛋白的细胞工厂和分子农场技术，开发新型功能食品，培育生物制造业新动能。聚焦有技术基础和市场潜力的农业绿色投入品领域，创新分子靶标发现、核酸分子递送、基因重组、微生物发酵等技术，创制 RNA 农药、生物大分子兽药、结构型疫苗、微生物肥料等绿色投入品，提高自主创新产品的市场占有率，为农业绿色转型提供支撑。

（五）打造农业创新创业高地

发挥上海的技术、资金、人才、市场等要素集聚优势，推进"张江种谷""上海农业科创谷""长三角农业硅谷"建设，汇聚农业科技创新资源，培育一批生物育种、生物制造、现代智能温室和植物工厂等细分领域的"隐形冠军"企业，打造涉农科技型企业集聚区，提升创新策源能级。支持先正达集团全球植保中国创新中心项目落户上海，并培育带动上下游相关产业。

展望未来，上海郊区农村将构建面向全球、服务全国、兼容并包的现代农业技术创新生态系统，努力发展成为农业科技创新的领军者，早日实现农业农村现代化。

参考文献

罗必良、耿鹏鹏：《农业新质生产力：理论脉络、基本内核与提升路径》，《农业经济问题》2024 年第 4 期。

金碚：《论"新质生产力"的国家方略政策取向》，《北京工业大学学报》（社会科学版）2024 年第 2 期。

杜志雄、来晓东：《农业强国目标下的农业现代化：重点任务、现实挑战与路径选择》，《东岳论丛》2023 年第 12 期。

高帆：《"新质生产力"的提出逻辑、多维内涵及时代意义》，《政治经济学评论》2023 年第 6 期。

高鸣、种聪：《依靠科技和改革双轮驱动加快建设农业强国：现实基础与战略构想》，《改革》2023 年第 1 期。

韩长赋：《中国农村土地制度改革》，《农业经济问题》2019 年第 1 期。

农业新质生产力

粮食产业新质生产力发展：
水平测度与实现路径

虞　洪　何栌林　王沁钰　苏诗雅[*]

摘　要： 粮食产业高质量发展是维护我国粮食安全的根基。随着时代变迁，新质生产力成为推动粮食产业发展的关键。本文系统梳理了农业新质生产力相关研究，从历史逻辑、现实逻辑与内涵逻辑等维度深入剖析粮食产业新质生产力形成机理，采用水平测度与构建评价指标体系的方法对其发展现状进行研究，并深入分析粮食产业新质生产力发展的区域不平衡问题，提出粮食产业新质生产力发展路径，即政策导向、技术创新驱动、产业链协同和绿色发展导向，以期推动粮食产业新质生产力持续稳定发展，助力提升粮食安全保障能力。

关键词： 粮食产业　新质生产力　产业链协同　技术创新

---

[*]　虞洪，四川省社会科学院产业经济研究所所长、研究员，主要研究方向为粮食安全、产业经济、农村经济；何栌林，四川省社会科学院产业经济研究所硕士研究生，主要研究方向为产业经济；王沁钰，四川省社会科学院农村发展研究所硕士研究生，主要研究方向为农村发展；苏诗雅，四川省社会科学院农村发展研究所硕士研究生，主要研究方向为农村发展。

一　文献综述

粮食产业作为国民经济的基础性产业，其稳定发展对于保障国家粮食安全、促进社会和谐稳定有至关重要的作用。在全球人口增长、消费结构升级及气候变化背景下，粮食产业面临着前所未有的压力。发展新质生产力逐渐成为推动粮食产业高质量发展的关键因素。

在新质生产力的概念、特点及其重要作用方面，学术界有关农业新质生产力的研究成果比较丰富。现有文献对新质生产力的研究主要集中在以下几个方面。一是对农业新质生产力概念、内涵的研究。郭晓鸣、吕卓凡从农业新质生产力时代内涵的角度，提出新质生产力在农业领域意味着通过数字化转型实现劳动者、劳动资料和劳动对象的系统性优化，以提升农业生产效率，推动农业高质量发展。[1] 姜长云结合产业链和产业体系，提出以科技创新为引擎，通过科技化、数字化、网络化、智能化和融合化的发展，实现农业生产力要素的突破性升级，推动农业及其关联产业链、供应链的高质量发展。[2] 二是对新质生产力主要特征的研究。胡莹通过传统生产力和新质生产力的对比，指出新质生产力的特征是高效能、高质量，具有创新性、融合性、引领性和超越性。[3] 魏后凯、吴广昊从"新"和"质"两个方面，提出新质生产力以创新为动力，追求资源高效配置，并强调绿色发展和可持续性，从而推动经济在环保和效率上实现双提升。[4] 三是新质生产力发展重点的研究。贾若祥、窦红涛认为，要加速高水平科技自主创新，激发新质生产力发展的内在动力，同时劳动力质量要持续改善，为新质生产力发展提供适时的重要支持，也要推动科技创新成果在特定行业、产业链中的运用，健全现代工业体系，以新质生产力为基础，全

---

① 郭晓鸣、吕卓凡：《农业新质生产力的内涵特征、发展阻滞与实践路径》，《中州学刊》2024年第8期，第39页。
② 姜长云：《农业新质生产力：内涵特征、发展重点、面临制约和政策建议》，《南京农业大学学报》（社会科学版）2024年第3期，第2~3页。
③ 胡莹：《新质生产力的内涵、特点及路径探析》，《新疆师范大学学报》（哲学社会科学版）2024年第5期，第36~37页。
④ 魏后凯、吴广昊：《以新质生产力引领现代化大农业发展》，《改革》2024年第5期，第4~5页。

面深化改革，建立新型生产关系。①

当前对粮食产业新质生产力的研究主要集中在其赋能作用方面，钟钰、宗义湘提出以新质生产力保障粮食生产，聚焦科技创新、装备力量、设施基础和政策改革，全面推进粮食安全向前突破、粮食生产深度迈进、粮食产能新拓展和粮食产业绿色转型。②范月圆、兰惠等以马克思主义系统观为切入点，构建"要素特质—产业结构—功能取向"的理论框架，通过以新质生产力赋能粮食产业高质量发展来指导实践。③周洁结合保障粮食安全，从新质生产力的内在逻辑、机遇挑战与对策建议予以阐释④，王箫轲、陈杰聚焦新质生产力赋能国家粮食安全，从理论逻辑、现实挑战与践行路径展开研究。⑤总体来说，目前对于粮食产业新质生产力发展的内在逻辑和量化测度研究相对较少。基于此，本文旨在深入探讨粮食产业新质生产力的内在逻辑，通过揭示其历史逻辑、现实逻辑和内涵逻辑，从劳动者、劳动资料和劳动对象等维度构建科学合理的指标体系，为粮食产业可持续发展提供理论依据和实践指导。

二 粮食产业新质生产力发展的内在逻辑

粮食产业的定义经历了重大的转变和扩展，不再仅聚焦产品生产和加工流程，而是以全方位、可持续发展为导向。在这样的背景下，粮食产业新质生产力发展，主要是通过整合劳动力、劳动资料、劳动对象和科技管

---

① 贾若祥、窦红涛：《新质生产力：内涵特征、重大意义及发展重点》，《北京行政学院学报》2024 年第 2 期，第 31~39 页。
② 钟钰、宗义湘：《新质生产力助力粮食生产的逻辑理蕴与主要途径》，《人民论坛·学术前沿》2024 年第 10 期，第 81~83 页。
③ 范月圆、兰惠、崔宁波：《以新质生产力赋能粮食产业高质量发展：理论逻辑与实践指向》，《中国农业大学学报》（社会科学版）（网络首发）2014 年 11 月 7 日。
④ 周洁：《以新质生产力保障粮食安全：内在逻辑、机遇挑战与对策建议》，《经济纵横》2024 年第 3 期，第 31~40 页。
⑤ 王箫轲、陈杰：《新质生产力赋能国家粮食安全：理论逻辑、现实挑战与践行路径》，《当代经济管理》2024 年第 7 期，第 52~62 页。

理的综合效益来增强粮食产业链供应链的稳定性和韧性，从而指引产业进入更高的发展层次。粮食产业与新质生产力有机融合，不仅揭示了农业在确保数量安全和追求优质增长方面的平衡与协调，更成为农业强国建设的基础支撑，两者协同发展成为满足人民对美好生活向往和促进经济高质量发展的核心任务，是中国式现代化建设中不可或缺的关键步骤，如图1所示。

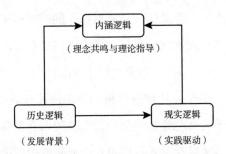

图1　粮食产业新质生产力发展的内在逻辑

（一）粮食产业与新质生产力结合的历史逻辑

粮食产业与新质生产力的结合体现了特定的历史逻辑，其必要性不容忽视。1996年国务院新闻办公室发布的《中国的粮食问题》白皮书表明，新中国成立以来，我国以占全球约7%的耕地面积，成功养活了约占世界22%的人口，这一成就在人均耕地面积远低于全球平均水平的背景下，鲜明地揭示了中国"人多地少"的基本国情。面对严峻的粮食短缺挑战，20世纪60年代初我国大规模进口粮食，在短期内成功地应对了粮食短缺问题，但从长远视角，其亦潜藏着多重负面影响，包括外汇储备的消耗与财政负担的加重、农民生产积极性的减弱、粮食产业持续增长潜力削弱。因此，提升粮食生产能力的核心策略在于倚重科技创新与技术进步，而非单纯依赖土地扩张或大规模进口。随着科技革命的深化，中国通过杂交水稻技术显著提高了粮食单产，袁隆平院士领导的杂交水稻项目使亩产从20世纪50年代的300公斤跃升至2020年的750公斤。这表明中国粮食产业与新质生产力的融合，是在资源限制背景下追求可持续发展的必然路径。

（二）粮食产业与新质生产力发展的现实逻辑

立足国内需求，着眼于人民对美好生活的向往与粮食产业高质量发展目标，需要激活新质生产力。我国在粮食总产量增长上取得显著成效，却长期承受着产业结构调整的压力，亟须深化供给侧结构性改革。基于我国粮食产业的现实情况，小农经营与家庭经营作为主要生产模式，将持续占据主导地位，因此，培育新型经营主体，以实现小农户与现代粮食产业的有效衔接，成为促进新生产力发展的关键路径。[①] 同时，要实现创新、协调、绿色、开放、共享的发展目标，需要摒弃传统粗放模式，聚焦提升粮食生产效率、优化资源利用、提高智能化水平、发展绿色能力，通过培育粮食产业的新质生产力，促进经济效益与生态效益双升，从而保障粮食安全。

从外部环境审视，粮食产业新质生产力发展成为面对全球复杂多变挑战时的战略抉择[②]。保障粮食安全，作为我国构建新发展格局的基石与国际竞争力的象征，其核心在于实现"谷物基本自给、口粮绝对安全"。这一策略对于确保人民生命安全、抵御外部挑战具有决定性意义。在国际农业科技竞争愈发激烈的当下，确保粮食安全的紧迫性驱使我国亟须开发超越现有生产力的新动力与新优势。习近平总书记明确指出，新质生产力的显著特点是创新，既包括技术和业态模式层面的创新，也包括管理和制度层面的创新。[③] 因此将颠覆性技术融入粮食产业，不仅能够加速产业转型和技术升级，还能显著提升我国农业科技创新的整体水平，维护粮食安全。

（三）粮食产业与新质生产力关联的内涵逻辑

上文讨论已经阐明了两者在推动农业现代化、确保国家粮食安全方面的

[①] 周洁：《以新质生产力保障粮食安全：内在逻辑、机遇挑战与对策建议》，《经济纵横》2024 年第 3 期，第 31~32 页。

[②] 张杰、周艳菊、王宗润：《新质生产力保障产业链供应链安全：理论框架与路径研究》，《当代经济管理》2024 年第 10 期，第 15~16 页。

[③] 习近平：《发展新质生产力是推动高质量发展的内在要求和重要着力点》，《求是》2024 年第 21 期，第 4~8 页。

紧密联系及其战略意义。当然，粮食产业与新质生产力的联系不仅仅是体现在现实层面的目标一致性上，更是体现在内在理念和特征上。两者理念上的共鸣为其深度融合奠定了坚实的思想基础，特征上的互补为其全面结合奠定了稳定的实践基础。通过分析粮食产业与新质生产力的相关概念，二者理念的契合主要体现在绿色发展、创新驱动及开放共享理念这三个方面。

粮食产业与新质生产力在绿色发展理念上的契合主要体现在，新质生产力以绿色技术为核心的理念与粮食产业追求绿色化生产、实现减碳减排目标的深度交融。粮食产业发展深受资源环境制约，必须以资源的可持续利用为核心。① 鉴于粮食产业比较效益的现状，采用绿色生产方式提升资源利用效率与减少环境治理成本，成为增强其经济效益的关键策略。粮食生产绿色转型不仅是对资源与环境约束的响应，也是提升产业竞争力的有效途径。② 粮食产业新质生产力发展紧密契合绿色发展、资源节约与环境友好目标，共同指向构建绿色低碳循环经济体系与高效、低耗、环保的产业结构。

粮食产业与新质生产力在创新驱动理念上的融合体现为，新质生产力以科技革新为动力的理念与粮食产业寻求创新发展的目标紧密相连。粮食产业为应对市场波动，需增强竞争力并吸纳前沿科技以实现革新与升级。③ 在这一背景下，粮食产业对技术创新的迫切需求与强调以科技创新为核心的新质生产力理念相得益彰。④ 这种理念上的共鸣不仅推动了粮食产业在育种、种植、加工和储存等核心环节的技术革新，还加速了其向智慧化、现代化和数字化的全面转型。

在开放共享理念上，新质生产力在开放性和跨领域跨学科技术整合方面与粮食产业在国际协作和全球合作治理方面的核心功能高度契合。鉴于全球粮

---

① 钟钰、宗义湘：《新质生产力助力粮食生产的逻辑理蕴与主要途径》，《人民论坛·学术前沿》2024 年第 10 期，第 72~73 页。

② 王箫轲、陈杰：《新质生产力赋能国家粮食安全：理论逻辑、现实挑战与践行路径》，《当代经济管理》2024 年第 7 期，第 57~58 页。

③ 范月圆、兰惠、崔宁波：《以新质生产力赋能粮食产业高质量发展：理论逻辑与实践指向》，《中国农业大学学报》（社会科学版）（网络首发）2014 年 11 月 7 日。

④ 高鸣、宋嘉豪：《以新质生产力全面夯实粮食安全根基的理论逻辑与现实路径》，《社会科学辑刊》2024 年第 4 期，第 136~137 页。

食供需紧张局势，粮食产业应该寻求通过国际合作来更合理地配置资源，有助于推动粮食贸易的自由流通，为粮食短缺国家提供所需的支援和帮助。粮食产业在国际协作上的共享理念与新质生产力强调的高水平对外开放，即利用国内国际两个市场两种资源吸引外资，鼓励中国产业"走出去"，参与国际竞争与合作，共享创新成果的理念高度契合。[①] 这促使粮食产业在实践层面通过国际协作共享农业科技、气象灾害、病虫害防治等信息，提高全球粮食生产的抗风险能力，并且通过国际技术交流与合作促进先进技术的传播与应用，提高全球粮食生产水平。

粮食产业与新质生产力不仅在发展理念上高度吻合，而且在核心属性上也展现出互补的关系，主要表现为粮食产业具有的基础性、周期性和劳动密集型、产业链复杂性特点与新质生产力的高科技、高效能和系统集成性特点互补。首先，粮食产业具有维护国家安全与社会稳定的基础性特质，要求粮食产业的生产效率和质量有所提高，而新质生产力的高科技属性恰好可以为粮食产业发展注入活力——新质生产力的高科技应用可以显著提高粮食生产效率，如通过物联网、大数据和人工智能等技术，实现耕地管理精细化智能化，减少资源浪费，夯实粮食产业发展基础。其次，粮食产业具有周期性和劳动密集型特点，这就要求其必须遵循季节性生产与市场周期性需求的规律，而新质生产力的高效能属性可以有效缓解粮食产业面临的周期性和劳动密集型问题。例如利用数据分析和预测模型，可以提前预测天气变化和市场需求，合理安排生产时间与库存量，避免资源浪费、供应不足等问题，同时通过智能管理应用程序实时调整人力资本配置并提高机械化程度，减少人工依赖，提高工作效率。最后，粮食产业链具有高度复杂性，全产业链各个环节都需要高强度的协同合作，而新质生产力的系统集成功能则为这种高效协同创造了条件。新质生产力的系统集成功能有助于粮食产业链各环节的全流程管理和信息互联互通，减少信息不对称问题，提高产业链整体协调性，实现资源最优配置。

---

① 高鸣、宋嘉豪:《高质量提升粮食安全保障能力：新发展理念视角》,《中国农业大学学报》(社会科学版) 2024 年第 5 期, 第 60~61 页。

通过深入剖析粮食产业与新质生产力结合的历史脉络、当下情境及其内在意义，可清晰看出两者融合的必然趋势及其所需条件的完备性。这一结合不仅是历史演进的必然结果，也呼应了当前社会与经济发展的迫切需要，通过思想的共鸣与特质的相辅相成，充分证明了两者在理论探索与实践操作层面的可行性。基于此，粮食产业新质生产力应运而生，这既非传统农业新型生产力的简单延伸，也非通用新质生产力的适用，而是由粮食产业特定需求与特质所决定的创新生产力形态。

三 粮食产业新质生产力发展水平测度

（一）数据来源

本文选取 2012~2022 年中国 31 个省份（不包括港澳台地区）的面板数据作为研究样本，数据来源于《中国统计年鉴》《中国农村统计年鉴》《中国电力统计年鉴》以及各省份统计年鉴等，其中少量缺失数据利用插值法推算补足。

（二）指标体系构建

基于对粮食产业新质生产力理论内涵的深入剖析，构成新质生产力的三大核心要素，即新型劳动者、新型劳动资料与新型劳动对象必然要充分展现出"新"与"质"的特点。其中，新型劳动者表现出以高学历、强专业技能以及丰富创新思维为典型代表的高素质主体特质，以此契合粮食产业现代化发展要求；新型劳动资料彰显出以深度数字化集成与高度智能化应用为显著特征的前沿科技创新属性，借助先进的信息技术手段与智能操控系统，为粮食产业的高效运作提供坚实可靠的物质和技术基石；新型劳动对象则诠释出以资源循环利用、生态环境友好及绿色发展导向为核心内涵的生态特征，通过对可再生资源的充分挖掘、对生态平衡的悉心维护及对绿色生产模式的积极践行，实现粮食产业与自然生态系统的和谐共生、协同发展。

在借鉴相关研究①的指标选取及衡量计算方式的基础上，构建涵盖3个一级指标、9个二级指标、20个三级指标的综合评价指标体系，以全面且深入地评估粮食产业新质生产力发展水平（见表1）。

表1　粮食产业新质生产力评价指标体系

一级指标	二级指标	三级指标	衡量方式	指标属性
新型劳动者	劳动者技能	农村居民受教育程度	（农村未上过学人数 ×1+ 小学学历人数 ×6+ 初中学历人数 ×9+ 高中和中专学历人数 ×12+ 大专及以上学历人数 ×16）/ 农村 6 岁以上总人口	正向
		农村居民高等教育人数比例	农村大专及以上学历人数 / 农村 6 岁以上人口总数	正向
	劳动生产率	人均粮食产量	粮食产量与种植粮食作物劳动力之比	正向
		人均产值	人均 GDP	正向
	劳动者素质	劳动力水平	粮食生产从业人员 ×（农业总产值 / 农林牧渔业总产值）×（粮食播种面积 / 农作物播种面积）	正向
		劳动力结构	粮食产业服务人员占总就业人员比例	正向
新型劳动对象	技术进步	粮食耕种收综合机械化率	机耕率 ×40%+ 机播（栽、插）率 ×30%+ 机收率 ×30%	正向
	粮食安全	粮食单产水平	粮食总产量 / 粮食播种面积	正向
		复种指数	农作物总播种面积 / 耕地面积	正向
		粮食产量波动率	（当年粮食产量—历年粮食产量均值）/ 均值	负向
		粮食作物成灾率	农作物成灾面积 / 农作物总播种面积	负向
	绿色发展	化肥施用强度	农业化肥折纯用量 / 农作物总播种面积	负向
		农药施用强度	农药施用量 / 农作物总播种面积	负向
		水资源利用水平	有效灌溉面积 / 农作物总播种面积	正向
		粮食碳排放	单位播种面积碳排放量	负向

---

① 李盛竹、薛枫、姜金贵:《农业数字化对中国粮食新质生产力的影响效应研究》,《农林经济管理学报》2024 年第 4 期, 第 435~445 页; 张凤兵、王会宗:《中国农业新质生产力:水平测度、时空分异与收敛性》,《经济论坛》2024 年第 7 期, 第 83~84 页。

一级指标	二级指标	三级指标	衡量方式	指标属性
新型劳动资料	基础设施	农机装备	农用机械总动力	正向
		农业气象站观测数	直接获取	正向
	能源消耗	农村能源密度	农林牧渔业用电量 / 农村人口数	正向
		柴油使用量	农用柴油使用量 / 农业总产值	负向
	科技创新	农业研发经费投入强度	R&D 经费内部支出 ×（农林牧渔业总产值 / 地区生产总值）	正向

（三）评价方法

熵值法是一种客观赋权法，可测度粮食产业新质生产力发展水平，避免主观因素的干扰、客观地反映各指标的重要程度，具体计算步骤如下。

1. 数据标准化

正向指标标准化：

$$y_{ij}^t = \frac{x_{ij}^t - x_{j\min}}{x_{j\max} - x_{j\min}} + 0.0001$$

负向指标标准化：

$$y_{ij}^t = \frac{x_{j\max} - x_{ij}^t}{x_{j\max} - x_{j\min}} + 0.0001$$

其中，x_{ij}^t 指第 t 年 i 省份的第 j 项指标。

2. 计算占比

根据标准化后的数据，计算第 j 项指标下第 i 个样本的占比：

$$P_{ij}^t = \frac{y_{ij}^t}{\sum_{t=1}^{T}\sum_{i=1}^{m} y_{ij}^t}$$

3. 计算熵值

计算第 j 项指标的熵值：

$$e_j = -k \sum_{t=1}^{T} \sum_{i=1}^{m} P_{ij}^t \ln P_{ij}^t$$

其中，$k = \dfrac{1}{\ln(mT)}$。

4. 计算指标权重

计算第 j 项指标的权重：

$$w_j = \frac{1 - e_j}{\sum_{j=1}^{n} 1 - e_j}$$

5. 计算综合得分

根据各指标的权重和标准化后的数据，计算得到各省份综合得分：

$$S_i = \sum_{j=1}^{n} w_j y_{ij}^t$$

（四）测度结果与分析

2012~2022 年我国粮食产业新质生产力发展水平测度结果如图 2、图 3 所示，参考朱迪、叶林祥[①]的研究，分别按地理分区、农业功能分区对粮食新质生产力发展水平进行对比。从全国来看，粮食产业新质生产力发展水平 2012~2022 年呈现出小范围波动趋势，从 2012 年的 0.3226 增加到 2022 年的 0.3319，表明我国粮食产业新质生产力发展水平变化不大。在研究期，大部分年份全国均值高于全国中位数，表明我国粮食产业新质生产力发展水平存在右偏分布，即大部分省份发展较为滞后，但少数省份发展水平较高。

1. 地理分区

东部地区和西部地区 2012~2022 年粮食产业新质生产力发展都呈现波动上升趋势，但上升较为平缓，且西部地区相较其他地区数值较低；中部地区和东北地区整体来看波动特征显著，且观察期首尾年份的新质生产力发展水平较为接近。

---

① 朱迪、叶林祥：《中国农业新质生产力：水平测度与动态演变》，《统计与决策》2024 年第 9 期，第 26 页。

东部地区粮食产业新质生产力发展数值显著高于其他地区,主要归因于其在经济发展水平、科技投入、人才资源等方面的优势。东部地区经济发达,能够吸引大量农业科技人才与资本投入,促进农业科技创新与成果转化;拥有完善的市场体系与发达的物流网络,有利于粮食产品的快速流通与品牌推广,提升粮食产业附加值。相比之下,西部地区粮食产业新质生产力发展数值相对较低,主要受限于其自然条件。西部地区农业生产基础设施建设难度大,经济发展相对滞后,导致在农业科技研发投入、人才吸引与市场培育方面相对不足,限制了粮食产业新质生产力发展水平的提升。中部地区与东北地区粮食产业新质生产力发展数值在各年份互有高低,反映出这两个地区粮食产业发展各具特色与优势,但整体发展水平较为接近。中部地区在粮食生产规模与农业劳动力资源方面具有优势,而东北地区在粮食规模化生产与机械化作业方面具有优势,但两者在农业产业结构优化、农产品深加工与科技创新能力提升等方面均面临挑战,在区域竞争中尚未形成明显优势。

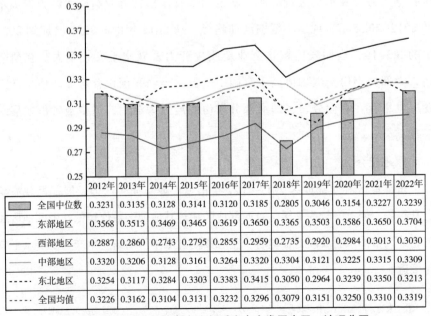

	2012年	2013年	2014年	2015年	2016年	2017年	2018年	2019年	2020年	2021年	2022年
全国中位数	0.3231	0.3135	0.3128	0.3141	0.3120	0.3185	0.2805	0.3046	0.3154	0.3227	0.3239
东部地区	0.3568	0.3513	0.3469	0.3465	0.3619	0.3650	0.3365	0.3503	0.3586	0.3650	0.3704
西部地区	0.2887	0.2860	0.2743	0.2795	0.2855	0.2959	0.2735	0.2920	0.2984	0.3013	0.3030
中部地区	0.3320	0.3206	0.3128	0.3161	0.3264	0.3320	0.3304	0.3121	0.3225	0.3315	0.3309
东北地区	0.3254	0.3117	0.3284	0.3303	0.3383	0.3415	0.3050	0.2964	0.3239	0.3350	0.3213
全国均值	0.3226	0.3162	0.3104	0.3131	0.3232	0.3296	0.3079	0.3151	0.3250	0.3310	0.3319

图2 2012~2022年粮食产业新质生产力发展水平:地理分区

2. 功能分区

粮食主产区的粮食产业新质生产力发展数值相对稳定且较高。主产区拥有广袤的耕地资源、相对完善的农业基础设施以及较为成熟的农业生产体系，这为粮食产业新质生产力发展提供了坚实的基础；主产区在农业科技研发与推广方面也投入较大，不断引进新品种、新技术，加强农业信息化建设，提升农业生产的精准化和智能化水平，从而促进了粮食产业新质生产力发展。

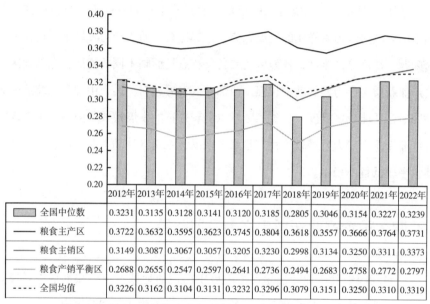

	2012年	2013年	2014年	2015年	2016年	2017年	2018年	2019年	2020年	2021年	2022年
全国中位数	0.3231	0.3135	0.3128	0.3141	0.3120	0.3185	0.2805	0.3046	0.3154	0.3227	0.3239
粮食主产区	0.3722	0.3632	0.3595	0.3623	0.3745	0.3804	0.3618	0.3557	0.3666	0.3764	0.3731
粮食主销区	0.3149	0.3087	0.3067	0.3057	0.3205	0.3230	0.2998	0.3134	0.3250	0.3311	0.3373
粮食产销平衡区	0.2688	0.2655	0.2547	0.2597	0.2641	0.2736	0.2494	0.2683	0.2758	0.2772	0.2797
全国均值	0.3226	0.3162	0.3104	0.3131	0.3232	0.3296	0.3079	0.3151	0.3250	0.3310	0.3319

图3 2012~2022年粮食产业新质生产力发展水平：功能分区

粮食主销区粮食产业新质生产力发展水平呈现出波动上升态势。主销区经济相对发达，城市化水平较高，但农业资源相对不足，粮食产业新质生产力发展主要依赖于科技投入、农业产业化经营和区域间合作；通过加强与主产区的产销合作，建立稳定的粮食供应渠道，并利用自身的市场优势和加工能力，推动粮食产业的精深加工和品牌建设。但是，主销区由于农业用地有限，粮食生产规模较小，受外部市场因素和政策变化的影响较大，粮食产业新质生产力发展数值有一定的波动性。

粮食产销平衡区粮食产业新质生产力发展数值波动较为明显，且整体水平较低。产销平衡区在农业资源禀赋、经济发展水平和农业产业结构等方面介于主产区和主销区之间，其农业生产以满足本地区粮食需求为主，产业发展相对多元化，但在农业科技应用、农业产业化程度和市场竞争力等方面存在不足；在农业产业结构调整方面，粮食生产与其他农业产业协调发展不足，导致粮食产业发展动力不足。

3. 结论

基于地理分区和功能分区的粮食产业新质生产力发展水平分析可知，我国不同区域呈现出多样化的发展态势，且都存在新质生产力发展水平增长不显著问题。地理分区维度，各地区发展各具特点且面临不同的挑战，东部地区粮食产业新质生产力发展动力较强，西部地区发展相对薄弱，中部和东北地区波动明显；功能分区维度，各类型区域也有着独特的发展模式与问题，主产区粮食产业新质生产力发展较为稳定且水平较高，主销区波动上升，产销平衡区整体水平较低且不稳定。

四　粮食产业新质生产力发展路径

针对我国粮食产业新质生产力发展中出现的地域不均衡和水平相对较低等问题，需要探索一条系统、全面的推进路径，着力于加强政策引导机制、技术支撑体系以及市场优化策略的有机整合，以此形成协同高效的运行机制，如图4所示。其中，政策导向、技术创新驱动、产业链协同、绿色发展导向四者相互交织，构成粮食产业新质生产力发展的核心体系。政策导向是基础，通过优化资源配置、平衡区域发展，为粮食产业新质生产力发展提供制度保障和资源支持；技术创新驱动是核心能力培养，通过科技攻关和技术推广，奠定产业发展的核心竞争力；产业链协同是高效实现路径，通过资源整合和价值链优化，推动生产要素的流动与利用效率的提升；绿色发展导向是保障，在资源节约、生态保护和经济效益之间实现动态平衡，确保粮食产业可持续发展。同时，绿色发展理念对政策体系产生逆向推动效能，进而促使整个粮食产业体系趋于生态化、环保化。

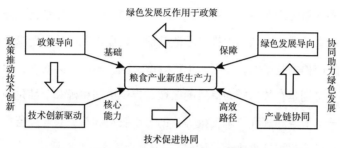

图4 粮食产业新质生产力发展的推进路径

（一）优化政策导向，提升区域发展均衡性

区域间发展不均衡状况成为粮食产业新质生产力发展中的主要障碍。为推动区域合作，建议优化政策导向，并实施具有整体统筹性和区域针对性的战略，确保发展趋于平衡。依据各个地区的资源情况、发展轨迹及基本产业状况，谋划并推动具有明确目标性的政策措施。具体而言，在主要的粮食生产地区，加大对大规模现代化粮食生产的资金支持力度，以促进机械与信息技术在各环节的应用，有效提升粮食生产效率；在粮食市场的核心地带，实现物资流转效能的提升、存储技术的革新以及市场结构的合理化调适；为实现产销平衡区域内粮食产销规模的协同增长，应强化与其他地区在资源、技术、市场等层面的紧密合作，构建跨区域的粮食产业协同发展模式。在实施差异化政策的同时设立区域协调发展基金，助力于区域合作机制构建。

（二）强化技术创新驱动，提升粮食产业新质生产力发展的核心竞争力

粮食产业新质生产力发展水平仍处于较低阶段，这主要是由技术支持不

够且创新力量较弱导致的。为了刺激多层次技术创新和增强粮食产业发展的新动能，必须加强关键技术研发，[1]增加粮食种业、智能机械、精确施肥和病虫害预防等方面的科研资金投入，推动高等教育机构、研究单位与企业界的合作，解决制约粮食产业持续发展的技术难题。同时，鼓励在粮食主产区设立国家级或省级农业科技园和技术推广示范基地，以促进先进技术的综合应用，并通过示范效应提高技术的普及率和生产效率，减弱不同地区间在技术应用上的不均匀性。特别是在技术较为落后的区域，提供更加精确和个性化的技术指导服务，如技术下乡和远程技术支援等，助力小农户和新型农业经营主体掌握新技术，从而进一步提升整体生产效率。

（三）推动产业链协同发展，提升粮食产业发展质量

粮食产业新质生产力发展水平相对较低，其根源在于传统生产模式对产业链的支撑作用较为有限，难以满足现代粮食产业发展需求。为保障产业链各环节的协同推进与高效运作，构建基于数字技术的全环节协作系统至关重要。可以搭建"智慧粮食产业链"平台，实时采集并交互产地环境信息、仓储状态数据及市场需求变化等多维度资料，切实解决"信息孤岛"和上下游信息流通不畅等难题。在推动产业链多元化主体协作方面，鼓励粮食企业、合作社与农户探索创新合作模式，如推行订单农业模式并建立合理的利益分配机制，通过契约关系明确各方权责，形成利益共享、风险共担的共同体，推动粮食产业持续健康发展，构建粮食产业协同利益集群，为粮食产业新质生产力发展奠定坚实的农业组织基础。

（四）坚持绿色发展导向，提升产业可持续发展能力

坚持绿色发展，需要充分挖掘在资源节约、污染治理和生态修复等领域的潜力，以增强粮食产业生产能力和生态系统的可持续性。为此，应重点构建

---

[1] 洪银兴:《中国式农业现代化和发展新质生产力的思考》,《农业经济问题》2024年第10期,第7~8页。

高效的资源交易机制和健全的生态补偿体系，推动粮食产业绿色发展。在粮食加工过程中，为实现副产品的资源化利用，需要在各个环节建立集回收与处理功能于一体的网络平台和系统，从而提高资源利用效率。此外，通过整合粮食副产品、畜牧业和能源行业资源，构建跨学科融合的循环经济体系，进一步促进资源的循环和再利用。针对生态环境敏感区域，有必要建立生态补偿机制，为选择生态友好型生产方式的农户和企业提供支持，激励更多主体参与绿色生产实践。

区域视角下农业新质生产力水平测度、空间异质性与战略布局*

彭 玮 王美惠**

摘 要： 发展农业新质生产力已成为实现中国式农业农村现代化和加快建设农业强国的战略核心，是促进农业由传统要素驱动向深层创新驱动转变的根本动力，是拓展农业新业态和重塑农业新型生产关系的有效路径。本文结合习近平总书记关于培育和发展新质生产力的相关重要论述，探究农业新质生产力的理论内涵，从劳动者、劳动资料、劳动对象及其要素组合等四个维度建立了农业新质生产力的评价指标体系，运用组合评价法，即熵值法—BP神经网络法对农业新质生产力水平进行测度；运用泰尔指数、探索性空间数据分析方法、聚类分析方法和SEM结构方程模型，探究省域农业新质生产力水平的空间异质性。研究结果表明，一是我国农业新质生产力水平2013~2022年飞速提升，空间分布呈现"东高西低，南高北低"的态势，且显示出较强的空间

---

    * 基金项目：2024年国家社科基金一般项目"新质生产力赋能农业绿色转型的理论机制与实施路径研究"（24BJL078）。

    ** 彭玮，湖北省社会科学院人事处处长、研究员，主要研究方向为农业经济理论与政策；王美惠，湖北省社会科学院硕士研究生，主要研究方向为农业经济。

关联度和空间聚集度。二是我国农业新质生产力具有较为明显的区域差异，其中西南和东北地区差异较小，而华东和西北地区差异较大。三是运用聚类分析方法将我国各省份农业新质生产力水平划分为3类。其中，北京、上海、江苏、广东、四川属于第一类，水平较高；天津、河北、山西等22个省份处于中等水平；内蒙古、青海、西藏、新疆属于第三类，水平较低。据此，提出我国农业新质生产力加快发展的推进路径，一要因地制宜，基于各省份资源禀赋和农业新质生产力水平，实施差异化的梯度推进策略；二要分步图景，按照全面建成社会主义现代化强国的战略目标，制定阶段性分步走推进举措；三要协同发展，进一步完善区域协同发展机制，逐步提升我国农业新质生产力水平。

关键词：农业新质生产力　中国式现代化　空间异质性　梯度推进策略

一　引言

新质生产力的提出与发展，是在中国经济结构转型和全球经济变局背景下，对生产力理论和实践的重大创新。2023年7月以来，习近平总书记在四川、黑龙江、浙江、广西等地考察调研期间提出，要整合科技创新资源，引领发展战略性新兴产业和未来产业，加快形成新质生产力。2023年12月，中央经济工作会议部署了发展新质生产力的具体工作任务。2024年1月习近平总书记在主持中央政治局第十一次集体学习时指出，发展新质生产力是推动高质量发展的内在要求和重要着力点。2024年3月全国两会期间，习近平总书记参加江苏代表团审议时强调应因地制宜发展新质生产力，并在新时代推动中部地区崛起座谈会上强调科技创新对于推动产业创新和培育新质生产力的重要作用。[①]这一系列重要讲话和政策部署，标志着新质生产力理念的逐步形成与发

---

① 《习近平主持召开新时代推动中部地区崛起座谈会强调：在更高起点上扎实推动中部地区崛起》，新华社，2024年3月20日。

展，展现出其从孕育、提出到成熟与具体部署实施的完整过程。党的二十届三中全会对新质生产力的内涵及其发展路径进行了系统阐述，强调因地制宜发展新质生产力是推动高质量发展的内在要求，不同地区应根据自身的资源禀赋、产业基础和发展特点，制定差异化的发展战略。①

加快发展新质生产力是新时代实现我国经济和社会高质量发展的必然要求，在中国式现代化进程中要加快推进农业强国建设，就需要改变传统农业生产方式与生产要素，依托技术、制度等创新，培育和发展农业新质生产力。纵观已有文献，主要从新质生产力的内涵界定、基本逻辑及水平测度等方面进行了探究，姜长云主要聚焦其内涵特征、制约因素和推进路径；② 任保平从理论逻辑探究农业新质生产力的内涵及推进策略；③ 杨颖④、毛世平和张琛⑤等从历史逻辑梳理农业新质生产力的产生及发展；罗必良等⑥、高帆⑦等从新质生产力赋能我国高质量发展、粮食安全等方面论述其现实逻辑。然而，对农业新质生产力的实证研究相对缺乏，尤其对农业新质生产力的水平测度及空间异质性研究欠缺，学者们主要采用熵值法等量化方法对农业新质生产力的水平进行测度以及探讨其区域差异和动态演变特征。⑧ 概括而言，主要存在以下需要进一步拓

① 习近平：《关于〈中共中央关于进一步全面深化改革、推进中国式现代化的决定〉的说明》，《求是》2024年第16期，第2页。

② 姜长云：《农业新质生产力：内涵特征、发展重点、面临制约和政策建议》，《南京农业大学学报》（社会科学版）2024年第3期，第1~17页。

③ 任保平：《生产力现代化转型形成新质生产力的逻辑》，《经济研究》2024年第3期，第12~19页。

④ 杨颖：《发展农业新质生产力的价值意蕴与基本思路》，《农业经济问题》2024年第4期，第27~35页。

⑤ 毛世平、张琛：《以发展农业新质生产力推进农业强国建设》，《农业经济问题》2024年第4期，第36~46页。

⑥ 罗必良、耿鹏鹏：《农业新质生产力：理论脉络、基本内核与提升路径》，《农业经济问题》2024年第4期，第13~26页。

⑦ 高帆：《新质生产力与我国农业高质量发展的实现机制》，《农业经济问题》2024年第4期，第58~67页。

⑧ 朱迪、叶林祥：《中国农业新质生产力：水平测度与动态演变》，《统计与决策》2024年第9期，第24~30页；龚斌磊、袁菱苒：《新质生产力视角下的农业全要素生产率：理论、测度与实证》，《农业经济问题》2024年第4期，第68~80页；杨军鸽、王琴梅：《数字农业新质生产力发展水平的地区差异及收敛性》，《西安财经大学学报》2025年第1期，第1~15页；张凤兵、王会宗：《中国农业新质生产力：水平测度、时空分异与收敛性》，《经济论坛》2024年第7期，第80~97页；姜彦坤：《粮食主产区农业新质生产力：水平测度、区域差异及障碍诊断》，《湖北社会科学》2024年第5期，第97~106页。

展的问题：一是相较于工业领域，对于农业领域的新质生产力研究较少；二是现有农业新质生产力相关研究多偏向于理论分析，实证研究不足；三是就农业新质生产力的评价指标体系尚未形成权威的统一衡量标准，多是按地理区域或粮食生产区进行水平测度，缺乏对我国农业新质生产力水平的微观研判和省域差异研究；四是在分析农业新质生产力演化格局时，多是将时间和空间两者割裂进行单维分析，鲜有研究关注其时空关联和交互特性。

因此，本文以马克思生产力理论的三要素为基础，深入探究农业新质生产力的理论内涵。马克思生产力理论强调劳动者、劳动资料和劳动对象是生产力的核心要素。依据这一理论，结合新质生产力的内涵、特征，首先在构建评价指标体系的过程中创新性地引入了要素组合这一指标，将其与劳动者、劳动资料和劳动对象共同作为测度农业新质生产力的二级指标，并将绿色全要素生产率作为其量化指标。此外，纳入了新农人、新装备、新资本、新组织、大数据等现代生产力要素，[1] 旨在使评价指标体系更加全面。其次，相较于传统的单一评价法，运用组合评价法，即熵值法—BP 神经网络法，对 2013~2022 年农业新质生产力水平进行测度。再次，运用泰尔指数、探索性空间数据分析和聚类分析方法，探讨省域和地理区划范围内农业新质生产力水平的空间异质性及其时空分布演化格局。最后，基于实证研究结果，提出因地制宜、分布图景和协同发展的推进路径，旨在缩小我国农业新质生产力的区域性差异，提升整体农业新质生产力水平，从而为推动农业高质量发展和农业强国建设提供强大动力。

相较已有研究，本文可能产生的边际贡献主要有：第一，将单一评价—BP 神经网络法作为一种集成深度学习的评价工具，为农业新质生产力水平的实证研究提供更为客观、准确的测度方法；第二，农业新质生产力的发展在时间和空间上经历了不断演化的动态过程，运用探索性时空数据分析方法可以更准确地把握其发展趋势和变化规律，为推动农业新质生产力水平的整体跃升提

---

① 姜长云：《关于农业强国建设的若干认识》，《中国农村经济》2024 年第 4 期，第 20~31 页。

供科学依据；第三，运用泰尔指数、聚类分析方法等对农业新质生产力进行空间异质性研究，不仅有助于发现区域间发展差异，还能进一步明确各省份在农业新质生产力发展中的比较优势，从而为各省份制定更具针对性的推进路径提供实践指导。

二 农业新质生产力的理论内涵与概念辨析

新兴农业科技正在引领农业领域发生重大变革，孕育出崭新的业态与模式。农业新质生产力作为这一变革的核心，融合了时代内涵与特征，是实现高质量的中国式现代化以及农业强国建设的动力引擎。因此，对农业新质生产力内涵和概念的辨析，是准确把握农业新质生产力理论研究和政策研究的根本前提。

（一）农业新质生产力的理论内涵

农业新质生产力的发展不仅意味着提高农业生产效率和产量，更重要的是实现农业生产方式的革命性变革。通过引入先进的种植技术、高效的农业机械和智能化管理系统，可以实现农业生产过程的智能化、精细化和节约化，从而提高生产效率、降低成本，实现农业可持续发展。这种革命性变革不仅可以满足日益增长的农产品需求，还可以显著提升农产品的品质、安全性和附加值，促进农业高质量发展。农业新质生产力代表着通过劳动者、劳动资料和劳动对象三要素的优化组合，实现农业生产力的科技化跃迁，这与马克思主义关于生产力由劳动者、劳动对象和劳动资料三要素构成的理论观点高度一致。因此，对农业新质生产力的深入理解，应当从劳动者、劳动资料及劳动对象这三个方面进行全面探讨，并考虑三者的相互作用和整体优化，以实现对农业新质生产力的系统理解。

一是新型劳动者。农业新质生产力中劳动者的角色由传统的数量叠加和经验积累转向高素质和高技能的综合要求。新型劳动者需适应现代农业对知识、技能和创新的要求，熟练操作先进工具，使用和维护先进基础设施。现代农业发展中，新型劳动者与智能化农业机械和仿真机器人协同发展，实现优势互补。

二是新型劳动资料。新型劳动资料在农业生产中具有关键作用，其关注点从传统的减轻劳动强度和提升生产效益转向提高生产效率和生产质量、减少对人力的依赖。现代科技进步催生了机器人、物联网和自动化装备等新型劳动资料，如智能作物监控系统、无人机耕作设备和智能牲畜监测系统能够有效解放生产力。同时，精准感知、数据科学和基因编辑等前沿科技也在推动新型劳动资料的创新突破，为农业生产提供更高效、精准的解决方案。

三是新型劳动对象。劳动对象指的是劳动过程中加工、改造或服务的对象。农业新质生产力概念中的劳动对象不仅包括传统的自然物和原材料，如土地、种子和农作物，还涵盖伴随科技进步新发现的自然物、注入更多技术要素的原材料及数据等以非物质形态存在的对象。科技进步使得大数据处理和智能化利用成为新的劳动对象，同时，合成生物学和基因工程等技术推动了细胞工厂和人造食品的发展，拓展了农业领域，促进了农业绿色、低碳、可持续发展。

当前，学界对农业新质生产力的内涵特征、制约因素和推进路径的探讨仍处于起步阶段，多是对总体水平进行测度，聚焦空间尺度的研究较少，特别是省域的空间差异性研究。这导致对农业新质生产力在不同地域、不同发展阶段的情况了解不够全面。参考魏后凯和崔凯对综合农业强国和特色农业强国的划分，[①] 以及姜长云对综合农业强省和特色农业强省的区别，[②] 在推动农业新质生产力的发展过程中对省域的空间差异的微观研判显得尤为重要。少数省份具备发展综合农业新质生产力的基础条件，而多数省份则更适合通过发展特色农业新质生产力来彰显其独特优势。不同省份在推动农业新质生产力时，必须认

---

① 魏后凯、崔凯：《建设农业强国的中国道路：基本逻辑、进程研判与战略支撑》，《中国农村经济》2022 年第 1 期，第 2~23 页。

② 姜长云：《关于农业强国建设的若干认识》，《中国农村经济》2024 年第 4 期，第 20~31 页。

识到各自的资源禀赋和发展潜力，避免"一刀切"、盲目跟风，制约质量和效率的双提升。

（二）农业新质生产力的概念辨析

农业新质生产力不仅强调创新驱动的重要性，且关注生产要素的高效配置，在这一过程中创新能动性与质量优化成为推动经济发展的核心动力和本质目标。作为一种驱动现代农业发展的关键力量，农业新质生产力的核心特质包括创新驱动、高科技应用、高效能与高质量追求、可持续发展、强适应性与灵活性。通过引入新技术和管理模式，实现农业生产结构性变革，提升生产效率和资源利用率，满足市场对质和量的需求。其中，农业全要素生产率（ATFP）作为衡量农业生产效率的重要指标，为推动农业技术革命性突破、要素创新性配置、产业深度转型提供有力支撑。

ATFP是指农业生产中总产出与总投入之比的度量，综合反映了劳动、资本、土地等生产要素以及非物质因素（如技术进步、管理效率和政策环境）在农业生产中的综合利用效率。它侧重于量化投入与产出之间的效率关系，通过评估生产过程的效率来衡量生产技术和管理水平的提升。[①] 尽管农业新质生产力与ATFP在经济学中均为关键的生产效率衡量指标，但二者的定义和研究重点有所不同（见表1）。农业新质生产力强调的是生产力质的提升，通过技术突破和系统性改进推动生产方式和效能的深远变化；ATFP则关注生产要素的综合利用效率，侧重于量化分析投入与产出的效率关系来评估农业生产过程的总体效率。

对农业新质生产力与ATFP核心特质的概念比较，可为构建科学合理的评价指标体系提供坚实的理论依据，进一步为政策的优化与实施提供数据支撑。这不仅有助于深化对农业新质生产力的认识，也为推动农业现代化进程奠定了理论基础。

---

① 蔡跃洲、付一夫：《全要素生产率增长中的技术效应与结构效应——基于中国宏观和产业数据的测算及分解》，《经济研究》2017年第1期，第72~88页。

表1　农业新质生产力与农业全要素生产率概念辨析

特征	农业新质生产力	农业全要素生产率（ATFP）
定义	通过技术创新、管理优化和组织结构改革，实现农业生产力水平的质的飞跃，强调创新驱动、高科技、高效能和高质量特征，符合新发展理念的先进生产力形态	指农业生产中总产出与总投入之比的度量，综合反映各类生产要素（如劳动、资本、土地等）及非物质因素（如技术进步、管理效率和政策环境）的综合利用效率
特点	强调生产力的本质提升和系统性改进，包括新技术引入、生产方法革新、人才培养等	侧重于综合效率的提升，强调生产要素的优化配置和非物质因素的整合
提升机制	通过技术革命性突破、生产要素创新性配置和产业深度转型升级，实现生产力的跃升	通过技术进步、管理优化和政策支持，提升生产要素的综合利用效率
评估方式	定性分析为主，着重于生产方式和生产效能的系统性改进	定量分析为主，关注投入与产出的效率关系，评估技术和管理水平的提升
相互关系	农业新质生产力的提升通常会对ATFP产生积极影响，通过技术创新和管理改进提高生产效率	ATFP的提高反映了生产过程中的全要素利用效率的提升，通常是农业新质生产力提升的结果
关注方向	生产力的质的提升，包括技术、管理和组织的全面改进	综合利用效率和非物质因素的影响，强调生产过程的综合效率
应用领域	应用于农业生产模式的转型升级、技术创新和管理优化，推动农业高质量发展	主要用于衡量和分析生产过程中的综合效率，适用于农业经济效率评估、政策制定和资源配置优化

资料来源：罗必良：《新质生产力：颠覆性创新与基要性变革——兼论农业高质量发展的本质规定和努力方向》，《中国农村经济》2024年第8期，第2~26页；蔡跃洲、付一夫：《全要素生产率增长中的技术效应与结构效应——基于中国宏观和产业数据的测算及分解》，《经济研究》2017年第1期，第72~88页；李健：《数字经济、产业链创新与绿色全要素生产率》，《统计与决策》2024年第9期，第129~134页。

三　我国农业新质生产力评价指标体系构建与水平测度

鉴于学界在农业新质生产力评价方面尚未形成权威统一的衡量标准，且当前研究多侧重于对经济效益的单一评估，对生态可持续性及社会化服务维度的重视不足，因此，构建一个科学、全面且多维度的评价指标体系显得尤为重要。此外，对农业新质生产力进行深入的微观研判及省域差异分析，对于指导各省份因地制宜制定精准的推进农业新质生产力发展策略，也具有重大的实践意义。

（一）农业新质生产力指标构建与数据来源

1.指标构建

基于前文对农业新质生产力理论内涵的分析，结合现有文献关于指标的选取，从农业劳动者、农业劳动资料和农业劳动对象及要素组合四个方面选取23个指标构建农业新质生产力综合评价指标体系，如表2所示。

根据前文，新质生产力区别于传统生产力，主要体现在"创新"和"质优"，以全要素生产率的大幅提高作为核心标志。[①] 因此，农业新质生产力指标体系构建是基于马克思生产力理论中的三要素（劳动者、劳动资料和劳动对象），结合传统农业生产评估因素，围绕"新"这一特点，选取12个劳动者、劳动资料和劳动对象下属的三级指标，以及23个具体测算指标。与现有指标体系的主要区别在于以下几点。一是创新性引入"绿色全要素生产率"作为三要素优化组合的量化指标。绿色全要素生产率是综合性指标，不仅考虑了传统生产要素（如劳动力、资本等）的效率，还考虑了环境因素，旨在衡量在资源约束和环境保护背景下的生产效率。这一指标强调农业发展绿色化要求，突出环境保护和资源高效利用双重目标。另外，有机产品认证标志发放量和各类农药总用量等指标的加入，不仅补充了传统生产效率评估的不足，更直观衡量了农业可持续发展能力。二是对于社会化服务的关注。现有指标体系主要评估在农业生产过程中的资源配置及其效率，如"人力资本""劳动素质""产业化水平"等。本文新引入了"中央财政支持农业生产社会化服务资金"这一指标，关注政府对社会化服务的财政支持。该指标反映了农业社会化服务的发展程度，数值越高表明其社会化服务水平越高，而社会化服务水平的提升对提高农业生产效率和优化资源配置有显著作用。三是对未来产业与数字化的强调。现有指标体系在一定程度上关注了未来技术和产业趋势，但本文的指标体系力求更加全面和深入地反映未来产业动态，故新增指标"农业数字化渗透率""人

---

① 习近平:《发展新质生产力是推动高质量发展的内在要求和重要着力点》,《求是》2024年第11期,第4~8页。

工智能企业数量"等，关注数字化和智能技术在农业中的应用，体现了对数字经济和未来技术的重视。这些指标不仅反映出技术发展对农业生产力的影响，还凸显了农业生产与现代科技融合趋势。

总体来说，通过引入绿色全要素生产率、社会化服务、未来产业等多维度的指标，全面提升了对农业生产力的评估水平，指标体系不仅能够评估传统的生产效益，还能在绿色化、社会化和数字化背景下对农业生产力的综合发展水平进行科学衡量，顺应了现代农业发展趋势。指标体系更契合农业领域的最新动态，旨在通过对农业生产力的全面把握和科学评估推动农业生产方式转型，从而实现高质量发展目标。个别指标计算以及处理方法简要介绍如下。

（1）第一产业人力资本存量

借鉴柏培文和杨志才的做法，[1] 中国各省份第一产业的人力资本存量＝第一产业的劳动力平均受教育年限 × 第一产业的劳动力数量。

（2）农林牧渔业服务业增加值

农林牧渔业服务业增加值＝农林牧渔业增加值 － 第一产业增加值。[2]

（3）第一产业碳排放量

第一产业碳排放量＝碳源 × 碳排放系数。[3] 其中，碳源为柴油、化肥、农药、农膜、灌溉、翻耕，其碳排放系数分别为 0.59kg/kg、0.89kg/kg、4.93kg/kg、5.18kg/kg、266.48kg/hm^2、312.60kg/km^2（碳排放系数数据来源于美国橡树岭国家实验室、IPCC2013 等）。

（4）农业科技活动经费投入（R&D）

农业科技活动经费投入（R&D）=R&D 经费内部支出 ×（地区农林牧渔业总产值 / 地区生产总值）。[4]

---

① 柏培文、杨志才:《中国二元经济的要素错配与收入分配格局》,《经济学（季刊）》2019 年第 2 期, 第 639~660 页。
② 李芸、陈俊红、陈慈:《农业产业融合评价指标体系研究及对北京市的应用》,《科技管理研究》2017 年第 4 期, 第 55~63 页。
③ 丁宝根、赵玉、邓俊红:《中国种植业碳排放的测度、脱钩特征及驱动因素研究》,《中国农业资源与区划》2022 年第 5 期, 第 1~11 页。
④ 陈斌开、林毅夫:《发展战略、城市化与中国城乡收入差距》,《中国社会科学》2013 年第 4 期, 第 81~102、206 页。

（5）农业科技进步率

通过使用双向固定模型，采用农业生产函数建立回归方程如下：

$$A_t = \frac{Y_t}{k_1^{\beta_1} k_2^{\beta_2} k_3^{\beta_3} k_4^{\beta_4}}$$

$$\ln Y_t = \ln C_0 + C_1 \ln k_1 + C_2 \ln k_2 + C_3 \ln k_3 + C_4 \ln k_4$$

假设 $\beta_i = \dfrac{C_i}{\sum_{i=1}^{4} C_i} (i = 1, 2, 3, 4)$

其中，Y_t 为各地区农业生产总值，A_t 为农业科技进步率指标，k_1、k_2、k_3、k_4 分别代表耕地面积、农业劳动人数、农业机械总动力、农用化肥使用量，β_1、β_2、β_3、β_4 分别为耕地面积、农业劳动人数、农业机械总动力、农用化肥使用量对农业产出的贡献率[1]。

表2　农业新质生产力水平测度指标体系

一级指标	二级指标	三级指标	测算方式	单位	属性
农业新质生产力	劳动者	人力资本	第一产业人力资本存量	—	正
		人均收入	农村居民人均可支配收入增长率	%	正
		劳动素质	农业科研机构在职员工数量	万人	正
	劳动资料	产业化水平	农作物耕种收综合机械化率	%	正
			农业机械总动力	亿千瓦	正
			农林牧渔服务业增加值	十亿元	正
		能源消耗	农田亩均灌溉用水量	立方米	负
			第一产业碳排放量	Mt CO_2	负
		社会化发展	中央财政支持农业生产社会化服务资金	亿元	正

① 陶群山、胡浩：《环境规制和农业科技进步的关系分析——基于波特假说的研究》，《中国人口·资源与环境》2011年第12期，第52~57页；江艳军、黄英：《民间投资、农业科技进步与农业产业结构升级——基于"一带一路"沿线省域的实证研究》，《科技管理研究》2019年第17期，第123~130页。

续表

一级指标	二级指标	三级指标	测算方式	单位	属性
农业新质生产力	劳动资料	数字基础设施	农村宽带接入用户占比	%	正
		科技创新	绿色发明申请专利数量	件/年	正
			农业科技活动经费投入（R&D）	万元	正
			农业科技进步率	%	正
			涉农企业科技创新指数	—	正
	劳动对象	数字化发展	农业数字经济增加值占行业增加值比重	%	正
			农业数字化企业注册数量	家	正
			农业生产信息化率	%	正
		绿色化发展	各类农药总用量	吨	负
			有机产品认证证书发放量	张	正
		产业融合水平	规模以上农产品加工企业主营业务收入	万亿元	正
		未来产业	农业数字化渗透率	%	正
			人工智能企业数量	个	正
	要素组合		绿色全要素生产率	—	正

2. 数据来源

除上文部分指标计算参考现有文献数据外，其他数据来源于《全国农业科技统计资料汇编》、各省份统计年鉴、《中国统计年鉴》、《中国城市统计年鉴》、《中国能源统计年鉴》、《中国环境年鉴》、《中国水资源公报》，以及国家统计局、CSMAR 数据库、前瞻产业研究院、世界银行、财政部、中国信息通信研究院，对于缺失值采用高阶多项拟合进行填补。研究时间范围为 2013~2022 年，样本覆盖我国 31 个省级行政区划单位（不含港澳台地区）。

（二）研究方法

1. 熵值法—BP 神经网络法

在现代学术研究中，指标体系的综合评价方法被广泛应用，尤其是在科技评价领域。[①] 当前的评价策略主要包括单一方式评价、结果目标检验及组合评价等方法。在这些方法中，组合评价方法以多样化的技术手段和理论基础，逐渐成为评价体系的主流方法。人工神经网络（ANN），特别是 BP 神经网络，在这一领域的应用尤为引人注目。本文基于现有研究，对农业新质生产力水平测度采取组合评价法，即熵值法—BP 神经网络法组合评价法，以计算农业新质生产力水平。

首先，采用熵值法对正、负向指标分别进行标准化处理。

其次，计算各指标熵值以确定权重。

$$W_j = \frac{\left(1-e_j\right)}{\sum_{j=1}^{n}\left(1-e_j\right)}$$

其中，e_j 为各指标熵值，$e_j = -k\sum_{t=1}^{T}\sum_{i=1}^{n}P_{ij}^{t}\ln P_{ij}^{t}$，$W_j$ 为各指标权重。

最后，通过多项加权求和计算得出目标分数，即农业新质生产力水平。

$$S_i = \sum_{j=1}^{n} x_{ij}^{t} W_j$$

其中，x_{ij}^{t} 为标准化后的第 t 年 i 省份的第 j 项指标。

BP 神经网络是在生物神经网络系统启发下简化和抽象出来的一种数学计算模型，是由多个具有适应性的神经元模型组成的广泛互联的网络，通过模拟生物神经系统对现实世界中物体的交互反应来解决实际问题。[②] 本文采用 3 层 BP 神经网络，其拓扑结构如图 1 所示。其中，x_m 为 23 个评价指标输入值，输入节点为 23；隐藏层神经元数设置为 10；由于最后评价得出的农业新质生产力水平只有一个结果，输出层的节点为 1，主要过程分为三部分：正向传播过程，误差反向传递过程，权重更新。

---

① 俞立平：《基于 BP 人工神经网络的学术期刊组合评价》，《统计与决策》2023 年第 4 期，第 5~9 页。
② 王鹏：《基于双离合多挡 DHT 的乘用车能量管理策略研究》，北京交通大学硕士学位论文，2022。

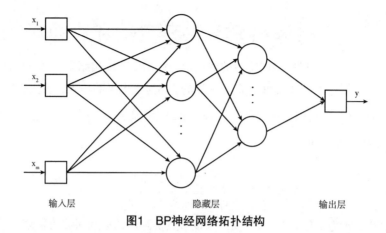

图1 BP神经网络拓扑结构

正向传播过程如下。

$$Z_{j\_input} = \sum_{i=1}^{m} w_{ij}x_i + b_j \qquad j = [1,n]$$

$$Z_{j\_output} = \theta\left(Z_{j\_input}\right)$$

$$\theta(Z) = \frac{1}{1+e^{-z}}$$

其中，$\theta(Z)$ 为激活函数，目的是将数值转换到 [0, 1]，n 为隐藏层神经元个数。

正向传播过程中，输出层 y_{k_output} 为：

$$y_{k\_output} = \sum_{j=1}^{n} w_{jk}\theta\left(Z_{j\_output}\right) + b_k \quad k = [1,p]$$

$$y_{k\_output} = \theta\left(y_{k\_input}\right)$$

其中，p 为输出层神经元个数，b 为截距，w 为权重。

误差反向传递过程如下。

在反向误差传递的过程中，利用随机梯度下降法计算目标函数对各个参数的偏导，采用迭代方式（负梯度方向）来更新参数，最终得到最优的参数值。[1] 误差的度量通过损失函数来计算，均方根误差损失函数 $L(e)$ 的最小化过程如下：

---

[1] 王玉梅、罗公利、林双：《基于 BP 人工神经网络方法的组织知识创新与创新人才素质提高协同发展评价》，《科技进步与对策》2013 年第 9 期，第 148~152 页；李彦龙、蔡谦、孙久康等：《基于 BP 神经网络的汽车外观设计评价方法》，《同济大学学报》（自然科学版）2021 年第 1 期，第 116~123 页。

$$L(e) = \frac{1}{2}SSE = \frac{1}{2}\sum_{k=1}^{p}e_k^2 = \frac{1}{2}\sum_{k=1}^{p}\left(\hat{y}_k - \dot{y}_k\right)^2 \ , \ j = [1,n]$$

其中，$\hat{y}_k$ 为经过神经网络后的输出值，$\dot{y}_k$ 为期望输出结果，即真实值。

反向传播过程涉及将每个节点的误差 e 作为输出层的输入，首先计算输出层的 delta 值，然后根据连接权重将该 delta 值传递到隐含层。输出层第 i 节点的 delta 数学计算如下：

$$delta2_i = e_i \times \theta'(\dot{y}_k)$$
$$e_i = \hat{y}_i - \dot{y}_k$$

其中，e_i 为期望方差，$\theta'(\dot{y}_k)$ 为该节点实际值的激励函数的导数。

隐藏层 j 节点的 delta 计算如下：

$$delta1_i = sum_j \times \theta'(Z_{j\_output})$$
$$sum_j = \sum_{i=1}^{n}delta2_i \times w_{ij}$$

其中，w_{ij} 是连接 i 节点和 j 节点的连接权重，$\theta'(Z_{j\_output})$ 为该节点数值的激励函数的导数。每个权重的梯度都等于与其相连的前一层节点的输出与其相连的后一层的反向传播的输出。

2.Tehil 指数

泰尔指数又称为泰尔熵标准，最早由 Theil 于 1967 年提出，其设计初衷是评估各地区收入水平的差异性。随着时间的推移，这一指数被学术界广泛应用，以量化和分析多种社会经济现象及其地理空间分布的不均衡性。[1]

因此，本文利用泰尔指数来评估我国各省份农业新质生产力的差异性，计算公式如下：

$$T = \sum_{i=1}^{n}\frac{T_i}{n}\ln(T_i)$$

其中，T 为泰尔指数，代表中国农业新质生产力水平的区域差异，取值范

---

① 栗向阳、王磊、张宇欣：《长江经济带新质生产力发展的时空演化格局及其影响因素》，《长江流域资源与环境》2024 年第 5 期，第 909~923 页；朱彬：《中国经济高质量发展水平的综合测度》，《统计与决策》2020 年第 15 期，第 9~13 页；张慧、易金彪：《中国数字经济产业时空格局演变与收敛性研究》，《科技进步与对策》2025 年第 5 期，第 1~12 页。

围为 [0，1]；指数值越高，意味着各地区的农业新质生产力水平差异越明显；相反，若指数值偏低，则反映出各地区农业新质生产力水平更为一致。n 为城市样本的总数量，本研究中取值为 310；T_i 为城市 i 农业新质生产力水平与区域平均农业新质生产力水平的比值。

鉴于中国地域辽阔，不同地区和省份在人口分布、资源配置及经济发展水平等方面展现出明显的异质性，从地区和省际两个尺度对农业新质生产力水平的泰尔指数进行分解，以探讨不同地区和省份对全国农业新质生产力水平的贡献差异。参考相关研究并结合中国行政地理区划，[1] 将我国分为华北、东北、华东、中南、西南、西北六个地区，用 Theil 指数对全国及所划分区域进行差异性分析。

3. 莫兰指数

全局莫兰指数（GMI）计算全局自相关程度，并借助 Moran 散点图进一步揭示局部空间聚集、异常状态和显著程度，[2] 计算公式如下：

$$GMI_i = \frac{\sum_{i=1}^{n}\sum_{j\neq 1}^{n}\left[W_{ij}\left(X_i - \bar{X}\right)\left(X_j - \bar{X}\right)\right]}{S^2 \times \sum_{i=1}^{n}\sum_{j\neq 1}^{n}W_{ij}}$$

$$Z\left(GMI_i\right) = \frac{GMI_i - E\left(GMI_i\right)}{\sqrt{Var\left(GMI_i\right)}}$$

其中，n 是空间单元总数，X_i 和 X_j 是 i 和 j 单元的农业新质生产力水平综

---

① 胡庆龙、伍亚:《基于社会经济因素的中国 PM2.5 排放的区域差异分解分析》，《数量经济技术经济研究》2020 年第 6 期，第 169~185 页；许敬辉、王乃琦、郭富林:《数字乡村发展水平评价指标体系构建与实证》，《统计与决策》2023 年第 2 期，第 73~77 页；孟晓、田明华、于法稳:《山东省农业现代化发展水平时空演化及影响因素研究》，《中国生态农业学报》（中英文）2023 年第 8 期，第 1194~1207 页；李盛竹、薛枫、姜金贵:《农业数字化对中国粮食新质生产力的影响效应研究》，《农林经济管理学报》2024 年第 4 期，第 435~445 页。
② 刘娜:《中国数字产业技术进步水平测度及区域差异》，《科技进步与对策》2024 年第 13 期，第 79~89 页；张峰、陈嘉伟:《中国制造业绿色竞争力区域差距、动态演进与趋势预测》，《科技进步与对策》2025 年第 4 期，第 1~13 页；田云、尹忞昊:《中国农业碳排放再测算：基本现状、动态演进及空间溢出效应》，《中国农村经济》2022 年第 3 期，第 104~127 页；卢江、郭子昂、王煜萍:《新质生产力发展水平、区域差异与提升路径》，《重庆大学学报》（社会科学版）2024 年第 3 期，第 1~17 页。

合评价值，$\bar{X}$ 为均值，S^2 为方差，W_{ij} 为空间权重，$Z(GMI_i)$ 为标准化统计量，$E(GMI_i)$ 和 $Var(GMI_i)$ 分别为莫兰指数的数学期望和方差。

计算全局莫兰指数（GMI）时，采用 Queen 邻接权重作为空间权重，若数值为正值，则可推断出地区间的农业新质生产力水平呈现出正向的空间依赖关系；相反，若指数为负值，则表明地区间的农业新质生产力存在负向的空间依赖性。此外，Moran's I 的绝对值越高，意味着这种空间依赖关系越为显著。

4. 结构方程模型

结构方程模型（Structural Equation Modeling，SEM）是一种多变量统计方法，能够用于探究和验证复杂的因果关系模型。SEM 结合了因子分析和路径分析的特点，可以对潜在变量（即不能直接观察到的变量）和显性变量（可直接测量的变量）之间的关系进行分析，通常包含两种类型：测量模型和结构模型。测量模型主要用于揭示指标变量与潜变量之间的关联，侧重于解决潜变量的测量问题，排除测量误差的影响，这种模型独立使用即验证性因子分析。结构模型类似于路径分析，关注潜变量之间的相互作用以及潜变量与观测变量之间的关系，主要用于检验各概念间假设的因果关系。若模型中仅涉及观测变量而不包含潜变量，则结构模型便简化为路径分析模型。

SEM 用于表示几组或几个变量之间的影响关系，而潜变量之间的因果联系是主线。可观察的组变量之间的关系实质上是潜变量之间的关系。结构方程模型包含测量模型和结构模型两个子类，对应于两类方程：测量方程和结构方程。测量方程可表示为：

$$X = \lambda_x \xi + \delta$$
$$Y = \lambda_y \eta + \varepsilon$$

前者表示外因潜变量（自变量）的测量模型，后者表示内因潜变量（因变量）的测量模型。结构方程可表示为：

$$\eta = \omega \xi + \varepsilon$$

根据指标体系中的 4 个二级指标作为潜在变量，即 4 个外因潜在变量，探究其与地区农业新质生产力水平之间的关系，即 1 个内因潜在变量。第 1 个外因潜变量 ξ_{LW} 由 3 个指标变量组成，分别是 X_{HCPSPI}、X_{GDPGR}、X_{STAFF}；第 2 个外因潜变量 ξ_{LR} 由 11 个指标变量组成，分别是 X_{RBAP}、X_{FIC}、X_{IAWS}、X_{CMRCH}、X_{TAP}、X_{VAAF}、$X_{CFSAPSSF}$、X_{PGPA}、X_{IATF}、X_{ASTP}、X_{AITI}；第 3 个外因潜在变量 ξ_{LO} 由 8 个指标变量组成，分别是 X_{ADEVVP}、X_{DARCE}、X_{APIR}、X_{TPU}、X_{CIQOP}、X_{LAPPRI}、X_{ADPR}、X_{AIEN}，第 4 个外因潜在变量 ξ_{Comb} 由一个指标 X_{GTFP} 组成，内因潜变量 η 由 1 个指标变量 Y_{ANQP} 组成。测量模型中的指标变量与外因潜变量的关系，具体表示为：

$$\begin{cases} X_{HCPSPI} = \lambda_{x_{HCPSPI}}\xi_1 + \delta_1; & X_{GDPGR} = \lambda_{x_{GDPGR}}\xi_2 + \delta_2; & X_{STAFF} = \lambda_{x_{STAFF}}\xi_3 + \delta_3 \\ X_{RBAP} = \lambda_{x_{RBAP}}\xi_4 + \delta_4; & X_{FIC} = \lambda_{x_{FIC}}\xi_5 + \delta_5; & X_{IAWS} = \lambda_{x_{IAWS}}\xi_6 + \delta_6 \cdots \\ X_{ADEVVP} = \lambda_{x_{ADEVVP}}\xi_{15} + \delta_{15}; & X_{DARCE} = \lambda_{x_{DARCE}}\xi_{16} + \delta_{16}; & X_{APIR} = \lambda_{x_{APIR}}\xi_{17} + \delta_{17} \cdots \\ X_{GTFP} = \lambda_{x_{GTFP}}\xi_{23} + \delta_{23} \end{cases}$$

测量模型中的指标变量与内因潜变量的关系具体表示为：

$$Y_{ANQP} = \lambda_{y_{ANQP}} + \varepsilon_y$$

结构模型中内因潜变量与外因潜变量的关系具体表示为：

$$\eta = \omega_{LW}\xi_{LW} + \omega_{LR}\xi_{LR} + \omega_{LO}\xi_{LO} + \omega_{Comb}\xi_{Comb} + \varepsilon$$

λ 值（包括 λ_x 和 λ_y 各项）即测量模型的因素负荷量，ω 值（包括 ω_{LW}、ω_{LR}、ω_{LO} 和 ω_{Comb}）即结构模型的路径系数或回归系数，δ、ε 分别为测量误差项和残差项。

（三）我国农业新质生产力水平测度

2013~2022 年全国农业新质生产力水平测度结果如图 2 所示，取值范围为 [0，10]。从图 2 中可以看出，我国农业新质生产力水平在十年间飞速提升，2022 年全国农业新质生产力水平突破 8，具有较高实现程度，其中 2020~2021 年增长尤为显著。具体而言，2020 年和 2021 年尽管全球疫情带来了严峻挑战，各行各业的发展都受到冲击，但中国农业新质生产力水平却展现出了强劲的增长势头。这一现象不仅体现了中国现代农业产业体系在逆境中的强大韧性，也反映出农业新质生产力不仅能够大幅提高农业生产效率和农产品品质，确保农产品质量安全，更能够显著增强农业的抗风险能力。

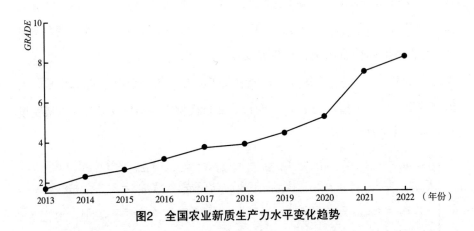

图2　全国农业新质生产力水平变化趋势

通过熵值法—BP神经网络法对我国各省份农业新质生产力水平进行计算，得到系数矩阵（见表3，由于篇幅限制，选取其中10个指标作为代表进行展示）。

表3　2013-2022年各评价指标系数矩阵

指标	2013年	2014年	2015年	2016年	2017年	2018年	2019年	2020年	2021年	2022年
第一产业人力资本存量	−0.4004	0.9913	0.0695	0.1620	−0.2274	1.2036	0.5955	−0.1901	−0.4700	0.1945
农村居民人均可支配收入增长率	0.0670	0.2492	−0.0403	0.0011	0.0280	0.2789	0.0661	−0.3155	−0.3432	0.2283
农村宽带接入用户占比	0.5400	−0.0764	−0.0350	−0.2753	0.1828	−0.3054	0.3488	−0.6123	−0.0124	0.1206
农田亩均灌溉用水量	−0.5341	−0.3002	0.2301	−0.4576	0.1072	−0.0066	−0.2756	−0.5433	−0.3916	−0.3983
第一产业碳排放量	−0.3983	0.3928	0.4078	−0.3986	0.0898	0.3569	0.0384	−0.0710	−0.4359	−0.5021

指标	2013 年	2014 年	2015 年	2016 年	2017 年	2018 年	2019 年	2020 年	2021 年	2022 年
绿色发明申请专利数量	0.4031	−0.2551	0.0322	0.3298	0.1979	0.8621	0.0932	−0.6049	−0.4353	0.0541
农业科技活动经费投入（R&D）	−0.5172	−0.5172	−0.1970	1.1046	−0.3142	0.0816	0.3364	−0.7605	−0.1704	−0.2205
农业科技进步率	0.6473	0.5386	−0.0489	−0.5458	0.1330	−0.3892	0.2048	0.3705	0.0207	0.1021
规模以上农产品加工企业主营业务收入	−0.6292	−0.2046	−0.2997	0.0068	0.3624	0.0612	0.0594	−0.4219	−0.8783	0.6409
绿色全要素生产率	−0.3553	−0.2046	0.1278	0.8411	0.3611	−0.9474	−0.2542	−0.2047	0.8002	−0.2057

在 BP 神经网络模型的训练结构中，输入层设有 23 个节点，隐藏层配置为 1 层，并包含 10 个神经元，输出层则为 1 层。模型训练经过 1000 次迭代，学习速率为 0.01，训练目标最小误差为 0.000001。训练结果显示，均方误差（MSE）为 0.026285；决定系数 R^2 为 0.97692。

平均绝对误差 MAE 为 0.088319，平均相对误差 MRE（%）为 49.3258，从误差结果可以看出，模型展现出良好的拟合效果，表现出较高的精确度，具体的拟合结果见图 3。

本文计算出了 2013~2022 年我国各省级行政单位的农业新质生产力发展水平，从变化趋势来看，全国农业新质生产力水平整体呈现出上升趋势，但存在明显的区域差异，呈现出"东高西低，南高北低"的格局。其中北京和上海整体水平最高，稳居全国前两名。2020 年以来，江苏、广东、四川等省份农业新质生产力水平显著增长，但与北京和上海相比依然存在显著差距。总体而言，作为经济发达省份具有多重优势，不仅科技先进，能够推动农业生产方式智能化和现代化，还拥有庞大的高素质人才队伍，在农业科技创新和应用方面发挥着重要作用；同时，这些省份在基础设施建设方面也表现出色，现代化的交通网络、信息技术系统以及高效的灌溉和排水设施，为农业生产提供了强有力的支持。此外，充足的地方财政和政策支持也为这些地区提供了资源和政策保障，进一步推动了农业现代化进程。

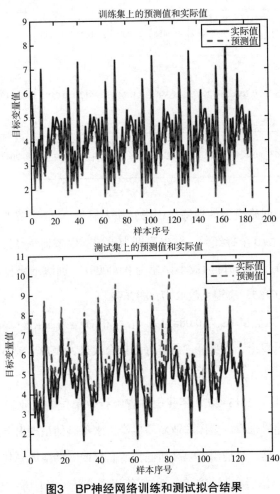

图3　BP神经网络训练和测试拟合结果

相较之下，西部和北部地区的部分省份，如新疆、内蒙古、黑龙江、青海和河南等农业新质生产力水平相对不高，这种差距的形成原因更加复杂。一是这些省份经济基础薄弱、科技研发和创新能力相对不足，导致农业技术和管理模式更新较慢，难以有效提升生产效率。二是这些省份也有一定的人才资源，但与东部发达地区相比，其人才储备和培训体系有待完善，尚不能满足现代农业发展要求。三是基础设施建设滞后。这些省份在交通、信息化和农业生产设施方面的不足，影响了农业生产效率和市场流通能力的提升。四是这些省份在政策支持和资源配置方面存在不足，中央和地方的政策支持力度相对较弱，未能充分激发农业发展潜力。五是地域环境的差异。例如，西北地区的干旱气候和恶劣自然条件对农业生产构成严峻挑战，需要使用特定的技术和设备来克服这些不利因素。

四　省域视角下我国农业新质生产力的空间异质性分析

（一）各省份农业新质生产力水平的空间异质性分析

由上文可知，我国各省份农业新质生产力水平存在明显的差异，为了更明确的证实这一点，本部分按照地理区域划分将全国分成华北、东北、华东、中南、西南、西北6个部分，并采用泰尔指数对全域以及这6部分的农业新质生产力水平的空间异质性进行分析，结果如表4所示。

表4　2013~2022年农业新质生产力水平的空间异质性测度

年份	泰尔指数							
	全域	华北	东北	华东	中南	西南	西北	组间
2013	0.06213	0.06663	0.03396	0.05081	0.00635	0.00758	0.04588	24.08%
2014	0.09450	0.06761	0.02111	0.05549	0.00760	0.00900	0.05213	28.55%
2015	0.10292	0.07526	0.02133	0.05313	0.01331	0.01071	0.05392	30.61%
2016	0.12384	0.06477	0.02107	0.05059	0.01675	0.01136	0.05556	32.39%
2017	0.15062	0.07512	0.02186	0.04846	0.02246	0.01322	0.05499	36.27%

续表

年份	泰尔指数							
	全域	华北	东北	华东	中南	西南	西北	组间
2018	0.17583	0.07101	0.02287	0.05310	0.02632	0.00518	0.05926	39.52%
2019	0.19001	0.06015	0.02135	0.04357	0.03059	0.00721	0.06197	39.44%
2020	0.13203	0.03495	0.00917	0.04149	0.03545	0.01324	0.08611	34.13%
2021	0.21672	0.04162	0.01643	0.03443	0.03823	0.00674	0.05752	40.11%
2022	0.11746	0.01118	0.01116	0.05133	0.02058	0.01958	0.06699	30.53%

从全域范围来看，我国农业新质生产力水平处于0.06~0.22，且整体呈现增长态势，但农业新质生产力水平的区域差异较为显著，差异性特征日益凸显。这主要由于我国地域辽阔，农业资源分布广泛，不同地区的农业生产条件、技术水平和市场环境各异。经济较发达地区通常能够更好地支持农业科技创新、基础设施建设、人才培养等，农业新质生产力水平得以快速提升。同时，这些地区的人口数量和结构也更为优越，尤其是年轻劳动力流失较少的区域，能够为农业生产提供充足的劳动力和技术支持。相比之下，一些地区存在的人口老龄化和劳动力短缺问题可能制约其农业发展。此外，政策支持的差异也加剧了地区间农业新质生产力发展的不平衡。经济发展较快的地区往往能够获得更大力度的政策倾斜和资源投入，而政策支持不足的地区则面临发展瓶颈。地域自然条件的差异也会对农业生产力产生深远影响。不同地区的气候、土壤类型和自然资源的禀赋存在差异，直接影响了农业生产效率和技术应用的适宜性。在不利自然条件下，农业生产的技术适配和环境适应能力成为关键，是引发区域间农业新质生产力水平差异进一步加剧的重要因素。

通过进一步观察数据，可以看出西南地区和东北地区的泰尔指数相对于其他地区较低，说明这两地区的农业新质生产力水平差异较小；而华东地区和西北地区的泰尔指数相对较高，说明这两个地区的农业新质生产力水平具有较大的区域差异；值得注意的是，华北地区的农业新质生产力水平波动整体呈现先增后减的趋势，这得益于自 2014 年《京津冀协同发展规划纲要》颁布实施以来，华北地区的区域协调发展取得了显著成效，区域间经济差异有所缩小，发展趋向更加均衡和协调。此外，雄安新区的规划建设，既承担着"北京非首都功能疏解"的重要功能，推动区域资源优化配置，也通过多种方式加强了产业合作与创新，包括科技创新合作平台的建设和跨区域的技术研发合作，带动河北省的经济发展，使得华北地区的农业新质生产力水平的区域差异减小。

为了进一步得到各省份农业新质生产力水平差异性的综合评判，基于上述计算数据，对全国 31 个省份的农业新质生产力水平进行聚类分析，并划分为"较高水平"、"一般水平"及"较低水平"三类。其中，指数值大于 7 为"较高水平"，指数值低于 4 为"较低水平"，指数值处于 4~7 为"一般水平"，详见表 5。

表5　中国各省份农业新质生产力水平聚类情况

类别	省份	数量（个）	农业新质生产力水平
第一类	北京、上海、江苏、广东、四川	5	较高水平
第二类	天津、河北、山西、辽宁、吉林、黑龙江、浙江、福建、江西、山东、湖南、湖北、广西、海南、重庆、贵州、云南、河南、陕西、甘肃、安徽、宁夏	22	一般水平
第三类	内蒙古、青海、西藏、新疆	4	较低水平

由表 5 来看，北京、上海、江苏、广东、四川这五个省份为第一类，处于较高水平，除北京其特殊性以及四川地处西南地区外，其余省份均位于南部和东部地区，这也验证了我国农业新质生产力水平在整体上呈现"东高西低，南高北低"的格局。这些省份凭借雄厚的经济实力，为农业现代化提供了稳固的经济支撑和优越的市场环境。江苏、广东和四川等地的农业科研机构和高等院校在农业科技研究方面表现积极，有力推动了现代农业技术的广泛应用。同时，北京和上海作为国家级科技创新枢纽，汇聚了强大的科研力量和创新资源，为农业技术的升级和新质生产力的发展注入了强大动力。此外，地方政

府对农业现代化的高度重视和大力支持也为农业现代化奠定了坚实的基础。例如，江苏和广东基于政府主导的农业发展规划和政策措施，显著加速了农业现代化进程。北京和上海也通过政策引导和资源整合，有效促进了农业与现代服务业的深度融合。

第三类的内蒙古、青海、西藏、新疆这四个省份的自然条件相对恶劣，影响了农业生产的效率和发展。内蒙古和新疆大部分地区属干旱或半干旱气候，水资源匮乏，限制了农业生产；青海和西藏的高原气候和低温同样给农业发展带来挑战。不利的自然条件使得农业生产成本较高，难以大规模推广高新技术。同时，经济基础薄弱使得这些地区在农业科技投入和现代化农业设施建设方面存在困难，限制了农业新质生产力水平的提升。由于农业科研机构和教育资源有限，农业新技术的研发和推广速度较慢，而且农业从业人员的技能水平和技术素养也较低。此外，这些地区农业产业结构相对单一，以传统农业为主，缺乏高附加值农产品和多样化的经营模式，进一步制约了农业发展潜力的发挥。

（二）探索性空间数据分析

为了进一步探究我国农业新质生产力水平的空间分布关联性，在上述计算的各省份农业新质生产力水平的基础上，计算 2013~2022 年我国农业新质生产力全局莫兰指数（GMI）；P-value<0.05，表示在 5% 水平显著；P-value<0.1，表示在 10% 水平下显著，结果如表 6 所示。

表6　2013~2022年我国农业新质生产力水平全局莫兰指数

年份	Moran's I	Z	P-value
2013	0.0403	0.3726	0.0000
2014	0.0468	0.7262	0.0000
2015	0.0507	0.9365	0.0000
2016	0.0561	1.2257	0.0000

年份	Moran's I	Z	P-value
2017	0.0578	1.3126	0.0000
2018	0.0645	1.6912	0.0417
2019	0.0715	2.0406	0.0413
2020	0.0602	1.4438	0.1488
2021	0.0731	2.1476	0.0317
2022	0.0728	2.1450	0.0320

Moran's I 值介于 –1~1，Moran's I>0 表示存在正的空间自相关，并且在地理距离空间权重矩阵下 P-value 小于 0.05，通过了显著性检验。从时间维度观察数据，Moran's I 值整体呈现增加并在小范围波动的态势，表明随着时间的推移，我国农业新质生产力水平的空间关联度以及空间集聚水平逐渐提升。

莫兰散点图用于描述空间数据的自相关性，尤其是探讨变量值与其空间滞后值之间的关系。图 4 中的数据点大部分分布在第二象限（高—低象限）和第四象限（低—高象限）时，说明存在显著的空间负相关现象。其中，在第二象限中数据点的值较高，而邻近区域的数据值较低，这表明这些省份的农业新质生产力水平较高，而这些高值区域的周边则往往存在水平较低的区域。这种现象显示出区域内农业新质生产力水平的空间分布存在较为明显的对立关系，即水平高的地区常常被水平低的地区包围，揭示了农业新质生产力水平在空间上的显著异质性。同样的，第四象限数据点的值较低，而邻近区域的数据值较高，表明分布在第四象限省份的农业新质生产力水平较低，但这些低值区域周围却存在水平较高的区域。这种情况进一步反映了区域间农业新质生产力水平的负相关性，即低水平区域常常被高水平区域环绕，显示出区域内部的明显反差。

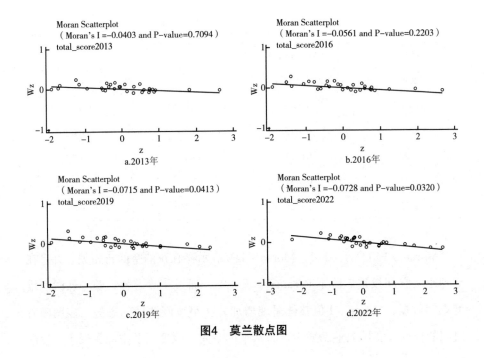

图4 莫兰散点图

（三）地区农业新质生产力要素贡献度异质性分析

在探讨地区农业新质生产力水平的空间异质性时，不禁引发这样一个思考：这些异质性是否同样体现在各指标的影响构成上？为了验证这一猜想，本文深入分析了各指标对不同地区农业新质生产力水平影响度的差异。通过 SEM 模型分析四个潜在变量（劳动者、劳动资料、劳动对象和要素组合）及其下属指标对农业新质生产力水平的贡献度，结果如图 5、图 6、图 7 所示。为了更具代表性，仅选取华东、中南和西南地区进行详细分析。

如图 5 所示，虚线区域内展示了四个潜在变量（LW、LR、LO、Comb）对农业新质生产力水平（ANQP）的贡献度及其相互关系。其中，LW 代表劳动者，LR 代表劳动资料，LO 代表劳动对象，Comb 代表要素组合，ANQP 代表地区的农业新质生产力水平；虚线区域外则详细展示了各指标在剔除了多重共线性后对相应潜在变量的贡献度构成（下同）。虚线表示指标与潜在变量之间为间接相关关系，实线则表示为直接相关关系，各线段中间的数值指标准化回归系数（Std.all），即潜在因素对农业新质生产力水平的贡献度。

在华东地区，劳动者（LW）因素对农业新质生产力水平的负面影响（Std.all=-0.913）揭示了其在生产力发展中所面临的制约因素，这一现象可归因于多方面的复杂交互影响。首先，高技能劳动力倾向于流向薪酬更高的非农业部门，导致农业领域技术人才短缺，影响了该领域的技术水平。尽管有丰富的劳动力资源，但技能错配（Skills Mismatch）问题在农业领域尤为突出，现有劳动力尚未充分发挥其潜力。其次，尽管有政策倾斜，以支持农业发展，但现代化农业吸引力和收入水平仍不及其他行业，降低了劳动者在农业领域的工作积极性和效率；农业生产的季节性强、收入不稳定等也影响了劳动力的稳定性。此外，激励机制和培训方案的不足、政策执行不到位、培训内容与实际需求脱节等进一步限制了劳动者技能的有效提升。

在劳动资料（LR）方面，其表现出适中的正向影响（Std.all=0.310），表明劳动资料的配置与管理对生产力水平提升有一定的积极作用。然而，劳动资料的配置虽合理，但尚未达到最优状态，仍存在提升空间。技术设备更新与维护对提升生产效率有所助力，但其作用尚未充分发挥，需进一步强化，特别是农村基础设施建设与维护需要进一步加强，以提高农业生产的整体水平。

劳动对象（LO）同样显示出适中的正向影响（Std.all=0.233），表明劳动对象的质量与适用性对生产力水平提升有一定的积极作用。华东地区农业生产的劳动对象如种子等的质量与适用性相对较好，但受市场波动和资源条件限制，这些要素的质量和适用性仍有进一步提升空间。

要素组合（Comb）则显示出极小的正向影响（Std.all=0.019），表明各要素之间的组合对生产力水平提升的效果有限。要素组合已较为协调，但有进一步优化空间，且现有资源配置与技术应用在提升生产力水平方面的效果有限，需要更深入的分析和改进。

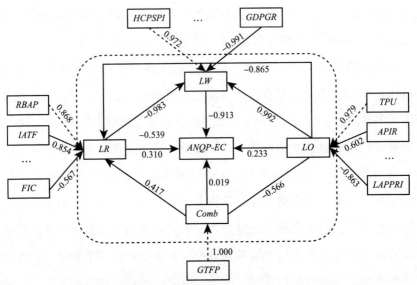

图5　要素贡献度路径：华东地区

在中南地区，劳动者（*LW*）因素显示出较小的正向影响（Std.all=0.254），表明劳动者因素对生产力水平的提升有一定的积极作用，但并非关键驱动力。中南地区作为我国重要的农业生产基地，近年来农业劳动力结构发生了显著变化，农村劳动力大量外出务工，农业劳动力老龄化、女性化现象严重。劳动者的技能及其积极性对生产力水平提升有一定积极影响，但现有的技能培训和激励机制尚未充分发挥其效用，仍有优化空间。此外，农业劳动力结构及其配置可能较为合理，但仍需进一步优化，以实现生产力最大化。

劳动资料（*LR*）显示出微弱的负向影响（Std.all=-0.021），表明劳动资料的配置和管理对生产力水平提升的影响极小，甚至略有抑制作用，具体原因包括劳动资料配置可能已较为合理，但尚未达到最优状态，存在资源浪费或低效使用的情况。同时，技术设备更新与维护可能未能及时跟进，其对生产力水平提升的效果有限。

劳动对象（*LO*）显示出显著的负向影响（Std.all=-0.856），表明劳动对象的质量和适用性对生产力水平提升有显著抑制作用。劳动对象的质量和适用性较差，影响生产效率和生产连续性。此外，劳动对象供给和配置的稳定性不足，导致生产过程中出现供给中断或质量不稳定问题，进一步抑制了生产力水平的提升。

要素组合（*Comb*）显示出适中的正向影响（Std.all=0.317），表明各要素之间的组合对生产力水平提升有一定的积极作用。各要素之间的组合可能较为协调，但仍有进一步优化的空间，以实现生产力最大化。现有资源配置和技术应用可能已较为合理，但在提升生产力水平方面的效果仍有提升空间。

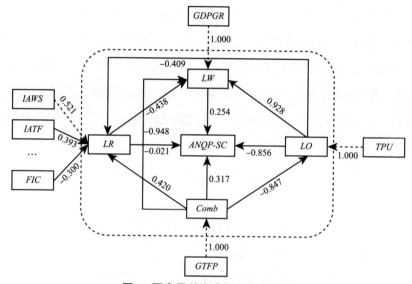

图6　要素贡献度路径：中南地区

在西南地区，劳动者（*LW*）对生产力水平呈现出显著的负向影响（Std.all=−0.424），这可能与西南地区劳动力市场的特点和劳动者技能培训体系的不足有关。西南地区经济发展水平与全国平均水平的绝对差距仍在扩大，人均地区生产总值与人均国内生产总值的差值增加，表明经济发展滞后。同时，该地区地形地貌复杂，生态环境脆弱，基础设施建设和城市发展受限，影响了劳动者技能提升及其积极性。此外，西南地区旱涝灾害多发，特别是近年来旱涝急转或涝旱急转现象屡屡发生，对生态系统和社会经济建设造成巨大影响，进一步削弱了劳动者在农业领域的工作积极性和效率。

劳动资料（*LR*）显示出适中的正向影响（Std.all=0.441），表明劳动资料的配置和管理对生产力水平提升有一定的积极作用。近年来在国家政策的支持下，西南地区快速发展并取得了一些成效，产业结构不断优化，这促进了劳动资料的有效配置和管理。

劳动对象（*LO*）对生产力水平展现出较小的正向影响（Std.all=0.203），这可能与劳动对象的质量和适用性有关。西南地区特殊的地质和社会经济条件，如人口密度大、经济落后、地形复杂等，使其对气候变化高度敏感。同时，频繁的旱涝灾害进一步影响了劳动对象供给和配置的稳定性，导致生产过程中出现供给中断或质量不稳定的情形，从而抑制生产力水平的提升。

要素组合（*Comb*）显示出适中的正向影响（Std.all=0.374），表明各要素之间的组合对生产力水平提升有一定的积极作用。西南地区经济发展水平显著提高，总体增幅大于全国平均水平，可能促进各要素之间的协调组合。然而，西南地区经济发展水平与全国平均水平的差距仍在扩大，居民收入与全国平均水平的差距也在增加，这限制了要素组合对生产力水平提升的效果。

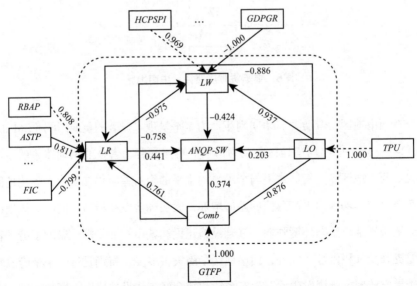

图7 要素贡献度路径：西南地区

五 结论

本文从我国农业新质生产力的基本内涵与现实意义出发，构建农业新质生产力水平评价测度指标体系，采用熵值法——BP 神经网络法组合评价得到我国及各省份 2013~2022 年农业新质生产力水平，并通过聚类分析法、Theil 指数、莫兰指数等探索性时空数据结构分析我国农业新质生产力水平的区域差异及其空间分布结构，得出以下主要结论。

2013~2022 年，我国农业新质生产力从较低水平飞速提升到较高水平，空间分布呈现"东高西低，南高北低"态势，且具有较为明显的空间关联度和空间聚集度。其中，以北京和上海为代表的经济发达省份在农业新质生产力水平上表现出强劲动力和较高态势。

从全域来看，我国农业新质生产力水平具有较为明显的区域差异，泰尔指数分析结果显示西南和东北地区的农业新质生产力水平差异较小，而华东和西北地区则表现出较大的差异，华北地区的生产力水平波动尤为明显。

结合熵值法分析结果，采用 BP 神经网络模型对我国各省份的农业新质生产力水平进行综合评价，充分利用样本信息，并通过神经网络训练过程研究各指标与农业新质生产力水平之间的关联。该方法不仅确保了数据的客观性和真实性，还验证了基于单一方法的 BP 神经网络组合评价法在各类指标评价中有较高的客观性和精确性。

通过聚类分析，将我国各省份农业新质生产力水平划分为 3 类。其中，北京、上海、江苏、广东、四川等处于较高水平，天津、河北、山西等处于一般水平，内蒙古、青海、西藏、新疆则处于较低水平。

通过 SEM 模型分析发现，我国各地区在劳动者、劳动资料、劳动对象和要素组合方面面临着不同的制约因素，总体上存在以下共性问题。一是劳动者方面，各地区普遍存在劳动者技能与培训不足、劳动力市场结构性失衡、农业部门吸引力不足等问题。这导致劳动者在农业领域的积极性和效率较低，进一步限制了农业新质生产力水平的提升。二是劳动资料方面，各地区在劳动资料配置与管理上仍有优化空间，存在资源浪费和低效使用等问题。同时，技术设备更新与维护不足，导致其对生产力水平提升的效果有限。三是劳动对象方面，劳动对象的质量与适用性需进一步提升。东北、华北、中南、西南和西北地区的劳动对象对生产力水平的影响呈显著负向，表明种子等的质量与适用性较差，供应与配置稳定性不足。华东地区劳动对象对生产力水平的影响相对较好，但仍存在进一步提升空间，特别是在市场波动和极端天气条件下，供应的稳定性需要加强。四是要素组合方面，各地区各要素之间的组合需进一步优化，特别是在资源配置和技术应用方面，需要更系统性地整合和优化。优化要素组合有助于提高农业生产力，促进农业可持续发展。

根据以上研究结论，提出以下政策建议。

1. 因地制宜，基于各省资源禀赋和农业新质生产力水平实施差异化梯度推进策略

东北、华北和中南部分地区作为中国的粮食主产区，应借鉴美国和加拿大在农业机械化及规模化经营方面的先进经验，深度融合现代农业科技，构建高效农业生产系统。例如，加大高标准农田建设投入，严格保护耕地资源，并推广智能灌溉和精准施肥技术以减少化肥农药使用，从而提升耕地质量；同时，依托丰富的山水林田资源实施生态修复工程，建立生态农业示范区，优化耕地生态。此外，加强市场营销和品牌建设以增强市场竞争力，推动区域经济可持续发展和农业现代化。

华东地区和中南地区少数省份由于经济发展水平较高，消费能力强，适宜发展高附加值农产品，可以借鉴法国、意大利、德国在农产品品质、特色以及有机农业方面的经验，着力于农产品品牌建设，提升附加值和市场溢价能力，推进生物育种、先进智能装备、绿色低碳等方面的前沿科技研发与集成配套，促进传统耕地资源的高效开发利用，同时探索城市屋顶农业、阳台农业等新型农业形态，拓展城市土地利用；充分利用东部沿海地区的海洋资源，发展海洋渔业和海洋种植，丰富食物来源。此外，依托科技优势，推广智能农业装备和信息技术，建立耕地质量监测和预警系统，实现精准农业管理。

西南和西北地区则面临土地资源有限和气候条件复杂的挑战，应参考日本、以色列、荷兰的精细化农业技术经验，如温室种植、滴灌技术和无土栽培等，积极探索智能栽培、智能环控等前沿技术与多层立体化种植、无土化栽培等生物技术的融合应用，充分利用地面地下、水面水下以及空中资源，同时加强与"一带一路"共建国家的农业合作，共同开发耕地资源，拓展多维农业生产空间。另外，结合地区实际，发展特色农业和生态农业，如草原畜牧业、沙漠绿洲农业等，充分利用地区资源优势，打造独特的农业产业链。

参考前文聚类分析结果，我国发展农业新质生产力可以采取三个梯度推进策略，以实现全面的农业现代化目标。

第一梯队（北京、上海、江苏、广东、四川）以科技创新引领生产力变革。由于拥有较为雄厚的经济实力、丰富的科技资源以及完善的支持政策，第一梯队在推动农业现代化方面具备良好的基础，建议应抓好关键核心技术攻关，通过原始创新和颠覆性技术创新，引领生产力变革。同时，进一步深化现代农业技术的应用与推广，聚焦前沿科技领域，如智能农业、生物技术、精准农业等，推动科技创新与农业生产的深度融合。通过建立国家级农业科技创新平台，促进科技成果转化与应用，提升农业生产效率和质量。此外，应加强跨学科、跨领域、跨区域融合发展，构建开放创新网络，加速关键技术的突破和应用，引领全国农业生产方式的革命性变革。

第二梯队（天津、河北、山西、辽宁等22个省份）优化要素配置实现生产关系变革。第二梯队农业新质生产力处于中等水平，需要在现有优势基础上进一步推动农业现代化。为此，应塑造适应新质生产力的生产关系，打破行业边界，促进跨界协同，以确保生产要素的顺畅流动与高效配置，实现生产关系的优化升级。同时，推动农业产业链的组织、分工和协作变革，优化生产要素的配置机制，提升农业生产效率。例如，深化"土地承包、经营权流转和集体建设用地入市"的"三块地"改革，促进土地流转，实现土地资源的集约利用和高效配置；发展全面的社会化服务体系，通过引入专业服务机构，提升农业服务的专业化、市场化水平，激发农业产业的活力。此外，应加强农业与其他产业的融合，推动农业由单一生产向多元化、综合化发展，实现资源共享与优势互补，提升农业新质生产力的价值转化。

第三梯队（内蒙古、青海、西藏、新疆）补齐基础设施短板促进数字化变革。第三梯队主要面临自然条件恶劣、经济基础薄弱及科技和人才资源不足等多重挑战，亟须重点加强基础设施建设，推动数字化变革。因此，应加快乡村数字化和信息化建设，重点推进农业大数据创新中心及重点实验平台等新型基础设施的建设，优化农业生产环境，提升农业数据资源的收集、存储、分析和应用能力。同时，建立农业科技合作机制，加强农业科技与信息技术的深度融合，积极引进外部科技资源，提升农业生产的数字化和智能化水平，缩小数字鸿沟，推动农业生产的现代化和可持续发展。此外，还需加大政策支持和财政投入，为农业科技研发和基础设施建设提供专项资金，并探索适合地方实际的农业业态，以增强农业生产的经济效益和可持续发展能力。

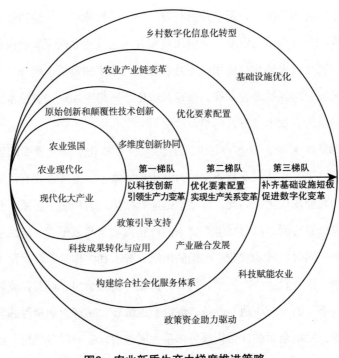

图8 农业新质生产力梯度推进策略

2. 分步图景，按照全面建成社会主义现代化强国的战略目标，制定阶段性分步推进举措

初期阶段（2025 年前）的重点在于优化农业基础设施和引进先进技术。按照《"十四五"推进农业农村现代化规划》和《全国乡村产业发展规划（2020—2025 年）》，东北及中南部分地区应着重提升农业机械化水平，通过引进大型智能化农机设备，推广精准播种、施肥和收割技术，提高农业生产效率；东部地区应依托经济发展优势，聚焦高附加值农产品的开发和品牌建设，加强与科研机构的合作，研发新品种和新技术，提升农产品品质和市场竞争力；而西南和西北地区需建立技术示范区，引进并推广精细化农业技术，同时加强与"一带一路"共建国家的农业合作，为未来发展奠定基础。

在中期阶段（2025~2035 年），农业现代化的核心目标是深化技术应用与推动产业结构升级。根据《中共中央　国务院关于做好 2022 年全面推进乡村振兴重点工作的意见》《乡村全面振兴规划（2024—2027 年）》，各地区应采取分阶段的策略：东北地区将全面实施智能化和精准化改造，通过物联网、大数据等现代信息技术手段，实现农业生产全过程的智能监控和管理，显著提升农业生产效率。华东及中南地区少数省份应依托经济发展优势，发展农业休闲旅游和观光农业，提升农产品附加值和市场吸引力，同时推广智能农业装备和信息技术，实现精准农业管理。西南和西北地区将继续推广精细化农业技术，提高水资源和土地利用率，解决区域特有的生产问题，并结合地区实际，发展特色农业和生态农业，打造独特的农业产业链。到 2025 年，农业基础设施和乡村振兴战略将取得显著进展，粮食生产能力得到有效保障，农业生产结构和区域布局优化，绿色优质农产品供给增加。同时，农村基础设施和生态环境改善，乡村治理能力提升，农村居民收入增长与国内生产总值增长基本同步，巩固拓展脱贫攻坚成果同乡村振兴有效衔接。到 2035 年，乡村全面振兴取得显著进展，农业农村现代化基本达到预期目标。

后期阶段（2035~2050 年）的重点是全面实现农业现代化和建成农业强

国。根据《中共中央关于进一步全面深化改革　推进中国式现代化的决定》，东北和中南部分地区应致力于建立完善的现代农业体系，进一步提升农业机械化和智能化水平及加强农产品的深加工和品牌建设，以提升国际市场竞争力；东部地区继续优化产业结构，特别是推动农业与高科技、休闲旅游、文化教育等产业的深度融合，推动科技创新，探索智慧农业；西南和西北地区则需在生态农业方面取得突破，推动绿色农业发展，协调生态保护与生产，确保农业的可持续性。通过这一分阶段推进策略，实现农业新质生产力的全面提升，推动农业现代化和高质量发展的目标。到本世纪中叶将建成农业强国，引领全球农业发展趋势。在这一阶段，将继续深化农业科技创新，推动农业产业链的高端化、智能化发展，提升农产品的国际竞争力。同时，坚持绿色发展理念，实现农业生产与生态环境的和谐共生，为全球农业可持续发展树立典范。

3. 协同发展，进一步完善区域协同发展机制，逐步提升我国农业新质生产力水平

为了有效推动区域协同发展并缩小地区间农业新质生产力水平的差异，应采取综合性措施以促进区域协同与均衡发展。一是需建立跨区域协同机制。通过制定系统化的政策框架和实施区域协调平台，推动发达地区与欠发达地区在资源共享、技术交流和市场开拓等方面的深度合作。二是优化资源配置策略。根据各地区的比较优势和发展潜力，实行差异化的区域发展战略。资源丰富的地区应重点发展规模化和集约化农业，而资源有限的地区则应推广精细化农业技术，高效利用技术以提升生产力。三是应加大政策支持和财政投入力度。政府应通过财政补贴、税收优惠及科技资助等手段，激励企业和科研机构在区域间展开合作与技术转移，并根据各区域的实际需求制定灵活的支持政策，以消除技术和资金障碍。四是大力推进科技创新和知识传播。加大农业科技研发力度，特别是针对不同区域的实际需求进行定向研究，同时通过建立区域科技合作机构和推广先进农业技术，提升各地区的科技水平和生产效率。五是强化农业人才的培训和交流。提升区域内农业从业者的技术素养和管理能

力，有助于技术的普及与应用。六是促进市场一体化，推动实现区域协同发展。应建立和完善全国统一的农业市场体系，减少区域间市场壁垒，通过优化物流和供应链管理，推动农业产品的流通与交易，从而提高农业产品的市场化水平，高效利用和推广地区的农业生产力成果，最终促进区域经济均衡发展。

新质生产力驱动农业绿色发展的路径研究[*]

林　珊　于法稳[**]

摘　要： 新质生产力倡导新技术、新设备和新模式，符合农业绿色发展要求，能够有效驱动农业绿色发展。新质生产力驱动农业绿色发展需要关注几个关键问题：一是农业绿色科技创新问题；二是农业绿色生产结构问题；三是农业绿色技术人才问题；四是农业绿色发展政策体系问题。实现新质生产力驱动农业绿色发展，需要以政府引领为导向，以农业绿色科技创新为动力，以优化农业绿色生产结构为指向，以农业绿色科技人才为驱动，以农业绿色政策体系为抓手形成合力。因此，通过科技助力、资源适配、人才培育、政策保障和组织支撑，有效拓展以新质生产力驱动农业绿色发展的实践路径。

关键词： 新质生产力　绿色生产力　农业绿色发展

---

　* 基金项目：国家社科基金重大项目"山水林田湖草沙一体化保护和系统治理研究"（23ZDA105）；中国社会科学院创新工程"学者资助计划"项目"粮食安全背景下农业的绿色发展研究"（XC2023001）、中国社会科学院国家高端智库基础研究项目"气候变化背景下农业农村绿色发展能力提升研究"。

** 林珊，青岛市社会科学院助理研究员，主要研究方向为生态经济、农业经济管理；于法稳，中国社会科学院农村发展研究所二级研究员，中国社会科学院生态环境经济研究中心主任，主要研究方向为生态经济学理论与方法、生态治理、资源管理、农业绿色发展等。

一　问题提出与文献回顾

2023年7月以来，习近平总书记在四川、黑龙江、浙江、广西等地考察调研期间提出，要整合科技创新资源，引领发展战略性新兴产业和未来产业，加快形成新质生产力。新质生产力是创新起主导作用，摆脱传统经济增长方式、生产力发展路径，具有高科技、高效能、高质量特征，符合新发展理念的先进生产力质态。与一般意义的人类经济社会发展不同，高质量发展是以新发展理念为指导的，除了要求发展具有创新是第一动力、协调成为内生需要、开放成为必由之路、共享成为根本目的等特性外，还强调绿色发展成为普遍发展的形态。这意味着，推动和支撑高质量发展的也不是一般意义的生产力，应该包括绿色生产力在内的新质生产力。2024年1月，习近平在中共中央政治局第十一次集体学习中对新质生产力做出了系统阐释，进一步强调绿色发展是高质量发展的底色，新质生产力本身就是绿色生产力。[1]这一论断为新质生产力在农业领域的应用提供了理论支撑和实践方向。"新质生产力本身就是绿色生产力"这一命题的提出，引发了学界对新质生产力与绿色发展的高度关注。

学界关于新质生产力本身就是绿色生产力的相关研究，主要聚焦以下几方面。第一，关于"新质生产力本身就是绿色生产力"的意义阐释。学者们认为"新质生产力本身就是绿色生产力"的明确提出，摆脱了以往经济发展和环境保护的对立统一，走向了二者的实质统一，绿色发展不再仅仅是实现高质量发展的要求，而且是高质量发展内在的必然特征。[2]有学者认为新质生产力本身就是绿色生产力，在促进经济发展和产业结构转型的过程中不会像传统发展方式那样对环境产生负面影响，其本身对环境的影响较小。不仅如此，新质生产力使用新型生产要素，完成生产过程中的废物循环利用，最终实现经济发展

---

[1] 《加快发展新质生产力　扎实推进高质量发展》，《人民日报》2024年2月2日，第1版。

[2] 刘同舫：《以唯物史观理解新质生产力》，《马克思主义理论学科研究》2024年第4期，第27~36页。

和环境保护的双赢。[①] 第二，关于新质生产力体现绿色生产力的研究。有学者指出中国农业新质生产力以绿色生产力为核心，以数字生产力为支撑，且呈现出跨越式发展态势，科技转化为生产力尚存在时滞，总体表现为农业新质生产力提升。[②] 现有研究更多的是强调绿色生产力作为新质生产力的附属逻辑，如绿色发展的科学内涵、环境友好的关键特征、绿色智能的发展要求、绿色生产力体系的实践逻辑等。新质生产力能够推动产业结构、能源结构和交通运输结构的调整优化，实现经济社会发展绿色化和低碳化的目标要求，成为助力高质量发展的绿色生产力。[③] 此外，有学者基于"技术—经济"的分析范式对新质生产力的生态维度展开分析，指出以化石燃料为能源的"旧质生产力"日渐式微，而发展绿色技术催生的以新能源为基础的新工业革命则为新质生产力的发展赋予"绿色生产力"的内涵特质。[④] 第三，关于通过绿色生产力实现新质生产力发展的研究。绿色生产力代表环境友好型、资源节约型生产方式，以环保、资源节约为核心特征，旨在通过绿色生产力实现新质生产力发展。[⑤] 学者认为从深化"绿色生产力"理念、加快发展方式绿色转型入手凸显新质生产力的绿色意蕴，从"内外互促、内外联动"入手拓展新质生产力的发展场域，从发挥普惠共享共创效应入手推动新质生产力的人本范式转型。[⑥]

学界关于新质生产力与农业绿色发展的相关研究主要聚焦以下四个方面。第一，关于农业新质生产力与农业绿色发展关系的研究。有学者认为农业新质生产力与农业绿色发展之间是协调与共进的关系，而不是相互排斥的关系。因此，需着力推动农业绿色化转型，擦亮农业新质生产力底色，绿色

---

① 夏杰长：《以新质生产力驱动数实融合》，《社会科学家》2024年第2期，第38~44页。
② 宋振江、冷明妮、周波等：《中国农业新质生产力：评价体系构建、动态演进及政策启示》，《农林经济管理学报》2024年第4期。
③ 周文：《高质量发展需要新的生产力理论来指导》，《党建》2024年第5期，第26~28页。
④ 肖斌：《经济高质量发展的理论与政策——"中国政治经济学学会第34届学术年会"综述》，《马克思主义研究》2024年第4期，第151~153页。
⑤ 赵鹏、朱叶楠、赵丽：《国家级大数据综合试验区与新质生产力——基于230个城市的经验证据》，《重庆大学学报》（社会科学版）2024年第4期，第1~17页。
⑥ 周文康：《高水平科技自立自强助推新质生产力形成发展：理据、优势与进路》，《技术经济》2024年第4期，第15~25页。

发展是高质量发展的底色，农业新质生产力更应该是绿色生产力。[①] 还有学者认为发展新质生产力是实现农业绿色低碳转型的内在要求，要实现现代化大农业的绿色转型目标，必须大力发展绿色、低碳、可持续的新质生产力。[②] 第二，关于新质生产力助力农业绿色发展的研究。有学者认为在测土配方施肥、新型土壤调理剂、生物农药、理化诱控、碳化还田等一系列新型农业科技和管理方法的综合作用下，新质生产力将助力农业绿色优质发展。[③] 第三，关于农业绿色生产方式推动农业新质生产力发展的研究。学者们认为高效率、低能耗的农业绿色生产方式能够推动农业新质生产力发展。[④] 第四，学者们认为在新质生产力引领现代化大农业发展的基本路径方面，需因地制宜培育和发展新质生产力，有助于拓展农业生产空间及功能，补齐农业科技短板，推动农业形成大产业格局，加快农业绿色低碳转型，由此引领、支撑和推动现代化大农业发展。[⑤]

综上所述，学界对于新质生产力本身就是绿色生产力、新质生产力与农业绿色发展等方面的研究成果较为丰富，但尚处于全面系统研究的初始阶段，有待深入拓展。因此，学界对于以新质生产力驱动农业绿色发展的研究有待深入拓展。针对当前新质生产力与农业绿色发展的研究不足，本文从以下几方面展开分析：其一，从农业绿色科技创新、生产资源利用、创新人才及政策体系四个方面，阐明以新质生产力驱动农业绿色发展的重点问题；其二，从科技助力、资源适配、人才培育、政策保障及组织支撑五个方面进一步探寻以新质生产力驱动农业绿色发展的具体实践路径，为激活农业新质生产力、实现农业绿色发展提供实践参考。

[①] 苏艺：《发展农业新质生产力的逻辑基点、内涵阐释与着力重点》，《农村经济》2024 年第 5 期，第 1~14 页。

[②] 魏后凯、吴广昊：《以新质生产力引领现代化大农业发展》，《改革》2024 年第 5 期，第 1~11 页。

[③] 姚毓春：《以新质生产力引领农业强国建设：内在要求与实现路径》，《人民论坛·学术前沿》2024 年第 10 期，第 40~46 页。

[④] 魏后凯、吴广昊：《以新质生产力引领现代化大农业发展》，《改革》2024 年第 5 期，第 1~11 页。

[⑤] 张应良、龚燕玲：《高标准农田建设参与对农民种粮收益的影响——基于农业新质生产力的中介作用》，《南京农业大学学报》（社会科学版）2024 年第 3 期，第 110~124 页。

二　新质生产力驱动农业绿色发展的关键问题

新质生产力本身就是绿色生产力的重要论述，对人类面临的发展与环境相容性问题进行了科学反思，要求人类以遵循自然发展规律为前提寻求自身发展。在农业绿色发展领域，"新质生产力本身就是绿色生产力"要求农业整体发展方式的绿色转型，这是以新质生产力驱动农业绿色发展的最为核心的问题。

（一）农业绿色科技创新问题

新质生产力驱动农业绿色发展最为核心的要素就是农业绿色科技创新。目前，我国在农业绿色科技创新方面存在的问题可以归纳为以下几个方面。一是基础研究和前沿技术研究不足。农业生态环境基础研究薄弱，农业生态环境治理的原创性技术较少，核心技术创新不足，缺乏应对农业新产业变革并引领技术发展潮流的能力。二是农业绿色科技创新与应用不足。一方面，农业科技支撑缺乏。尽管近年来我国农业科技进步贡献率有所提高，2023年我国农业科技进步贡献率超过了63%，[①]但整体而言，农业科技研究多停留在理论阶段，缺乏实质性的技术突破和创新。科研成果转化渠道不顺畅，导致农业新品种、新技术的推广受限。另一方面，农业科技创新平台体系不完善。缺乏高水平、高质量的农业科研平台，难以支撑农业绿色科技创新发展。同时，现有农业科研平台在资源整合、功能发挥等方面还存在不足。三是农业绿色关键核心技术依赖进口。很多农业绿色关键核心技术、设备、材料仍然依靠国外引进，清洁生产和农业绿色技术发展滞后。同时，在新能源资源开发利用领域，自主创新能力不足。四是农业绿色科技创新与推广服务工作融合不足。科研系统与科技推广服务体系缺乏融合衔接，服务支撑难以形成新动力，工作机制有待完善。

---

① 崔宝敏、董嘉伟:《中国农业强国建设的逻辑认知与实践路径》,《山东财经大学学报》2024年第4期，第111~120页。

（二）农业绿色生产结构问题

新质生产力驱动农业绿色发展的推力离不开农业绿色生产结构调整。我国在农业绿色生产结构方面存在以下主要问题。一是农业绿色生产成本高。一方面，有机肥料成本高。绿色农产品生产需要无污染的环境，施加有机肥成为增加土壤肥力和改善土壤环境的有效方法。有机肥的购买成本较高，即使存在补贴情况下投入成本仍远超化肥。如浙江省的补贴标准相对较高，补贴之后每亩商品有机肥成本投入是化肥的4倍，[①]增加了绿色农业发展成本。然而，由于绿色农业生产中农药、化肥使用量不高，相比普通农产品而言，绿色农产品产量较低，生产成本更高。另一方面，农业绿色生产管理成本增加。绿色农产品质量要求较高，需保证农作物自然成熟，生命周期较长，增加了绿色农产品的管理成本。二是水土资源浪费与利用效率低。农村地区存在大量的农田撂荒、土地承包经营权流转不畅等问题，导致土地资源浪费和碎片化，利用效率低。土地碎片化不利于现代绿色农业的规模化经营和机械化作业，影响了农业绿色生产效率。同时，水资源灌溉利用效率低，高效节水灌溉技术未实现大范围推广，配备节水灌溉设施的农田比例较小，以及部分地区农民对节水灌溉技术认识不足等。三是农业面源污染问题严重。化肥农药的利用效率不高，已有研究指出我国化肥利用效率仅为30%左右，远低于欧美发达国家的60%左右。[②]根据农业农村部数据，我国农药利用率为40.6%，[③]加上农业废弃物资源化利用水平低等，引发土壤污染、水体污染和大气污染等环境问题，对农业生产和生态环境造成严重影响。

（三）农业绿色技术人才问题

新质生产力驱动农业绿色发展的保障是农业绿色技术人才。我国在农业

---

① 郑利杰、王波：《我国商品有机肥发展瓶颈及策略研究》，《环境与可持续发展》2017年第3期，第38~41页。

② 孔庆山主编《中国葡萄志》，中国农业科学技术出版社，2004。

③ 《我国三大粮食作物化肥农药利用率双双超40%》，中华人民共和国农业农村部网站，2021年1月19日。

绿色技术人才方面的问题体现在以下几个方面。一是高层次农业绿色科技人才短缺。我国农业科技人才队伍规模逐渐扩大，但高层次、领军型农业科技人才仍然短缺，在农业绿色科技创新领域缺乏能够引领和推动重大技术突破和产业发展的关键人才。二是人才结构不合理。我国农业绿色发展面临农业科技人才结构"养用结合"尚不充分等问题。[①]同时，基础研究人才相对不足，难以满足农业绿色科技创新对原始性创新的需求。同时，在应用型人才的培养和引进方面也存在不足，影响了农业科技成果的转化和应用。三是人才培养与激励机制不健全。农业高等教育和职业教育在培养绿色科技创新人才方面存在不足，课程体系和教学内容未能完全适应农业绿色发展要求，缺乏跨学科、综合性的教育平台。同时，农业科技人才激励机制不完善，导致人才流失和创新能力不足。一方面，农业科技人才的待遇和地位相对较低，难以吸引和留住优秀人才。另一方面，对农业科技创新的奖励和激励机制不够完善，难以激发人才的创新活力。四是人才流动与合作机制不畅。目前农业科技人才流动机制不够畅通，人才在地区、部门、单位之间的流动受到一定限制，影响了人才的优化配置和创新能力的提升。此外，农业科研机构、高校和企业之间的合作不够紧密，产学研合作平台不够完善，导致科研、教学和生产实践之间脱节，难以形成合力推动农业绿色科技创新发展。

（四）农业绿色发展政策体系问题

新质生产力驱动农业绿色发展的后盾是绿色农业政策体系。我国在完善农业绿色发展政策体系中存在以下问题。一是农业绿色政策体系不完善。一方面，政策制定缺乏系统性和前瞻性。当前农业绿色政策体系在制定过程中往往缺乏系统性和前瞻性。政策之间缺乏协调与配合，难以形成有效的合力推动农业绿色发展。另一方面，政策执行力度不够。已有一些农业绿色政策出台，但在实际执行过程中，往往存在执行力度不够、监管不到位等问题，导致政策效

---

① 熊素、罗蓉：《"双碳"目标下中国农业绿色发展：理论框架、困境审视及破局之道》，《农村经济》2023年第2期，第106~115页。

果大打折扣，无法达到预期目标。二是农业绿色发展政策支持不足。一方面，财政投入不足。农业绿色发展需要大量的资金投入，但当前财政投入仍然不足。在农业补贴改革后，我国在分类名录上与农业绿色发展相关的资金投入达到1500亿元，大部分补贴的名称调整为"耕地地力保护补贴"，但是补贴的发放方式、对象、标准等尚延续过去的模式，与农业生态保护、农业绿色发展并无直接联系。[①] 另一方面，税收优惠和激励措施不够。在农业绿色发展中，税收优惠和激励措施对于激发企业、农民等主体的积极性至关重要，但当前尚未形成有效的激励机制。三是农业绿色政策创新不够。一方面，政策创新意识不强。在农业绿色政策体系建设中，政策创新意识不强，缺乏以新质生产力驱动农业绿色发展的新政策、新措施。另一方面，政策创新手段有限。在农业绿色政策创新方面，缺乏多样化的政策工具和手段，导致政策创新效果有限，难以形成有效的政策支持体系。四是农业绿色政策宣传和推广不够。一方面政策宣传不到位。当前农业绿色政策的宣传力度不够，农民、企业等主体对政策了解不足，导致政策在执行过程中难以得到充分的配合。另一方面政策推广不够。一些农业绿色政策往往没有得到有效落实，这导致政策效果无法充分发挥。

三 新质生产力驱动农业绿色发展的实践路径

实现新质生产力驱动农业绿色发展，必须以政府引领为导向，以农业绿色科技创新为动力，以优化生产结构与资源配置为指向，以农业绿色科技人才为驱动，以农业绿色发展政策体系为抓手形成合力。

（一）组织支撑：以政府引领为导向

一是明确政策导向。政府通过制定相关政策，明确农业绿色发展的目标和方向，为新质生产力的应用提供政策支撑。需加大对农业绿色发展的资金投

---

① 周宁、石奇、张露露:《产业政策如何推动农业绿色发展：研究进展和评述》,《山西农经》2024年第1期，第1~8页。

入，对采用环保型农业技术、实施绿色生产模式的农业企业和农民给予补贴和奖励，降低其转型成本，提高其绿色生产的积极性。二是加强对科技创新与研发的支持。一方面，依托高校和科研机构的技术力量，开展农业绿色发展的科技创新与研发工作。通过产学研合作，加快农业绿色技术的研发和推广，为新质生产力在农业绿色发展中的应用提供技术支持。另一方面，鼓励和支持农业科技创新，推动科技成果的转化和应用。通过引进和培育先进的农业技术和装备，提升农业生产的科技含量和绿色化水平。三是激发农业企业与合作社的活力。一方面加强农业企业示范带动作用。农业企业作为农业绿色发展的主体之一，通过自身的示范带动作用，推动新质生产力在农业绿色发展中的应用。农业企业可以通过改进生产工艺和管理方式，实现自身绿色转型，并带动周边农户共同发展。另一方面加强农民合作社组织化运作。农民合作社作为农民自发的经济合作组织，在农业绿色发展中发挥着重要作用。通过合作社的组织化运作，降低单个农户的转型成本，提高农业生产的组织化程度和绿色化水平。四是政府鼓励社会参与多方协作。一方面加强社会力量的广泛参与。鼓励和支持社会力量参与农业绿色发展，包括非政府组织、慈善机构、企业等，以形成多元化支持体系，为新质生产力在农业绿色发展中的应用提供更多资源和支持。另一方面注重多方协作与共赢。新质生产力驱动农业绿色发展的组织支撑是一个多元化、多层次的支持体系，需要政府、科研机构、农业企业、农民以及社会力量的共同参与和协作，形成多方协作、共赢的局面。通过共享资源、交流经验、协同攻关等方式，共同推动农业绿色发展。

（二）科技助力：以农业绿色科技创新为动力

一是强化农业绿色科技创新引领。利用现代生物技术手段，培育出抗病虫害、耐旱抗逆性更强的新品种，提高农作物产量和质量。鼓励和支持农业科技创新，特别是提高资源利用效率、减少环境污染、促进农产品质量提升等方面的原创性、颠覆性科技创新。加快农业科技成果转化，推动新品种、新技术在农业生产中的广泛应用。二是推动智能农业技术应用。利用大数据、云计算等技术手段，实现农业生产过程的信息化管理，提高生产决策的科学性和准确性。引入智能温室技术，调控温度、湿度、光照等环境因素，提高农作物产量和质量。三是加强国际合作与交流。加强与国际农业科技组织的合作与交流，学习借鉴国外先进的农业绿色科技创新经验和技术成果，推动农业绿色科技创新的国际合作。

（三）资源适配：以优化农业绿色生产结构为指向

一是调整农业绿色生产结构。推动农业产业结构优化升级，发展绿色、生态、循环农业，推广高效节水灌溉技术、提高化肥农药利用率，减少农业面源污染，提高农产品质量和安全性。推广生态农业、有机农业等可持续农业生产模式，实现农业废弃物的资源化利用。二是土地资源优化配置。推动农村土地资源的集约利用，加强土地整治和流转管理，提高土地利用效率，减少土地浪费和碎片化。合理规划农田面积和布局，确保耕地面积充足，考虑土壤质量和适宜的作物种植方式，合理安排作物轮作和休耕，以保持土壤肥力和水分含量。同时，引入先进的土地管理技术，如精准农业技术，提高土地利用效率。三是水资源优化配置。建设灌溉系统，提高用水效率，减少水资源浪费。引入水资源管理技术和设备，如精确灌溉和雨水收集系统，实现水资源优化配置。推广节水农业技术，如滴灌、渗灌等，降低农业生产对水资源的需求。四是气候资源优化配置。通过建设温室、种植防风林等措施，调节温度和湿度，为作物提供适宜的生长环境。根据气候条件选择适宜的作物种植，减少因不适宜的气候条件而造成的生产损失。利用气候预测技术，提前制定农业生产计划，应对气候变化带来的挑战。

（四）人才培育：以农业绿色科技人才为驱动

一是引进农业绿色高层次人才。通过提供优惠政策、设立专项资金等方式，吸引国内外优秀的农业绿色科技人才来我国从事农业绿色科技研究和推广工作。加强与国际农业绿色科技领域的交流与合作，引进国际先进的农业绿色科技理念和技术。二是加大科研投入与加快平台建设。设立农业绿色科技研发专项资金，支持农业绿色科技领域的科研项目，鼓励科研人员深入研究。打造农业绿色科技创新平台，集聚科研力量，形成科研合力，推动农业绿色科技突破。加强与高校、科研机构的合作，建立产学研一体化的科研体系，促进科研人才的成果转化和应用。同时，鼓励农业绿色科技人才深入农村基层，推广先进的绿色农业技术和管理模式，定期举办农业绿色科技培训班和研讨会，提高农民对绿色农业技术的认识和应用能力。三是加强人才激励机制与政策支持。设立农业绿色科技人才奖励制度，对在农业绿色科技领域做出突出贡献的人才给予表彰和奖励。鼓励农业绿色科技人才进行技术创新和市场创业，为他们提供资金、场地等支持。此外，制定农业绿色科技发展相关政策，为农业绿色科技人才提供政策保障。

（五）政策保障：以农业绿色政策体系为抓手形成合力

一是构建完善的农业绿色政策体系。一方面制定绿色农业发展规划。明确农业绿色发展的目标、任务和重点，确保政策体系与农业绿色发展的总体方向保持一致。结合地方实际，制定具有针对性的绿色农业发展规划，确保政策的可操作性和实效性。另一方面加大农业绿色财政投入。设立农业绿色发展专项资金，用于支持绿色农业技术的研发、推广和示范。加大对农业绿色科技项目的扶持力度，提高资金使用效率。二是强化政策执行与监管。一方面加强环保监管。制定严格的环保法规和标准，对农业生产过程进行监管，防止农药化肥滥用，减少农业面源污染。加大对违法行为的处罚力度，提高环保法规的威慑力。另一方面推进农业标准化绿色生产。制定和完善农业绿色生产标准，推动农产品生产过程的标准化、规范化和可追溯化。加强绿色农产品质量安全监管，确保农产品质量安全可靠。三是构建农业绿色发展激励机制。一方面实施税收优惠政策。对从事绿色农业生产的企业和个人给予税收减免等优惠政策，降低其生产成本和经营风险。鼓励社会资本投入农业绿色发展领域，推动形成多元化的投资格局。另一方面加强金融服务支持。引导金融机构加大对农业绿色发展的支持力度，提供低息贷款、担保等金融服务。鼓励金融机构创新金融产品，满足农业绿色发展的多样化融资需求。四是参与国际农业绿色发展合作。积极参与国际农业绿色发展合作机制的建设和运行，分享我国在农业绿色发展方面的经验和成果。加强与国际组织和其他国家的沟通协调，共同推动全球农业绿色发展进程。

四　结语

在新时代背景下，加快形成新质生产力不仅是推动我国社会生产力持续跃升的内在动力，更是引领农业领域迈向绿色发展新阶段的必由之路。面对全球资源环境约束趋紧、农业生产方式亟待转型升级的严峻挑战，新质生产力以独特的创新优势，为农业绿色发展注入了强劲的动力，成为破解农业现代化进程中一系列发展难题的关键。新质生产力所提倡的"新技术""新设备""新模式"能够有效驱动农业绿色发展，实现农业生产过程的绿色化、高效化和循环化，促进农业生产绿色转型，助力我国现代农业绿色发展。与此同时，新质生产力驱动农业绿色发展也对农业科技创新、农业人才队伍、体制机制与组织建设等提出了全方位的考验。然而，新质生产力驱动农业绿色发展是一个长期过程，对农业科技创新体系、农业人才队伍、政策体制机制以及农业组织化程度等提出了更高要求，需要立足国情农情，遵循经济发展规律，加强顶层设计，完善政策支持体系，加大科技研发投入，培养高素质农业人才，推动农业科技创新与成果转化，同时深化农业供给侧结构性改革，优化农业产业布局，构建适应新时代要求的农业绿色发展新模式、新业态、新机制，以确保新质生产力在驱动农业绿色发展中发挥最大效能，推动我国现代农业实现高质量发展。

乡村振兴背景下农业新质生产力发展路径与支持政策研究[*]

乡村振兴背景下农业新质生产力发展路径与支持政策研究[*]

林昌华　陈明三[**]

摘　要： 农业新质生产力的发展是乡村全面振兴的重要支撑和关键动力。农业新质生产力有助于优化资源配置，提高农业生产效率，进一步提升农业生产的智能化、精准化水平，为实现农业农村现代化指明新的发展路径。本文着重于分析乡村全面振兴背景下发展农业新质生产力的重大意义，在剖析农业新质生产力的内涵和特征基础上，指出当前发展农业新质生产力的路径和举措，并从财政支持政策的制定与实施、金融支持政策的创新与完善、税收支持政策的优化与调整、其他支持政策的探索与实践等角度提出重点政策框架的构建思路。

关键词： 新质生产力　农业技术创新　乡村振兴

---

[*] 基金项目：2024年度福建省习近平新时代中国特色社会主义思想研究中心项目"乡村振兴背景下农业新质生产力发展路径与扶持政策研究"（FJ2024XZB026）。

[**] 林昌华，福建社会科学院习近平生态文明思想研究所副所长、研究员，主要研究方向为城乡经济、生态经济；陈明三，福建农业职业技术学院经济管理学院副教授，主要研究方向为农业经济管理。

一　农业新质生产力发展的背景与意义

（一）乡村振兴背景下的农业发展现状

乡村振兴背景下的农业发展现状呈现出积极的态势。随着国家对乡村振兴战略的深入实施，农业领域正经历着从传统向现代的转型。一方面，农业科技创新不断加速，新型农业经营主体逐渐崛起，农业产业链不断完善，为农业新质生产力的发展提供了有力支撑。另一方面，农业产业结构持续优化，绿色农业、生态农业等新型农业模式得到广泛推广，农产品质量和效益不断提升。此外，农业人才培养和引进也取得了显著成效，为农业新质生产力的发展提供了人才保障。

近年来我国农业增加值持续增长，农产品产量稳步提高，农民收入也呈现出快速增长的态势。同时，农业科技创新成果不断涌现，新型农业经营主体数量不断增加，农业产业链不断完善，为农业新质生产力的发展提供了有力支撑。这些成绩的取得，离不开国家对农业发展的高度重视和大力支持。然而，乡村振兴背景下的农业发展也面临着一些挑战。一方面，农业资源环境压力不断增大，农业可持续发展面临严峻挑战。另一方面，农业人才短缺、农业科技创新能力不足等问题也制约了农业新质生产力的发展。因此，需要进一步加强农业科技创新和人才培养，推动农业产业结构的优化升级，实现农业可持续发展。

农业是国民经济的基础，粮食安全是国家安全的基石。在乡村振兴背景下，我们需要继续加大对农业的投入和支持力度，推动农业新质生产力的发展，为实现农业现代化和农村振兴作出更大的贡献。

（二）乡村振兴与农业新质生产力的逻辑关联

乡村振兴与农业新质生产力的关联体现在多个方面。首先，乡村振兴战略的提出为农业新质生产力的发展提供了广阔的空间和有力的支持。乡村振兴战略强调农业农村优先发展，推动农业全面升级、农村全面进步、农民全面发展。这一战略的实施，为农业新质生产力的培育和发展提供了政策保障和市场需求。其次，农业新质生产力的发展是乡村振兴的重要动力和支撑。农业新质生产力包括技术创新、产业结构调整、人才培养等多个方面，这些方面的提升将有力推动农业农村的现代化和可持续发展。例如，通过技术创新，可以提高农业生产效率，改善农产品质量，满足市场需求；通过产业结构调整，可以优化农业资源配置，提高农业综合效益；通过人才培养，可以提升农民素质，增强农业发展的内生动力。最后，乡村振兴与农业新质生产力的关联还体现在政策支持上。政府通过制定和实施一系列支持政策，如财政支持、金融支持、税收支持等，为农业新质生产力的发展提供有力支持。这些政策的实施，不仅有助于解决农业发展中的资金、技术等问题，还可以激发农民的积极性，推动农业农村的全面振兴。

乡村振兴与农业新质生产力是相互关联、相互促进的。乡村振兴为农业新质生产力的发展提供了有力支持，而农业新质生产力的提升则是推动乡村振兴的重要动力和支撑。未来，我们应继续深化对乡村振兴与农业新质生产力关联性的认识，加强政策扶持和科技创新，推动农业农村现代化和可持续发展。

二　农业新质生产力的内涵与特征

（一）农业新质生产力的定义与内涵

农业新质生产力，是指在传统农业生产力的基础上，通过引入现代科技、创新管理模式和优化资源配置等手段，实现农业生产效率和质量的大幅提升。这种生产力的核心在于其"新质"，即对传统农业生产方式的全面革新和升级。据《中国农村统计年鉴》，近年来，我国农业科技进步贡献率持续提高，已达到60%以上，这充分说明了农业新质生产力在推动农业现代化中的重要作用。

农业新质生产力的内涵丰富多样，不仅包括农业科技创新，如智能农业装备、生物技术的应用等，还涵盖了农业经营模式创新，如农业合作社、家庭农场等新型农业经营主体的涌现。此外，农业新质生产力还强调农业资源的优化配置和环境的可持续发展，以实现农业生产的绿色、高效和可持续。农业的根本出路在于科技。这正是对农业新质生产力内涵的深刻诠释。

农业新质生产力的特征显著，具有创新性、高效性、可持续性和智能化等。创新性是农业新质生产力的核心，推动农业生产方式不断变革；高效性则体现在农业生产效率大幅提升上，如通过精准农业技术实现作物产量和品质的双提升；可持续性则强调农业生产与生态环境的和谐共生，确保农业发展的长远利益；智能化则是农业新质生产力的重要趋势，如通过物联网、大数据等技术手段实现农业生产的智能化管理。

在乡村振兴背景下，农业新质生产力的发展具有重要意义。它不仅能够提高农业综合生产能力，保障国家粮食安全，还能够促进农民增收、农业增效和农村繁荣。同时，农业新质生产力的发展还能够推动农村产业结构的优化升级，增强农村经济的韧性和可持续性。因此，我们应当深入研究和探索农业新质生产力的发展路径和扶持政策，为乡村振兴战略的顺利实施提供有力支撑。

（二）农业新质生产力的主要特征

农业新质生产力的主要特征体现在技术创新、产业结构调整、人才培养与引进、农业产业链的优化与完善等方面。首先，技术创新是推动农业新质生产力发展的核心动力。以现代农业科技为例，如智能农业、生物技术等的应用，显著提高了农业生产效率和产品质量，科技进步已成为推动农业现代化的重要支撑。其次，农业产业结构的调整与升级也是新质生产力的重要体现。随着市场需求的变化，农业产业结构正由传统向多元化、高附加值方向转变。例如，特色农产品、有机农业等新型业态的兴起，为农民带来了更高的收益。再次，农业人才培养与引进同样关键。通过加强农业教育和培训，培养一批懂技术、善经营的新型职业农民，为农业新质生产力的发展提供人才保障。最后，农业产业链的优化与完善是新质生产力的又一重要特征。通过加强产业链上下游的协同合作，实现资源共享、优势互补，推动农业产业链向高端化、智能化方向发展。

以袁隆平院士的杂交水稻为例，这一技术创新不仅大幅提高了水稻产量，而且为全球粮食安全做出了巨大贡献。这正是农业新质生产力中技术创新推动力的生动体现。同时，随着农业产业结构的调整，许多地区开始发展特色农产品，如云南的普洱茶、四川的猕猴桃等，这些特色农产品不仅丰富了市场，也为农民带来了更高的经济效益。在人才培养方面，近年来我国大力推广的新型职业农民培训项目，正是为了培养更多具备现代农业知识和技能的新型农民，以适应农业新质生产力的发展需求。而在农业产业链的优化方面，通过加强农业与二三产业的融合，推动农业产业链向纵深发展，实现农业全产业链的增值和效益提升。

综上所述，农业新质生产力的主要特征体现在技术创新、产业结构调整、人才培养与引进、农业产业链的优化与完善等方面。这些特征共同构成了农业新质生产力的核心要素，为推动乡村振兴和农业现代化提供了强大动力。

（三）农业新质生产力在乡村振兴中的作用

农业新质生产力在乡村振兴中扮演着至关重要的角色。随着科技的不断进步和农业产业结构的调整，农业新质生产力已经成为推动乡村振兴的关键因素。农业新质生产力的提升，不仅提高了农业生产效率，还促进了农业可持续发展，为乡村振兴注入了新的活力。

以技术创新为例，农业新质生产力的提升离不开科技的支持。通过引入先进的农业技术，如智能农业装备、精准农业技术等，可以显著提高农业生产效率，降低生产成本，增加农产品产量和质量。例如，在某些地区，通过引入无人机进行农田监测和精准施肥，不仅提高了农作物的生长速度和产量，还减少了化肥和农药的使用量，实现了绿色生产。

农业新质生产力的提升还促进了农业产业结构的调整。随着消费者对农产品品质和口感的需求不断提高，农业产业结构也需要不断适应市场需求的变化。通过发展特色农业、绿色农业等新型农业模式，可以推动农业产业结构的升级，提高农产品的附加值和市场竞争力。例如，某些地区通过发展有机农业和特色农产品种植，成功打造了自己的农业品牌，实现了农业产业的可持续发展。

此外，农业新质生产力的提升还需要注重农业人才的培养和引进。通过加强农业教育和培训，提高农民的专业技能和素质，可以推动农业新质生产力的持续发展。同时，积极引进农业领域的优秀人才和技术团队，可以为乡村振兴注入新的智慧和力量。

综上所述，农业新质生产力在乡村振兴中发挥着举足轻重的作用。通过加强技术创新、调整农业产业结构、培养农业人才等措施，可以推动农业新质生产力的不断提升，为乡村振兴注入新的活力和动力。

三　乡村振兴背景下农业新质生产力发展路径

（一）技术创新推动农业新质生产力发展

技术创新是推动农业新质生产力发展的核心动力。随着科技的不断进步，农业领域正经历着前所未有的变革。例如，智能农业技术的应用，如无人机巡航、物联网监测等，极大地提高了农业生产的精准度和效率。据统计，通过引入智能灌溉系统，农田的水资源利用率提高了30%，同时减少了20%的灌溉成本。这一数据充分证明了技术创新在推动农业新质生产力发展中的重要作用。此外，生物技术的突破也为农业新质生产力的发展注入了新的活力。例如，基因编辑技术的出现，使得作物育种周期大大缩短，同时提高了作物的抗病性和产量。据研究，通过基因编辑技术培育出的新型作物，其产量比传统作物提高了20%以上。这一技术的广泛应用，不仅提高了农业生产的效益，也为全球粮食安全做出了重要贡献。技术创新不仅直接推动了农业新质生产力的发展，还通过改变农业生产模式，促进了农业产业链的升级。例如，农业大数据的应用，使得农业生产决策更加科学、精准。农民可以根据数据分析结果，合理安排种植结构、调整施肥计划等，从而提高农作物的产量和品质。这种基于数据驱动的农业生产模式，不仅提高了农业生产的效率，也增强了农业产业链的整体竞争力。

综上所述，技术创新是推动农业新质生产力发展的关键所在。通过不断引入新技术、新设备、新方法，我们可以进一步提高农业生产的效率和质量，为乡村振兴和农业可持续发展注入新的动力。

（二）农业产业结构调整与升级

在乡村振兴背景下，农业新质生产力的发展路径中，农业产业结构的调整与升级显得尤为重要。这一过程的推进，不仅有助于提升农业的整体效益，还能为乡村经济的持续发展注入新的活力。当前，我国农业产业结构正面临从传统农业向现代农业转型的关键时期。

近年来，我国粮食产量持续增长，但与此同时，农业内部的结构性矛盾也日益凸显。传统的粮食种植占比较大，而高附加值的农产品如绿色有机食品、特色农产品等所占比重相对较低。因此，农业产业结构的调整与升级势在必行。在农业产业结构调整与升级的过程中，我们可以借鉴国内外成功的案例。例如，某些地区通过推广高效节水灌溉技术，实现了农业用水的高效利用，不仅提高了粮食产量，还降低了农业生产成本。此外，一些地区还通过发展特色农业、精品农业等模式，提升了农产品的附加值，增加了农民收入。

农业产业结构调整与升级的优势在于能够提升农业的整体效益和竞争力。同时，随着消费者对高品质农产品的需求不断增加，也为农业产业结构调整与升级提供了广阔的市场空间。著名经济学家舒尔茨指出，农业发展不仅需要关注产量增长，更需推动农业结构优化与升级。因此，在乡村振兴背景下，我们应当积极推动农业产业结构的调整与升级，以实现农业的持续、健康、高效发展。

（三）农业人才培养与引进

在乡村振兴背景下，农业新质生产力的发展离不开人才的培养与引进。当前，我国农业领域面临着人才短缺问题，尤其是在农业科技、经营管理等方面。因此，加强农业人才培养与引进，对于推动农业新质生产力的发展具有重要意义。

首先，农业人才的培养应注重实践能力和创新精神的提升。通过加强农业院校与农业企业的合作，建立产学研一体化的培养模式，可以为学生提供更多的实践机会，培养他们的实际操作能力和解决问题的能力。同时，鼓励农业人才参与科研项目和技术创新活动，激发他们的创新精神，为农业新质生产力的发展提供源源不断的动力。其次，农业人才的引进也是推动农业新质生产力发展的重要手段。通过引进国内外优秀的农业科技人才和管理人才，可以带来先进的农业技术和管理经验，提升农业生产的效率和质量。同时，引进人才还可以激发本地农业人才的竞争意识和创新精神，推动整个农业领域的发展。最后，为了吸引更多的农业人才，政府和企业还应制定一系列优惠政策，如提供优厚的薪酬待遇、给予科研资金支持等。同时，还应加强对农业人才的培训和教育，提升他们的专业技能和综合素质，为农业新质生产力的发展提供有力的人才保障。

综上所述，农业人才培养与引进是推动农业新质生产力发展的重要途径。通过加强人才培养、引进优秀人才、制定优惠政策等措施，可以为农业新质生产力的发展提供有力的人才支撑和智力保障。

（四）农业产业链的优化与完善

农业产业链的优化与完善是乡村振兴背景下农业新质生产力发展的关键路径之一。当前，我国农业产业链存在诸多问题和挑战，如产业链结构不合理、农产品附加值低、市场竞争力弱等。因此，优化与完善农业产业链对于提升农业新质生产力、促进乡村振兴具有重要意义。首先，农业产业链的优化需要注重产业链的整合与协同。通过加强农业产业链上下游企业之间的合作与协调，实现资源共享、优势互补，提高整个产业链的效率和竞争力。例如，可以推广"龙头企业＋合作社＋农户"等模式，将农户纳入产业链，形成紧密的利益共同体，共同应对市场风险。其次，农业产业链的优化需要注重科技创新和品牌建设。通过引进先进技术和设备，提高农产品的品质和附加值，增强市场竞争力。同时，加强品牌建设和宣传，提升农产品的知名度和美誉度，进一步拓展市场份额。据统计，近年来我国农产品品牌建设取得显著成效，一些知名品牌如"五常大米""洛川苹果"等都已成为市场上的抢手货。再次，农业产业链的优化还需要注重产业链的延伸和拓展。通过发展农产品加工业、休闲农业等新兴产业，将农业产业链向纵深方向延伸，提高农产品的附加值和市场竞争力。例如，可以利用农产品加工技术，将初级农产品加工成高附加值的深加工产品，如果汁、果酱等，提高农产品的附加值和利润空间。最后，农业产业链的优化需要注重政策支持和引导。政府应加大对农业产业链优化的支持力度，制定更加优惠的财政、金融、税收等政策，鼓励企业加大投入、扩大规模、提高效益。同时，加强监管和服务，为农业产业链的优化提供有力保障。

综上所述，农业产业链的优化与完善是乡村振兴背景下农业新质生产力发展的关键路径之一。通过整合与协同、科技创新和品牌建设、延伸和拓展、政策支持和引导等措施，可以推动农业产业链的持续优化和完善，为乡村振兴注入新的动力。

四　农业新质生产力支持政策体系建构

（一）财政支持政策的制定与实施

财政支持政策的制定与实施在推动农业新质生产力发展中起着至关重要的作用。为了有效促进乡村振兴，必须构建一套科学、合理、可持续的财政支持政策体系。这一体系不仅要考虑当前农业发展的需要，还要兼顾长远发展的可持续性。

在制定财政支持政策时，应充分调研农业新质生产力的实际需求和瓶颈问题。对于技术创新，可以通过设立专项基金，鼓励农业科研机构和企业进行研发，推动农业技术的升级换代。对于农业产业结构调整，可以实施税收减免、贷款优惠等措施，引导农民和农业企业向高效、绿色、生态的农业模式转变。在实施财政支持政策时，要注重政策的精准性和有效性。例如，可以借鉴"精准扶贫"的理念，将财政支持资金直接用于支持农业新质生产力的关键环节和薄弱环节。同时，要建立政策实施的监督和评估机制，确保政策能够真正落地生效。

此外，财政支持政策的制定与实施还需要与市场机制相结合，充分发挥市场在资源配置中的决定性作用。政府可以通过财政支持政策引导社会资本投入农业领域，促进农业与二三产业的深度融合，形成农业新质生产力的强大动力。

综上所述，财政支持政策的制定与实施是推动农业新质生产力发展的关键一环。只有构建科学、合理、可持续的财政支持政策体系，才能为乡村振兴提供有力支撑。

（二）金融支持政策的创新与完善

金融支持政策的创新与完善在推动农业新质生产力发展中扮演着至关重要的角色。传统的金融支持政策往往侧重于提供贷款和补贴，然而，随着乡村振兴战略的深入实施，我们需要更加精准和高效的金融政策来支持农业新质生产力的发展。例如，可以探索设立专门针对农业科技创新的贷款产品，降低农业企业的融资门槛，同时引入风险投资基金，为农业新质生产力的研发和推广提供资金支持。

此外，金融支持政策的完善还需要注重风险管理和评估机制的建设。通过引入风险评估模型，对农业新质生产力项目进行科学评估，确保资金的有效利用和降低投资风险。同时，建立健全监管机制，对金融支持政策的执行情况进行监督和评估，确保政策的有效实施和可持续发展。

著名经济学家约瑟夫·熊彼特指出，创新是经济发展的根本动力。金融支持政策的创新与完善正是激发农业新质生产力发展活力的重要动力。通过创新金融支持政策，我们可以为农业新质生产力的发展提供强有力的资金支持，推动乡村振兴战略的深入实施，实现农业农村的可持续发展。

（三）税收支持政策的优化与调整

在乡村振兴背景下，税收支持政策的优化与调整对于推动农业新质生产力的发展至关重要。当前，我国农业税收政策体系已经初步建立，但仍存在一些问题和不足。为了更好地发挥税收政策的杠杆作用，需要对其进行优化与调整。

首先，应加大对农业科技创新的税收支持力度。科技创新是推动农业新质生产力发展的关键，但往往面临资金短缺、风险大等问题。因此，可以通过减免农业科技创新企业的所得税、增值税等税收优惠政策，降低其创新成本，激发其创新活力。例如，对于在农业领域取得重大科技创新成果的企业，可以给予一定期限的税收减免，鼓励其继续加大研发投入。其次，应完善农业产业链税收支持政策。农业产业链的优化与完善是提升农业新质生产力的重要途径。可以通过对农业产业链上下游企业实施税收优惠政策，促进产业链协同发展。例如，对于从事农产品加工、销售的企业，可以给予一定的税收减免，鼓励其提高农产品附加值，增加农民收入。最后，还应建立税收支持政策评估机制。税收支持政策的实施效果需要进行定期评估，以便及时发现问题并进行调整。可以通过建立税收支持政策评估指标体系，对政策实施效果进行量化分析，为政策优化提供依据。同时，还可以引入第三方评估机构，对政策实施效果进行客观评价，提高评估的准确性和公正性。

税收支持政策的优化与调整是推动农业新质生产力发展的重要手段。通过加大对农业科技创新的税收支持力度、完善农业产业链税收支持政策以及建立税收支持政策评估机制等措施，可以更好地发挥税收政策的杠杆作用，推动乡村振兴和农业现代化进程。

（四）其他支持政策的探索与实践

在探索与实践其他支持政策的过程中，不仅要关注传统的财政和金融政策，还要积极创新，探索多元化的支持手段。例如，可以借鉴国际经验，引入农业保险制度，通过风险共担机制来保障农民的利益，提高农业生产的稳定性。此外，还可以探索建立农业科技创新基金，鼓励企业和科研机构投入更多的资源用于农业技术研发，推动农业新质生产力的快速发展。例如，在一些区域实践中为了促进农业新质生产力的发展，创新性地推出了"农业＋旅游"的支持政策。通过整合农业资源和旅游资源，打造了一批具有地方特色的农业观光园区和乡村旅游景点，不仅吸引了大量游客前来观光旅游，还带动了当地农产品的销售和农民收入的增加。这一政策的实施，不仅促进了农业与旅游业的深度融合，也为乡村振兴注入了新的活力。

此外，还可以引入市场机制，通过政府购买服务、公私合作等方式，引导社会资本进入农业领域，推动农业新质生产力的快速发展。例如，可以引入社会资本参与农业基础设施建设、农产品加工和销售等环节，提高农业生产的效率和附加值，促进农民收入的增加。综上所述，其他支持政策的探索与实践对于促进农业新质生产力的发展具有重要意义。我们应该立足国情农情村情，结合地方实际，不断创新支持政策，为乡村振兴和农业新质生产力的发展提供有力保障。

五　总结

随着科技的不断进步，农业领域将迎来更多的创新机遇。发展农业新质生产力必将成为乡村振兴的重要支撑和关键动力。乡村振兴背景下农业新质生产力的发展需要多方面的共同努力和支持，我们要继续深化研究和实践探索，不断完善政策体系和发展路径，推动农业新质生产力实现更高水平的发展。在实践中，通过技术创新、产业结构调整、人才培养和政策支持等综合措施的实施，可以有效推动农业新质生产力的发展，为乡村振兴和农业农村现代化提供有力支撑。从政策上看，也要不断总结经验教训，不断完善和优化相关政策措施，以适应农业发展的新要求和新挑战。在支持政策方面，财政、金融、税收等多种政策的协同发力对于促进农业新质生产力的发展具有重要意义。通过加大财政投入、优化金融服务、完善税收优惠政策等措施，可以为农业新质生产力的发展提供有力的政策支持和保障。同时，政策的制定和实施需要紧密结合当地实际和农业发展需求，确保政策的针对性和有效性。

参考文献

刘青旭：《农业新质生产力发展的现实困境与机制构建》，《农业展望》2024年第11期。

刘惠惠、高嘉遥：《数实融合促进新质生产力的多元优势、动能解析与布局完善》，《当代经济管理》2025年第2期。

王韶华、李想、张伟：《新质生产力对黄河流域农业全要素碳生产率的影响研究》，《郑州大学学报》（哲学社会科学版）2024年第6期。

李长健、杨骏：《新质生产力如何助推和美乡村建设》，《西北农林科技大学学报》（社会科学版）2024年第6期。

何可、朱润：《新质生产力推动农业绿色低碳发展：现实基础与提升路径》，《中国农业大学学报》（社会科学版）2025年第3期。

孙建国、黄振兴：《新质生产力对黄河流域农业经济高质量发展影响研究》，《郑州航空工业管理学院学报》（社会科学版）2024年第6期。

大农业观引领下江苏发展
农业新质生产力的思路及举措*

赵锦春**

摘　要：发展农业新质生产力是将新质农业科学技术应用于新质农业产业载体场景，实现农业全要素生产率提升的动态过程。发展现代化大农业、建构"合纵连横"的产业载体、以"科技＋改革"双轮驱动是以大农业观为引领促进农业新质生产力发展的根本遵循。乡村产业转型升级成效初显、乡村产业分工优势持续巩固、城乡产业深度融合加快推进等奠定了江苏加快发展农业新质生产力的基础优势。江苏围绕打造特色优势产业、加强农业新质生产力载体建设、健全农业新质生产力政策体系等多方面协同推动农业新质生产力发展，但仍存在科技应用水平有待提升、龙头企业发展存在瓶颈、一二三产业融合发展用地保障不足等突出难题。江苏应聚焦完善农业科技创新机制、加快培育农业

* 基金项目：2022年国家社科基金一般项目"农户分化视角下农村低收入人口迈向共同富裕的路径与政策研究"（项目编号：22BGL026）；江苏省第六期"333"高层次人才青年项目"城乡融合视角下流动劳动力的多维益贫式增长：理论机制与实现路径"；2024年江苏省社会科学院书记、省长圈定课题"大农业观引领下江苏乡村产业高质量发展的思路与举措"。

** 赵锦春，江苏省社会科学院农村发展研究所副研究员，南京大学理论经济学博士后，主要研究方向为数字经济、城乡融合发展。

龙头企业、完善一二三产业融合发展用地保障机制,为大农业观引领下的发展农业新质生产力推进中国式农业农村现代化的新实践提供省域范例。

关键词: 大农业观 农业新质生产力 乡村产业发展 农业农村现代化

农业新质生产力代表着先进农业生产力的发展方向,要求坚持以农业企业为主体,通过科学合理布局农业创新链、产业链、价值链、供应链与人才链,有效促进农业科技创新成果转化,提高农业科技进步贡献率,促进农业现代化,创新农业产业质态,提升农业产业质效,带动农业全要素生产率全面提升。发展农业新质生产力是建设农业强国的必由之路。[①]2024年中央一号文件《中共中央 国务院关于学习运用"千村示范、万村整治"工程经验有力有效推进乡村全面振兴的意见》首次提出要树立大农业观、大食物观,推动农业现代化发展,标志着我国乡村产业发展已进入城乡产业融合发展的新阶段。[②]2024年3月习近平总书记参加江苏代表团审议时强调,因地制宜发展新质生产力,对以创新驱动产业高质量发展、打造中国式现代化的省域示范提出具体要求。作为农业大省,江苏长期致力于提升农业生产力水平,促进农业现代化发展。截至"十三五"末,规模设施农业物联网技术应用面积占比已达22.7%,数字农业农村发展水平达65.4%,数字农业发展与技术应用水平位居全国前列。2023年江苏农业科技进步贡献率达72.0%,农作物耕种收综合机械化率达到87.2%,特色机械化率为62%,超过全国平均20个百分点。[③]与此同时,江苏持续聚焦农村土地制度、集体产权和农业经营领域开展改革试验。截至2022年,全省土地承包经营权确权登记颁证率为98.4%,超99%的

[①] 叶兴庆:《把准农业领域发展新质生产力的着力点》,《中国农业综合开发》2024年第4期,第9~11页。

[②] 赵俊超、张云华、张钢:《树立大农业观、大食物观 构建整体性的国家重要农产品供给保障战略》,《重庆理工大学学报》(社会科学)2024年第1期,第1~13页。

[③] 参见《2023年江苏省国民经济和社会发展统计公报》,2024年3月。

村（居）完成集体产权制度改革。在现代化国家新征程上，江苏致力于以"科技＋改革"双轮驱动发展农业新质生产力，推动城乡产业深度融合发展。

本文依托 2023 年 4 月以及 2024 年 3~4 月江苏省社会科学院农村发展研究所课题组赴苏南苏中苏北各地开展的数字农业与农业现代化发展专题调研，阐明践行大农业观推动农业新质生产力发展的目标内涵与战略路径，分析江苏以大农业观为引领推进农业新质生产力发展的基础优势，揭示制约江苏农业新质生产力发展的突出矛盾与堵点难点，提出对策建议，以期为加快发展农业新质生产力、实现农业农村现代化提供来自国内东部沿海发达省份的经验借鉴。文章余下安排如下：第一部分阐明农业新质生产力的内涵要求；第二部分阐述江苏发展农业新质生产力的基础优势；第三部分总结江苏发展农业新质生产力的实践经验；第四部分提出江苏农业新质生产力发展面临的挑战与问题；第五部分提出以大农业观为引领加快发展农业新质生产力的对策建议。

一 现代化国家新征程中农业新质生产力的目标内涵与根本遵循

（一）农业新质生产力的目标内涵与形成逻辑

1. 农业新质生产力的内涵特质

农业是国民经济发展的基础产业，能通过部门间投入产出传导机制，增强经济韧性，保障制造业与服务业供应链安全。农业现代化水平的差异不仅决定着各国农民收入水平的差异，也是衡量国家现代化水平的重要指标。[①] 农业现代化的本质是利用生物技术消除无弹性的土地约束与利用机械技术消除无弹性的劳动力供给约束，形成高效农业生产力的动态过程。[②] 因此，发展农业

[①] Food and Agriculture Organization of United Nations（FAO）:《2020 年农产品市场状况：农产品市场和可持续发展：全球价值链、小农和数字创新》，联合国粮食及农业组织网站，http://www.fao.org/3/cb0665zh/CB0665ZH.pdf。

[②] 高帆:《中国农业生产率提高的优先序及政策选择》,《经济理论与经济管理》2008 年第 8 期，第 12~19 页。

新质生产力就是以科技创新为主导的农业生产力质态，"新"体现在"新业态、新技术、新要素、新范式"，"质"则表现为农业生产方式的根本性转变，以颠覆性技术突破，通过增产、节约、协同、延展、精准化和生态化六条路径实现农业现代化的过程。①

2. 农业新质生产力的生成逻辑

农业新质生产力寓于新质生产力的形成过程之中，但又呈现如下典型特质。首先，就劳动对象而言，生命性、季节性、周期性和地域性的产品属性决定了依托农业资源禀赋是形成农业新质生产力的根本遵循。农业资源禀赋决定着省域农业主导产业的选择和发展规模，地区气候、土壤、水源等自然资源迥异，导致基于农业资源禀赋，发挥比较优势，才能因地制宜地发展农业新质生产力。其次，就劳动资料而言，农业新质生产力的形成过程蕴含着新质农业科技与省域优势农业产业"自适应融合"。农业技术选择内生于省域农业要素资源禀赋特征以及由此衍生出的农业主导产业②。最后，就劳动者而言，农业经营主体是农业科技的应用者，更是新质农业生产资料的使用者，农业经营主体的自身素质、农业科技普及度、技术"适应性"、农业新技术采纳投入成本收益都是决定农业新质生产力发展的重要因素。

（二）践行大农业观是农业新质生产力发展的根本遵循

1. 发展现代化大农业提升乡村场域产业质效

农业作为国民经济的基础产业，在我国始终处于弱势地位，其增加值占GDP比重必然会随着产业结构转型升级而持续下降。全球发展中转型经济体的农业"弱势"地位还会受其转型期发展目标导向、农业经营模式以及城乡体

① 刘长全:《颠覆性农业技术促进农业现代化的作用机制与实践路径》,《学习与探索》2023年第8期,第141~146页。
② Steinke J., Ortiz-Crespo B., Etten J., "Participatory Design of Digital Innovation in Agricultural Research-for-development: Insights from Practice," *Agricultural Systems*, 2022, 195: 103313; 覃玥、李明星、余可:《数字农业科技攻关:基础动力、目标任务与实现路径》,《北京科技大学学报》(社会科学版)2024年第5期,第4~10页。

制机制约束等的综合影响。发展中国家的农业相对产出、农业与非农产业比较劳动生产率长期偏低，拉大了农业与非农产业的劳动生产率差距，造成发展中国家农业的长期弱势地位与劣势格局。[①] 只有采用规模化、产业化、专业化的现代产业发展思维来改造传统农业，提升农业产出效益，才能吸引高端生产要素汇聚"三农"领域，最终实现由农业提供剩余产品、剩余劳动力的"农业剩余"范式转向"品质加附加值"范式。[②]

2. 建构"合纵连横"的农业新质生产力产业载体

20 世纪 90 年代，东亚发达国家，如日本、韩国就提出了"六次产业化"理论，即围绕农业，大力发展农产品加工和农业服务业，形成"1+2+3"的三次产业融合发展模式，即大农业观的雏形。"六次产业化"的目的在于提高农业附加值。[③] 大农业观引领下的"六次产业化"发展凸显了乡村产业发展的整体性、乡村资源的整体性、农业功能的整体性与农业发展方式的整体性。[④] 乡村一二三产业融合类型大体可划分为横向融合与纵向融合两类。横向融合致力于实现原有业务的集成、延伸与拓展，而纵向融合则通过产业链纵向延伸，降低交易成本，提高乡村各要素配置效率，[⑤] 二者均有助于形成农业科技创新成果研发、应用、示范的重要产业载体，为农业新质生产力发展提供平台场景。

3. 以"科技 + 改革"双轮驱动农业新质生产力发展

创新驱动引领推动新质生产力发展毋庸置疑，创新资本投入在发展新质生产力的进程中发挥着关键作用。据 Finistere Ventures 统计，2010~2020 年全球农业及食品科技领域投资复合年增长率达到 50%。[⑥]2015~2020 年财政农业

---

① 赵锦春：《数字普惠金融能否提升农业全要素生产率——基于跨国面板数据的经验证据》，《现代经济探讨》2024 年第 3 期，第 109~121 页。

② 洪银兴：《中国式农业现代化和发展新质生产力的思考》，《农业经济问题》2024 年第 10 期，第 4~10 页。

③ 李莹：《在城乡融合发展中全面推进乡村振兴：核心任务、突出问题与关键举措》，《河南社会科学》2024 年第 6 期，第 85~92 页。

④ 辛翔飞：《大农业观如何理解？》，《半月谈》2024 年第 1 期，第 8~9 页。

⑤ 姜长云：《推进农村一二三产业融合发展 新题应有新解法》，《中国发展观察》2015 年第 2 期，第 18~22 页。

⑥ 徐珺：《国际农业科技创新加速，中国大都市如何作为？》，澎湃新闻，2024 年 4 月 30 日。

科技经费在全国财政科技拨款中的占比却由 4.02% 下降到 3.76%。事实上，当农业科技创新投资额达到农业总产值的 2% 时，农业与国民经济的其他领域能够实现协调增长。[①] 然而，截至 2020 年我国农业科技投入占农业 GDP 的比重仅为 0.71% 左右，远低于发达国家 2%~3% 的财政投入水平，也低于全行业平均 2.14% 的投入强度。[②] 农业投产比较低及二元要素市场分割是农业科技创新投入占比低的根本原因。因此，发展新质生产力，必须全面深化改革，形成与之相适应的新型生产关系[③]。

二　以大农业观为引领发展农业新质生产力的江苏优势

（一）乡村产业转型升级成效初显

2023 年 7 月，习近平总书记在江苏考察时将"强富美高"新江苏建设确立为率先实现社会主义现代化上走在前列、推进中国式现代化江苏新实践的战略指引。2023 年江苏常住人口城镇化率达 75.0%，全体居民人均可支配收入达到 52674 元，人均消费支出 35491 元，实现餐饮收入 4907 亿元，同比增长 20.4%，城乡收入差距缩小至 2.07∶1，城乡融合发展水平高。城乡消费者对农产品的需求更注重食物多样性和营养搭配，追求高品质农产品消费，以农产品质量标准化、食物供给多元化、农产品价值功能化为导向，坚持大农业观、大食物观引领，推动城乡产业融合发展，江苏农业也逐步摆脱依赖土地和劳动力密集的传统生产方式，形成以农业科技创新驱动的规模化、集约化现代农业发展范式。

---

①　Rajalahti R., "Agricultural Innovation in Developing Eastern Asia: Productivity, Safety and Sustainability," *World Bank Working Paper*, 2021; Rijswijk K., Bacco L., Bartolini M., et al., "Digital Transformation of Agriculture and Rural Areas: A Socio-cyber-physical System Framework to Support Responsibilisation," *Journal of Rural Studies*, 2021, 85（1）: 79-90.

②　王静：《加快构建农业科研稳定投入机制》，《中国科学报》2021 年 4 月 27 日。

③　彭建强：《农村改革 40 年的经验与启示》，《光明日报》2018 年 12 月 20 日；杜飞进：《把握发展新质生产力和形成新型生产关系的辩证法》，《人民日报》2024 年 6 月 25 日。

（二）乡村产业分工优势持续巩固

乡村振兴战略的实施正是要充分激发乡村粮食安全、生态涵养、文化传统的独有功能，依托乡村振兴的现代农业产业载体，利用工业化、信息化、城镇化的成果，以并联、叠加、迭代的方式同步推进农业农村现代化。[①]江苏积极采取"原料基地＋龙头企业"的经营模式形成农业比较优势。建立在省内外农产品市场需求基础上的跨区域农产品服务供给不仅能够夯实以大农业观为引领服务构建"双循环"新发展格局的经济基础，[②]也能为江苏农业新质生产力发展提供基于农业的全新产业业态与综合经营模式。此外，乡村数字基础设施建设加快，催生"互联网＋""数字＋""服务＋"等现代农业新模式、新业态发展空间，而上述产业业态、经营模式与产品体系也成为江苏乡村产业集群发展的比较优势。

（三）城乡产业深度融合加快推进

目前，江苏乡村空间内从事农产品加工、休闲农业、乡村旅游等涉农行业的多业态经营已成为农业现代化的具象化载体。各类新型农业经营主体能够有效获得城镇消费者市场需求的对接机会，继而激活乡村产业主体功能，服务于城乡高水平融合发展。此外，数字经济已成为推进江苏乡村产业高质量发展的重要引擎。数字乡村建设有助于彰显"以工补农、以城带乡"的数字城乡融合发展优势，不仅有助于实现共同富裕，也能带动农村流动劳动力更快增收。[③]数字农业科技也成为赋能农业新质生产力发展的关键要素。[④]江苏持续深化农业经营制度、农村户籍制度改革，农业主体功能定位领域持续改革创新，加快构

---

① 陈锡文：《探索农业农村现代化的"中国方案"》，《农民日报》2024 年 2 月 28 日。
② 李本庆、岳宏志：《数字经济赋能农业高质量发展：理论逻辑与实证检验》，《江西财经大学学报》2022 年第 6 期，第 27–31+47 页。
③ 赵锦春：《城市数字经济的益贫式增长效应——基于农村流动劳动力的视角》，《现代经济探讨》2023 年第 3 期，第 29~41 页。
④ 赵锦春：《数字赋能江苏农业新质生产力发展研究》，《江南论坛》2024 年第 6 期，第 10~15 页。

建"工农互促、城乡互补、协调发展、共同繁荣"新型工农城乡关系，完善现代农业生产经营体系，奠定了农业新质生产力发展的潜在市场需求空间基础。

三 大农业观引领下发展农业新质生产力的江苏实践

（一）打造特色优势产业

1. 布局县域主导产业

江苏围绕农业全产业链建设，省、市、县各级财政加大农业全产业链财政投入。目前，在全省4条农业重点全产业链13个地级市全覆盖的基础上，各县市发挥农业主导产业优势，发展县域农业主导产业链。分布于苏南江宁、苏北盱眙、苏中句容的特色水产、绿色果蔬、优质粮油8个现代农业全产业链标准化基地入选国家级创建名录，[①]建成省级农产品加工集中区60家，其中超百亿元园区2家、50亿~100亿元园区15家。[②]2023年全省规模以上农产品加工企业6746家，年营收1.25万亿元。[③]

2. 整合县域公用品牌

《农业农村部关于加快推进品牌强农的意见》《"水韵苏米"品牌高质量发展三年行动计划（2023—2025年）》提出科学发展农产品区域公用品牌，提高品牌营销、管理能力等。2023年全省注册农业品牌商标超过10万件，新增5个农产品区域公用品牌入选农业农村部2023年农业品牌精品培育计划，入选总数达10个，居全国第二。盱眙龙虾、射阳大米、阳山水蜜桃、盐都草莓、兴化大闸蟹等县域农产品公用品牌陆续涌现。其中，2023年盱眙龙虾品牌价值达353.12亿元，连续8年居中国水产类区域公用品牌第一名。

---

① 《关于公布首批江苏省现代农业全产业链标准化基地的通知》，江苏省农业农村厅官网，2022年9月14日。
② 数据来自：江苏省农业农村厅产业处：《江苏省"十四五"乡村产业发展规划》，2022年1月28日。
③ 数据来自江苏省人民政府新闻办公室：《"努力推动江苏在高质量发展中继续走在前列"系列新闻发布会（第三场）》，2023年7月19日。

（二）加强农业新质生产力载体建设

1. 培育新型农业经营主体

江苏将"龙头企业＋家庭农场"作为江苏构建现代农业经营体系的主攻方向。2023 年通过《江苏省家庭农场促进条例》《江苏省农业产业化省级龙头企业认定和运行监测管理办法》，完善家庭农场和龙头企业主体认定，扩大政策支持力度。全省县级以上农业龙头企业 5950 家，2023 年前三季度 963 家省级以上农业龙头企业销售收入 6912 亿元，同比增长 8.15%。支持龙头企业参与优势特色产业集群、现代农业产业园、农业产业强镇项目建设，引导园区农业龙头企业有机整合上下游产业链，发展农产品精深加工和农业社会化服务。

2. 发展农业生产性服务业

一是引导各地特色产业集群与电商融合。2023 年 62 家省级农产品加工集中区内入驻企业 1570 家，营业收入 2223 亿元，带动就业人数 40.03 万人，带动农户数 219.38 万户，23 个县域建有电商产业集聚区。[①] 二是发展农业生产性服务业。考虑到人均耕地面积少、小规模经营仍广泛存在的现实情况，探索"科技＋服务""农资＋服务""农机＋服务""互联网＋服务"模式入驻农业园区。比如，南京六合组织大数据企业为种粮农民提供"五代"服务。连云港市供销合作总社依托农业信息化平台建立"智能田管家"云平台，推动生产流程标准化和农产品质量标准化。截至 2023 年 4 月，农业生产托管服务土地面积已达 2900 余万亩，农业生产托服主体超过 1 万个。

（三）健全农业新质生产力政策体系

1. 创新乡村产业用地机制

依托宁锡常国家城乡融合发展示范区政策试点优势，苏南率先全省打通农村一二三产业融合项目用地政策"堵点"。调研发现，2019 年起，南京市农

---

① 数据来自江苏省发改委《关于全省农村产业新业态新模式发展情况的调研报告》，2023 年 6 月。

业农村局会同规划资源局探索创新农村一二三产业融合发展用地政策,通过建立一二三产业融合项目清单,县区市分配预留5%规划建设用地指标,鼓励所辖江宁、高淳、溧水等县区市新型农业经营主体以项目投资形式与村集体土地资源合资成立股份联营公司,专项支持休闲农业、旅游农业等产业融合项目。截至2023年12月,已有3批226个项目入库,报省规资厅备案,涉地面积1800亩,解决一二三产业融合项目用地问题。

2.加强财政金融配套支撑

一是转变财政资金支农模式。泰州泰兴对市级以上农业龙头企业新增固定资产投资、新认定省级以上龙头企业、开票销售等进行奖补,2022~2023年累计奖补农业龙头企业1409万元。[①]二是引导银行金融机构持续加大"三农"信贷投放力度。全省开展银行机构服务实体经济效能评价、金融服务乡村振兴工作成效综合评估、"普惠金融园区行"活动、"新型农业经营主体信贷产品便捷通",加快"苏信码""苏信分"等征信产品应用推广,为产业园区和新型农业经营主体提供更加便捷、精准的信贷支持。

四 江苏发展农业新质生产力面临的挑战

(一)科技应用水平有待提升

1.科技创新驱动能力有待提升

一是农业科技创新实力不强。目前,江苏农业科技创新整体实力依然较弱,关键共性技术与农业"卡脖子"领域发展受限,具体表现为:基因编辑、全基因组等种业转基因前沿技术有待突破,智能、高效、定向育种能力不足。二是智能农机装备创新能力不足。智能传感器、高端精密液压件、农业机器人等关键技术有待突破,装备"宜机化"水平仍需提升。三是休闲食品、速冻食品与净菜加工、功能食品、未来食品等新型加工技术创新不足。特别

---

① 数据来自江苏省农业农村厅《乡村产业发展典型40例》,2023年7月。

是，利用海洋食物资源，深度开发海洋食物体系，海洋渔业、生物制药等领域农产品精深加工能力不足，农业科技创新领域的短板制约现代农业提质增效。

2.科技创新研发体制亟待健全

一是农业全产业链科技创新机制不健全。目前，省内农业科技应用推广能力不足。特别是，在农业"智转数改"技术应用推广领域存在短板。比如，在推动农业数字化时主要集中于某个产品或某个生产环节，鲜见涵盖从田间到餐桌的完整农业产业链，缺乏综合性的数字农业集成技术开发与应用的典型示范场景。二是科技服务供需矛盾依然突出，以政府为主导的科技服务供给模式无法满足农民的现实需求，农业科技研发与成果应用存在"两张皮"现象。受农业领域科研技术导向影响，高校、科研院所更多的是强调农业科技的先进性与新颖性，且一味追求项目申报或立项数量，对成果应用价值缺乏足够重视。此外，专业化、精细化、协同能力强的市场化服务主体较少，造成农业科技成果与市场需求脱节。以数字农业科技创新为例，部分县域园区的农业大数据平台仅停留在"大屏"和"监管"层面，其展示的县域农业大数据与县域农业主导产业联系度不高、可应用性不强。

（二）龙头企业发展存在瓶颈

1.加工原料供应保障不足

一是农产品加工原料供给不足。农业龙头企业对上游原材料的数量需求大、质量要求高，但是部分农产品原材料本地供给量小质差，无法满足省内农业龙头企业的加工需求，农业龙头企业跨省寻求原材料现象普遍存在，加上农业本身的高风险性，导致农业龙头企业上游原材料供应链安全保障不足，比如南京鸭产业的原材料甚至需要从内蒙古输入。二是全省冷链物流体系不完善。农产品运输对冷链物流的依赖较强，但是冷链物流发展不足，导致农业龙头企业上游原材料在运输过程中容易出现损耗变质，影响农业龙头企业原材料的供应链安全。

2.品牌知名度影响力有限

一是从企业品牌来看，农业龙头企业品牌有而不响的问题依然没有得到有效解决，大部分农业龙头企业已有品牌意识，但是受限于品牌推广资金不足，品牌往往"有名无价"，无法获得品牌溢价和消费者认同。二是从区域公共品牌来看，区域公共品牌管理能力亟待提升。谁来管理和运营区域公共品牌依然存在较大问题。目前，基层较多采用委托地方国有企业代管理和代运营的模式，具体由县级农业农村局支付合作国企单位一定的管理运营经费，委托管理品牌。但是由于经费有限以及委托代理问题的存在，国有企业部门对推广宣传区域公共品牌的积极性不高，造成企业品牌知名度与影响力提升十分有限。

（三）一二三产业融合发展用地保障不足

1. 一二三产业融合发展用地指标落地难

一是部分一二三产业融合发展用地涉及农用地转为建设用地，依法办理审批手续周期较长。一般而言，从完成村庄规划到一二三产业融合项目落地实施周期普遍接近 2 年，对于部分农业经营主体而言，审批周期较长容易造成经营主体错失产业发展机遇，影响经营主体投资意愿。二是有些一二三产业融合项目在城镇开发边界外有新增建设用地需求，但村庄规划尚未覆盖，项目用地审批缺少规划依据。三是不同规划之间法律基础、标准、规划审批与实施差异，使得一二三产业融合项目从用地审批到项目落地见效周期较长。此外，土地性质变更，造成部分设施农用设备投资面临困境。存在"二调"建设用地、"三调"变更为耕地的情况。尤其是，种植养殖业配套的自建粮食烘干、蟹塘管理、农机设备存放等设施用地难以获批，新型农业经营主体所需的农业发展配套设施用地难以落实。

2. 一二三产业融合发展用地成本偏高

一是实施一二三产业融合项目，可能突破集体经营性建设用地的范畴进而涉及宅基地用地指标，需承担集体经营性建设用地入市等流转成本，使其用地成本陡增。此外，若新增用地指标涉及一二三产业融合项目，还需承担实施占补平衡补充用地成本。二是部分一二三产业融合项目供地价格参照商业用地价格标准，往往高于当地工业用地价格，且在土地使用过程中还可能产生一些事前预想不到的成本。有些项目有防空地下室配备要求，增加经营主体建设成本。三是一二三产业融合项目用地获批难度大、周期长，造成经营主体投资意愿不强，出现"不愿投""不敢投"的困境。项目经营主体对一二三产业融合项目用地无法抵押存在顾虑。尽管经营主体可与村集体成立联营公司入股开发利用，但土地权属仍属于村集体，部分经营主体因顾忌农地利用中"权责不一致"而"不愿投"。

五 大农业观引领下发展农业新质生产力的对策建议

（一）完善农业科技创新机制

1. 创新农业科创融资模式

首先，设立农业科技创新研发专项资金，用于支持智慧农业、绿色农机、大数据农业领域科技创新的研究和标准制定，加快培育未来食品、农产品深加工等农业科技创新企业创新孵化基地，抢占未来农业产业高地。其次，设立农业科技创新应用基金，引导多元化社会资本参与农业育种、农业生产技术、农产品市场交易等科技农业、数字农业现代化技术应用。最后，联合农业农村、工信、发改等部门编制省级规模以上数字农业科技创新企业（园区）名单，支持农业大数据设备生产及相关服务业发展，补贴数字农业示范工程与新型农业经营主体科技装备应用。

2. 创新农业科技研发机制

第一，加大农业科技重点领域创新政策支持力度。聚焦智慧农机、特色农业、绿色环保和特种农机装备领域，补齐共性技术、基础零部件、重大装备短板，推动农机装备智能化、精细化、绿色化转型升级，打造农机装备研发制造高地。第二，理顺农业科研大数据所属数据部门权益，在技术上设置统一的数据存储标准和访问接口，确定数字农业技术攻关参与方知识产权使用权、所有权归属。第三，招引海内外移动互联网、智能 AI、物联网企业入驻农业创新园区平台，深耕农业科技与数字农业研发创新，探索建立数字农业研发与应用分离的"研发企业＋异地基地"载体平台。

（二）加快培育农业龙头企业

1. 提升原材料供应保障能力

一是强化优惠政策倾斜，鼓励企业以"企业＋农户""企业＋基地＋农户""企业＋合作社＋农户"等多元模式，加快建立农业产业化联合体，增强省内原材料供应和保障能力，构建苏南苏中苏北跨区域农产品原材料、农产品深加工、农产品推广全产业布局，充分发挥区域比较优势，优化省域现代农业全产业链布局。二是加快在全国范围内布局农产品原材料冷链物流体系等"田头冷链仓储"涉农基础设施建设，为农产品远距离运输创造有利条件，从而拓展原材料省外渠道。

2. 打响区域公共品牌知名度

一是激励培育企业采用市场化手段进行自有品牌运营。对于品牌宣传比较成功的农业企业，给予税收优惠或奖补激励。二是提升"名特优"农产品供给保障能力。巩固放大"盱眙龙虾"等知名区域公共品牌效应，保障知名区域公共品牌下相关农产品的供给能力，防止破坏品牌形象的行为。三是强化经费组织保障，建议由县域农业部门牵头组建区域品牌专职运营机构，打造各层级区域公共品牌，提升农产品区域公共品牌价值与影响力。

（三）完善一二三产业融合发展用地保障机制

1. 探索用地绿色通道

一是探索打破常规的一二三产业融合项目用地分类。在用途准入上，需要解决现有地类划分较细、一二三产业融合难以"对号入座"的问题。探索设置乡村产业"混合用地"或直接设置"一二三产业融合"用地，抑或归为"其他类"用地，易于操作。二是允许地级以上市按照城镇开发边界范围内非现状建设用地的一定比例，在城镇开发边界外、村庄范围外布局新增城镇建设用地，为乡村产业振兴发展预留用地空间。三是依托专项计划，简化用地审批流程，探索建立一二三产业融合用地"绿色通道"。

2. 推动用地管理创新

一是农村一二三产业融合发展用地使用权起始价或出让底价可根据郊野地区的地价基础和农业服务类特征，结合土地估价结果，按相关规定经集体决策后确定。二是积极落实上位要求，研究出台农村一二三产业融合用地指导价格等精细化政策。三是加强部门沟通和协作，就一二三产业融合用地的认定和管理形成一致意见。在把握监管和底线管控下，省级层面给予充分放权，鼓励各地探索创新。推广"点状"供地制度，推动跨乡镇全域土地综合整治、国有建设用地与集体建设用地融合使用。

3. 拓展供地用地渠道

一是探索经营不善用地退出机制，开展乡村闲置建设用地和"四荒地"综合整治，结余的建设用地优先用于发展乡村产业项目。二是规范设施农业用地。研究制定设施农业用地导则，指导基层做好设施农业用地备案工作。鼓励以乡镇或村集体经济组织为主体，统一规划共享农业设施，提高设施农业用地使用效率。三是在总量管控的前提下，动态腾挪村庄建设用地，合理优化村庄布局，结合新产业新业态用地特征精准供地。

乡村治理

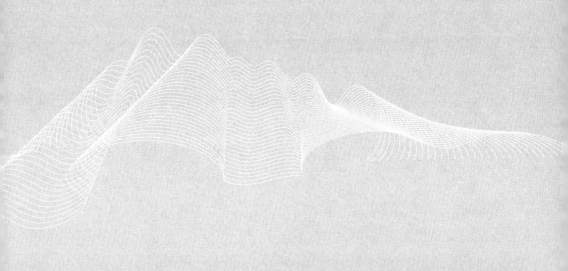

乡村治理与集体经济何以共融

——江苏宿迁"三社"共建探索的经验考察

金高峰　吕美晔　刘明轩 [*]

摘　要： 农村集体经济是乡村振兴和乡村治理的经济基础。江苏省宿迁市积极探索"三社"共建促进强村富民，加强基层党组织建设，提升农业经营效益、实现农村集体与农民收入的共同增长，其实践经验为乡村治理与集体经济有效融合研究提供了有效的参考。"三社"共建，促进资源互补实现共赢，可以为农村基层党建提供有效载体，有利于激发农村集体经济发展的内生动力，有利于带动小农户实现共富，有利于增强集体认同感。要使"三社"共建的作用有效发挥，就需要不断完善选人育人用人机制，完善农村集体资产管理制度，健全支持机制拓展发展空间，完善产业发展风险防范机制。

关键词： "三社"共建　农村党建　集体经济　乡村治理

---

[*] 金高峰，江苏省社会科学院农村发展研究所副研究员，主要研究方向为产业经济、区域经济；吕美晔，江苏省社会科学院农村发展研究所副研究员，主要研究方向为农村经济、农业产业链管理、农民收入、企业决策咨询；刘明轩，江苏省社会科学院农村发展研究所助理研究员，主要研究方向为农村中小企业、劳动力转移、生物能源经济、农村发展。

当前，农村集体经济发展与乡村治理面临新情况新特征，就农村集体经济而言，我国的农村集体经济组织首先必然是一个合作经济组织，是劳动与资本的双重联合，是一种更遵循合作经济原则的合作经济组织。其成立的目的，就是要形成产权明晰、责权明确、政社分开、管理科学的现代合作经济组织；就乡村治理来说，内外部环境发生了较大变化，如非农就业渠道的增加、新型农业经营主体的快速发展、农民居住形态的改变、城乡发展一体化的加快，这些因素使乡村居民的原子化倾向更加明显，对共同参与乡村建设与治理的意愿减弱。为此，亟须重构乡村治理的经济基础，增强村民的共同体意识，推进农村集体经济发展与乡村治理的有效融合。

江苏省宿迁市"三社"共建，为农村集体经济与乡村治理的有效融合提供了现实参考与借鉴，即在村党组织领导下，成立村股份经济合作社，创办村级土地股份合作社，发展各类专业合作社，吸纳农户参与合作共营，带动农民致富集体增收。在农村地区，农业稳产保供压力增大，低收入农户增收空间不足，乡村共同体逐渐衰败，发挥集体经济"统"的功能，被认为是保证粮食安全、缓解相对贫困、实现乡村治理现代化的重要突破口。自 2020 年 7 月以来，宿迁市推进"三社"共建促进强村富民工作，积极探索党建引领"三社"共建的发展模式，取得了初步成效，农村集体经济稳步提升，低收入农户收入渠道拓宽，村集体凝聚力得以增强。宿迁的实践，对全国其他地区的农村经济发展具有借鉴意义，值得提炼总结和深入研究。

一　宿迁市乡村治理面临的现实挑战

（一）村庄"空心化"造成治理需求下降

随着现代化进程的推进，宿迁的农村也不断发展，但这种发展更像是一种"溢出"效应。不管是生产条件还是生活条件，宿迁地区的农村都比不上苏南、苏中及苏北的多数镇区。因此，当地农村的青壮年会首选去苏南务工。即便是在县城或镇上务工，为了更好的教育资源和生活质量，也尽量把居所安置到县城。可见，即便在向前发展，宿迁农村在现代化进程中已经成为"次优"甚至"次次优"选择。人口不再向此处聚集，又如何会产生稳定持久的公共治理需求？

（二）农业生产者和村庄常住居民重组构成新群体

宿迁农村的人口不断外流，但由于土地流转和集中居住的调整，也有新的生产者和居民进入，在此安居和生产。苏北农村集中居住的新建住房没有产权证，但如果是本镇居民只要在村委会进行备案，就可以出资获得相应房屋的居住权，因此一部分本镇外村的居民通过"购买"的方式安居到乡村，与留村的原住民一起，构成了乡村发展的新人群。但现在的村委会进行选举和决策的时候，并未将这部分新居民纳入参与。同时，也没有其他的相关组织，专门面向这群新村民，进行组织动员或开展治理。对外来群体而言，其与原住民并未形成新的共同体，也没有归属感和认同感，更没有较好的解决争端和矛盾的内部自治机制。

（三）国家力量的下沉限缩自治空间

国家力量对乡村社会的下沉一方面为乡村治理提供了基础保障，另一方面也限缩了村民自治的空间。当前，乡村基础设施较为完善，公共服务和社会保障虽未完全达到城镇标准，但已纳入统一财政体系，这是国家力量下沉的积极效果。然而，这也带来挑战，特别是村委会的行政化。国家意志在乡村的落实需要通过乡镇政府层层下达任务，乡镇将任务分解到村委会，形成了自上而下的管理结构。村支书的产生更加侧重于上级党组织的选拔与任命。在书记主任"一肩挑"的政策下，村主任的任命也由上级直接决定。村支书和主任的考核由上级进行，并具有否定权。此外，村级组织的运行严重依赖上级财政，尤其是苏北等地区的行政村缺乏自主收入，需要依靠转移支付维持日常运转。尽管有些村庄通过资源发包获得一些收入，但远远不足以应对庞大的开支。因此，基层财务管理由"村账镇管"模式主导，即上级政府负责管理村级财务。

这种做法强化了自上而下的管理模式，也在一定程度上压缩了村级组织的自主空间，使得村民自治难以得到充分发展。

（四）新型自治缺乏组织基础、核心人才和支持环境

浙江桐乡的"百姓参政团"等自治组织高效且接地气，但这类组织的构建需要一定的组织基础、核心力量和支持环境，而这些在许多苏北农村并不具备。随着优质劳动力的流出，乡村出现"空心化"与"弱质化"，原住民多为老弱妇幼，外来人口缺乏自主性，难以开展有效自治。自治活动需要具备强烈的外部性，能动的个体往往更愿意向城镇迁移，享受更有效的公共治理成果，而非选择投身本地乡村治理。因此，乡村自治组织的建立需有一定的社会土壤，并依赖适度的政策支持，尤其在涉及跨村域或多方主体时。适度支持意味着在关键要素和关键过程中提供帮助，但不可过度干预。当前，许多地区的政策正经历由政府主导成立自治组织转向减少对自治组织的支持。这种转变对乡村公共事业有一定积极作用，但也对激发自治组织的自发性和独立性提出新要求。为此，乡村自治的有效实施不仅需要外部支持，还要考虑其组织基础和本地实际情况，避免过度干预或缺乏支持，才能推动自治真正落地。

二 宿迁"三社"共建的主要做法与成效

（一）"三社"共建的主要做法

1. 推进"三社"共建，发挥联农带农作用

发挥基层党组织作用，以村居党组织为引领，围绕集体增收、农民致富、产业发展，以农户为主体成立相关合作社，为广大农户提供产前产中产后服务。一是成立村股份经济合作社。以村股份经济合作社为统领，把集体资金、资产、资源以股份形式量化到组织成员，整合利用村集体"三资"，加强与龙头企业合作，通过订单农业、股份合作、吸纳就业、村企共建、保底分红等形式将农户纳入现代农业产业体系。二是成立村级土地股份合作社。以村级土地

股份合作社为基础，通过治理农村公共空间和整理土地，将回收及溢出的土地资源统一入股，吸纳农户以承包土地经营权的形式参股经营或以土地流转的形式集中利用土地资源，以返租倒包或示范引领生产模式，推动适度规模经营，形成产业规模效益。三是成立相关专业合作社。以专业合作社为支撑，根据产业发展需要组建劳务、技术、植保等服务型专业合作组织，吸纳有意愿、有条件、有能力的农户加入，因地制宜开展多种形式、多种渠道的有偿服务，在品种、技术、管理、采购、销售等方面实行统一化举措，带动农户一体发展、共同致富。据了解，宿迁全市开展"三社"共建试点示范的村居已达44个，入股土地面积74615.81亩（占28.41%），涉及农户14949户（占41%），入股资金4549.54万元。

2. 探索经营路径，强化支持引导

支持村集体依托"三社"开展多种形式的生产经营，建立广泛的利益联结机制。发挥农户在乡村振兴中的作用，实现农户与现代农业发展有机衔接，不断推进农业农村现代化。一是发展新产业提升新能力。利用"三社"共建灵活的经营模式，根据地方产业特点，开展各种形式的特色种养、特色制造和特色手工等乡土产业，支持发展康养产业、创意农业、休闲农业及农产品深加工和农村电商等新型业态；提升"三社"共建服务功能，加强对新型职业农民的培育，开展新品种、新技术、新模式、新装备等培训和技术指导，带动农户积极参与村级合作社发展现代农业。44个试点村居中，约75%的村居开展了生产性合作，其余开展了农机、劳务等其他合作。二是因地制宜开展多种经营活动。开展直接经营，鼓励在村集体经济组织牵头下，以集体资产资源对外发包或自行开展生产经营；开展合作经营，以入股参股等形式，与具有一定影响、经营效益好、示范带动能力强的新型农业经营主体合作，带动农户参与生产共同发展；开展统分经营，在村集体经济组织引领下，依托村级土地股份合作社、各类专业合作社发展统购统销、统防统治、劳务技术等生产经营活动，为农户及农业生产主体提供标准化服务，推进"小生产"向"大统筹"转变。三是加强引导统筹推进。注重惠农政策的公平性和普惠性，充分发挥"三社"引领作用，引导农户土地经营权有序流转，提高土地的经营效率；在合作经营统筹发展基础上，激发农户生产经营的积极性、主动性、创造性，使农户成为发展现代农业的积极参与者和直接受益者；健全合作社与农户的利益联结机制，实现家庭经营与合作经营统筹发展。

3. 规范"三社"运作，共享收益分配

按照《农民专业合作社财务会计制度（试行）》，规范财务制度，围绕"三社"建立健全收益分配制度，定期向成员公布财务状况，统筹制定盈余分配方案，让农户分享改革成果。一是规范"三社"收益。坚持围绕产业发展，把"三社"建在产业链上，根据合作方式分配产业发展收益，探索直接经营、合作经营和统分经营收入模式，扩大收益范围，共享合作收益。二是完善"三社"分配办法。健全"三社"内部的分配机制，切实保障入社农户与"三社"的利益分配。三是建立"三社"奖励机制。对"三社"共建中提供额外服务或做出明显贡献的成员，经社员代表大会同意后，可以按照章程规定或经成员（代表）大会决定，给予一定报酬。

（二）主要成效

一是促进农业生产效益的提升。"三社"共建试点村在促进农户土地入股、提高规模化组织化程度的同时，因地制宜发展各具特色的主导产业，生产效益得以提升。其中，有粮食、特色果蔬、花卉苗木、中草药等种植业，也有稻虾共作、稻蛙共养、浅水藕套养小龙虾等生态循环农业，还有乡村文旅产业。

二是拓展专业合作社的经营模式和服务领域。44 个试点村居中，除了开展合作经营外，宿城区有 5 个村居开展了自主经营试验，在服务内容上，更加丰富多样化，既为农民提供农业市场信息、生产资料采购及技术指导等产前服务，也提供农机及劳务合作的便民服务。

三是促进集体和农民双增收。试点村居通过公共空间治理、土地入股、专业服务等多种方式，集聚党组织的领导优势、农业经营的规模优势和专业合作社的服务优势，为共建项目持续运营提供保障，集体与农民实现双增收。据粗略统计，44个试点村居中，村级土地股份合作社实现村集体增收538.55万元，村均增收12万元，入社农户也通过土地入股、股份分红及务工等方式实现户均增收2000元。

三 党建引领"三社"共建的现实意义

"三社"共建，通过党建引领、再造集体，回应农村现实需求，夯实党在农村的执政基础，整合各方资源优势，增强农村集体经济发展的内生动力，推进实现共同富裕，提升广大群众的集体观念，是新时期推动实现乡村振兴的有效举措。

（一）农村基层党建做深做实，避免"两张皮"

习近平总书记多次强调，无论农村经济与社会结构如何变化，农村基层党组织的领导地位不能动摇、战斗堡垒作用不能削弱。当前，部分基层党组织面临着弱化、虚化和边缘化问题的挑战，其中一个重要的挑战是党建与业务的融合，让党组织发挥出"领头雁"与"顶梁柱"的核心作用。

在"三社"共建的过程中，宿迁市明确要求试点村居要有一个好的村党组织带头人，村党组织书记要通过法定程序成为"三社"负责人，统筹推进"三社"的协调有序发展。充分发挥了党支部的领导作用，村集体的事就是党员干部的事，党建有了切实的抓手，党的先进性得以充分体现，在一定程度上实现了抓党建与抓发展的有机统一，避免了"两张皮"的现象及党建工作虚化问题。同时党组织与群众利益之间建立了密切的联系，服务也有了主客体。

（二）激发内生动力，促进持续增收

调研发现，当前苏北地区村集体经济收入对帮扶资金有依赖性，发展后劲不足。经济薄弱村之间、经济薄弱村与非经济薄弱村之间村集体经济收入差距明显。获得较多扶贫资金支持的经济薄弱村的村集体经济发展较快，但还是依赖过

去的扶贫资金投入所形成的扶贫资产,主要为土地租金、标准化厂房租金、门面房租金等,村集体经营性收入偏低,自主发展产业不够。根据江苏省社科院农发所对苏北重点村庄集体经济的调查,财政转移和补助收入占村集体总收入比重甚至高达60%,已成为村集体经济收入最重要的来源,内生活力明显不足。深入分析发现,村集体总资产中,超过70%的资产均为公益性资产,如道路、校舍、水利涵闸等,这些资产并不能为村集体经济发展带来直接的经济效益。

外在帮扶只能作为乡村振兴的发面引子,根本上还要充分利用现有闲散资源,发动和动员群众,激活发展的内生动力。"三社"共建,有效地将党支部、村集体、村庄能人和基层群众的多样化优势结合起来,整合各方资源,提高利用率,形成利益共同体,集体经济发展也有了产业支撑,更有能力在公共服务上做出成绩,大大降低社会乡村治理、社会养老的成本。

(三)带动小农户融入,实现共同富裕

在传统的专业合作社发展模式中,有能人带动,有村企合作,合作社成员仅是农村集体经济组织的部分成员,相关的支持与补贴政策也主要向龙头企业、能人大户倾斜。合作社偏离了造福群众、服务群众的方向,集体经济和普通小农户很难融入,村庄中一些弱势群体更不可能从中获取收益。

通过"三社"共建,姓公不姓私,让村集体和全体村民均能从合作发展中获得增值收益,实现共同富裕。村集体通过公共空间治理,唤醒了农村沉睡的资源,在村级股份经济合作社实行"同股同权",按股份占比享受相应收益分配,这部分成员覆盖了全体村民;村级土地股份合作社实行"同地同权",根据入股土地面积进行分配,采取保底分红的收益分配方式;各类服务型专业合作社特别是劳务合作社,充分吸纳低收入农户,实行"同劳同权",根据成员劳务量及贡献度进行合理分配,让一些弱势群体参加力所能及的劳动,增进福利。

(四)增强集体认同感,重构村社共同体

乡村的生产、生活与生态空间合一,决定了集体也应是一个多重功能合

一的组织，包括经济（生产销售金融）、政治（行政法制）、社会（社会治理公共服务）、文化、生态等各方面的功能。当前，在经济发展转型的过程中，不少地区的农村集体经济发展呈现两个极端：一边是家庭联产承包责任制进一步加强，一些地区缺少发展的根基，集体经济空壳化严重；一边是一些地区集体经济逐步推向市场，成为完全独立的经济主体，经济体量不断增大，传统的"村落共同体"逐渐衰败。其原因是就集体经济谈集体经济，生产关系与生产力不匹配。

在"三社"共建的过程中，通过村集体领办、群众参与，一家一户的收入与集体收益绑到了一起，村集体的财权与事权得到了重新整合，集体有了分红的主动权，群众对集体也有了依赖，过去那种干部干、群众看的现象有所缓解。以党员为主体的村集体起着不可或缺的作用，党员兼村集体领导的多重身份，在为集体经济壮大付出辛劳的过程中，也提升了自身的公信力。

四 推广"三社"共建的政策建议

推进基层治理现代化已经成为稳定党执政基础的必然目标，是我们推进乡村振兴实现共同富裕的重要内容。宿迁市探索了"三社"共建的发展路子，具有重要的实践意义与理论价值，值得在苏北及其他条件相似的农村地区逐步推广。

而要充分发挥"三社"共建的价值，就必须根据各村领导能力、产业基础等因素，因地制宜，分类施策，在工作中应该注意以下三点。一要厘清"三社"关系。现在农村各类合作社数量繁多，但归根到底都离不开"三社"范围，"三社"之间相辅相成、相互促进。首先，村股份经济合作社是近年来产权制度改革新设的组织，是最为规范的村集体经济组织。村股份经济合作社是"三社共建"的基础，主要作为资源整合平台，用于整合村级资产、资源、资金，收益覆盖所有集体经济组织成员。其次，村级土地股份合作社是村集体领办、农户以农村土地承包经营权入股的特殊合作组织。与村级股份合作社不同的是，村级土地股份合作社成员一般不涵盖全体村民，村集体仅以部分资产、部分集体土地入股，主要作为生产经营平台，用于对外合作经营。最后，专业合作社是通过提供农产品的销售、加工、运输、贮藏，以及与农业生产经营有关的技术、信息等服务来实现成员互助目的的组织，主要是市场服务平台，用于提升社会化服务能力，带动农户就业。在农村经济运行中，"三社"往往你中有我、我中有你，形成多种形式的联合社、联合体。推动"三社"共建，核心就是要发挥"三社"各自优势，以股份经济合作社为基础，为村级土地股份合作社提供资产、资源、资金；以专业合作社为重点，为村级土地股份合作社提供劳务、技术生产配套服务；以村级土地股份合作社为关键，开展对外合作经营，为股份经济合作社及专业合作社提升收益水平。

二要把握"共建"重点。"三社"共建是推动农村合作组织从"小生产"迈向"大统筹"、从"户户合作"迈向"社社合作"、从"松散联合"迈向"股份联合"的重要探索，工作推进中要做到"三个突出"。首先，突出支部主导。村党组织要通过入股、担任"三社"负责人等不同形式领导"三社"发展，在产业发展规划、经营模式选择、日常运营管理等方面发挥主导作用。其次，突出联农带农。"三社"共建根本目的是带动小农户参与现代农业发展，通过优化股权架构，完善利益联结机制；通过参与生产、收益分红、代缴税费等多种形式带动农户共享发展成果。最后，突出市场引导。实体化运行是检验"三社"发展质量的重要标准，要把"三社"实体化、常态化、市场化运行作为工作关键环节，积极整合资源资产、调整产业结构、开展配套服务，通过入股、出租等形式参与其他相对成熟市场主体的生产经营，加快提升经营成效。

三要避免推进误区。"三社"共建专业性强、操作复杂，要坚决避免三个误区。第一，"共建"就要"共账"的误区。"三社"都是相对独立的经营主体，要按照相关法律法规要求，开展独立建账，理清利益关系，避免出现糊涂账，保障"三社"成员的权益。第二，"主导"就要"主办"的误区。我们倡导"三社"共建由村党组织牵头主导，但绝不是必须村集体主办，要在发挥村集体的资源整合优势的基础上，调动能人大户、社会资本的积极性，开展合作经营、股份经营，规避村集体发展能力不足风险，实现统分结合、合作共赢。第三，"指导"就要"指挥"的误区。"三社"是独立的法人机构，开展的是市场经济活动。但现阶段，受农村基层治理行政化趋势影响，村集体经济组织也出现"行政化""官僚化"倾向，很多地方政府、业务主管部门把工作指导变成工作指挥，"越俎代庖"代替村集体经济组织做决策、管账务、搞运营等，从长远发展来看，这是不可取的。

同时，还需要在以下几个方面予以强化和完善。

（一）不断完善选人育人用人机制

"三社"共建应该始终在党组织的领导下开展，要在实践中发现、选拔和培养出一大批优秀的集体经济带头人。一是加强对优秀党员干部的选拔与任用。一个好的领导班子是"三社"共建获得成功的重要力量，要在好人里面选能人，对进入党支部、村两委的候选人设置正、负面清单，筛选出符合条件的参选人进入公开竞选通道，把有私心、有污点的人挡在门外，防止"村霸""村痞"当选村党组织书记。二是加强人才培养。坚持"走出去"高端研学与本地实践锻炼有机结合，为开展"三社"共建的村支书量身打造业务能力提升课程，让优秀党支部干部走上讲台，现身说法讲发展、谈经验，让党支部书记在学中思考、在干中总结、在教中提升。三是完善激励机制。要让实干者有荣誉有地位，设立村级领导班子增量奖，对取得很好成效的村级领导班子进行奖励，让实干者得实惠。对年度绩效考核评比中成绩突出的，给予一定比例的配套绩效奖励。

（二）完善农村集体资产管理制度

健全的产权制度与管理制度是"三社"共建的有力保障。一是对农村集体产权股份化改革回头看。在苏北调研发现，各地农村集体产权制度改革基本上是基于现有农村户籍人口设立一人一股，这种模式简单、易操作，但在后续集体经济发展和利益分配时可能会产生不少问题。对农村集体产权制度、宅基地、三权分置改革等工作回头看，重点对改革的程序、档案规范性、章程的建设等进行检查，对改革后的实际效果及运行情况进行跟踪，及时对不符合经济发展实际的情况进行改进，在改革中充分体现村民自治，广泛听取村民的声音。在股权设置上，既要有原始股，按户口在村原则设人头股，扩大覆盖面，也要鼓励在村民一致同意的情况下，因地制宜制定集体股、干部股、土地股、劳动股等，激发发展活力。二是健全管理制度。"三社"是相对独立的经营主体，要按照相关法律法规，开展独立建账，理清利益关系，避免出现"糊涂账"，保障"三社"成员的权益。应依照章程，建立监事会和社员监督相结合的监督机制，实行民主管理和科学决策，对于增资扩股、决策投资和收益分配等重大决策，社员有知情权和参与权。对于合作社的成立与项目认证，上级政府应当主动担起责任，加强审核把关。

（三）健全支持机制拓展发展空间

健全支持机制，才能确保"三社"共建工作持续开展。一是强化财税与金融支持。对于各级财政补助资金、财政帮扶资金及社会捐赠资金，应当明确村集体合作社优先地位，同等条件由"三社"优先承担各类涉农建设项目，如农业生产、基础设施及各项农村社会事业等。各地也要统筹使用生态高效农业发展等涉农专项引导资金，优先支持"三社"发展。进一步落实村集体领办农民专业合作社有关税收优惠政策，金融机构要在信用担保贷款、贷款贴息等方面给予倾斜。二是强化用地用电政策保障。集体领办合作社，需要的配套设施用地，符合国家有关规定的，可以按农用地进行调整和管理。落实好家庭农场和农民合作社的农业生产电价政策，最大限度保障合作社进行农业产业化经营的用电需求。

（四）完善产业发展风险防范机制

推行"三社"共建，在保护农户利益的同时，村集体自身从事生产经营的风险增加，为此，要想方设法防范风险。一是适时组建合作联社抱团发展。

在村级"三社"共建的基础上，由更上一级组织成立联合社，抱团发展。在合作领域上，逐步由单一生产型合作向生产、供销和信用"三位一体"的综合社发展；在纵向上，根据发展的不同时期，扩大产业合作规模，提升抗御风险的能力。联合社解决单一合作社办不了、办不好的事，如统筹产业选择、资金筹措、市场销售等。可以把产品相近的合作社联合在一起，统一产品标准，统一对接市场，也可以由政府搭建公益性平台，吸收各村合作社加入，抱团对接资本，甚至县一级、市一级更高层次建立联合社。县域要建设很多小型经济中心、生活中心，让农民就地城镇化，实现城乡同步、工农互补。二是完善产业发展保险基金。协调保险机构为农民合作社开发多种形式的农业保险产品，开设政策性农业保险绿色服务通道，安排农业保险人员开展"一对一"服务，让社员吃下"定心丸"。

五 结语

本报告以宿迁市"三社"共建的实践探索为基础，深入分析了这一做法对于农村集体经济发展、农村党的组织建设和村民组织认同提升等方面的现实意义。研究发现，党支部引领"三社"共建的集体经济发展模式，既有经济发展的作用，也在一定程度上提升了乡村治理效能，具有一定的现实意义。具体来说，在这一做法中，党的先进性得以充分体现，有效避免了乡村党的建设与经济发展"两张皮"现象；将党的组织功能、村庄能人的市场意识和基层群众的内在动力三方面优势有效结合，真正形成了利益共同体；促进了村庄弱势群体的融入，使得人尽其才、才尽其用；促进了村集体财权与事权的整合，群众对村集体的认同感增强，党员领导的公信力得以提升。"三社"共建价值的充分发挥，还需要不断完善选人育人用人机制、完善农村集体资产管理制度、健全支持机制拓展发展空间、完善产业发展风险防范机制。

在未来的城乡融合发展与现代化进程中，乡村治理必将逐步建立起新秩序和新格局，集体经济发展与乡村治理的融合不断深入，在这一过程中行政力量的恰当干预和适度收放尤为重要。新旧交杂的转型期是乡村基层治理在一段时期内要面对的常态。不管是城乡融合发展还是现代化都要经历一段过程，不是一蹴而就的。城乡各类要素之间的流动只是融合发展的第一步，随着探索推进体制机制的一体化，乡村社会还会经历更多的改变。同样的，乡村的现代化也不是被动的，而是在外来因素的冲击下，不断地吸收与融合，最终形成具有乡村特色的现代化样式，这同样需要经历一段时间的有机发展。因此，拥抱变化，适应这个过程中不断产生的新的治理需求，以及调和新旧模式交替产生的矛盾，是接下来一段时间内乡村基层治理的紧迫任务。

上述过程离不开政策的引导，但也要避免行政力量的过度干预。行政力量介入的优势是迅速、高效，也曾在引领乡村治理转型方面取得一定的成效。然而接下来的一段时间，乡村的转型和现代化即将进入深水期，面临的都是一些根本性的矛盾，在进度上不可操之过急。

参考文献

贺雪峰:《乡村振兴与农村集体经济》,《武汉大学学报》(哲学社会科学版)2019年第4期。

江宇:《烟台纪事》,人民日报出版社,2021。

孔祥智、高强:《改革开放以来我国农村集体经济的变迁与当前亟需解决的问题》,《理论探索》2017年第1期。

李实:《共同富裕的目标和实现路径选择》,《经济研究》2021年第11期。

吕德文:《农村改革40年:社会主义制度实践及其启示》,《中国农业大学学报》(社会科学版)2018年第6期。

马良灿:《新型农村集体经济发展与乡村社会再组织——以贵州省塘约村为例》,《中州学刊》2021年第2期。

孙敏:《三个走向:农村集体经济组织的嬗变与分化——以深圳、苏州、宁海为样本的类型分析》,《农业经济问题》2018年第2期。

赵春雨:《贫困地区土地流转与扶贫中集体经济组织发展——山西省余化乡扶贫实践探索》,《农业经济问题》2017 年第 8 期。

罗博文、孙琳琳、张珩、余劲:《村干部职务行为对乡村治理有效性的影响及其作用机制——来自陕陇滇黔四省的经验证据》,《中国农村观察》2023 年第 3 期。

李兆欣:《迈向乡村治理现代化的内生困境与实现机制》,《农业与技术》2023 年第 8 期。

青海乡村治理实践经验及启示

崔耀鹏[*]

摘　要：青海在乡村治理方面积累了丰富的经验，包括坚持党的领导、推动多
元主体参与、促进民族文化融合、加强生态保护与治理以及应用科技
创新等方面。这些经验为维护社会稳定、促进经济发展、保障民生
福祉、推进治理提供了重要保障。同时，我们也应该看到，青海乡村
治理还面临着一些问题和挑战，需要不断完善乡村治理体系，提高
乡村治理能力，为实现社会长治久安和人民的幸福生活做出更大的
贡献。

关键词：乡村治理　生态保护　青海省

乡村治理是国家治理体系和治理能力的重要组成部分，关乎社会稳定、
人民幸福和国家长治久安。青海地处青藏高原，是多民族聚居、生态环境脆弱
的地区，乡村治理面临着诸多特殊的挑战。然而，在长期的社会治理实践中，
青海积极探索创新，形成了一系列具有地方特色的乡村治理经验，为维护地区

---

　　*　崔耀鹏，青海省社会科学院政法研究所助理研究员，主要研究方向为党史党建、基层治理。

稳定、促进经济发展、保障民生福祉发挥了重要作用。本文深入分析青海乡村治理的主要经验，以期为进一步推进乡村治理现代化提供参考。

一 青海乡村治理的背景与挑战

（一）多民族聚居

青海是一个多民族聚居的省份，少数民族种类繁多，各具特色。据第七次全国人口普查公报显示，青海共有 54 个民族，其中世居的少数民族主要有藏族、回族、土族、撒拉族和蒙古族，这些民族在青海的历史与文化中占据了重要地位。青海拥有丰富多样的民族文化，各民族在长期的历史发展中形成了独特的语言、宗教信仰、风俗习惯和价值观念。这种多元文化为乡村治理提供了丰富的文化资源和人文底蕴，促进了各民族文化的交流与融合。不同民族的文化传统可以为乡村治理提供新的思路和方法。例如，一些民族的传统纠纷解决方式与现代治理理念相结合，形成具有地方特色的治理模式。多民族聚居的青海，各民族之间长期以来相互交往、相互帮助、相互尊重，形成了深厚的民族团结进步的社会基础，这为乡村治理提供了良好的社会环境和社会条件。民族团结进步促进了社会稳定和谐，增强了各民族对乡村治理的认同感和参与度，共同推动乡村治理的创新与发展。

各民族在语言、文化、宗教信仰、生活习俗等方面存在较大差异，这给乡村治理带来了挑战。如何促进各民族之间的团结和谐、共同发展，是青海乡村治理面临的重要问题。一是文化差异与冲突。不同民族的文化差异可能导致在价值观、行为规范等方面的冲突，给乡村治理带来难度。例如，在一些涉及民族习俗的问题上，可能会出现不同民族之间的理解和认知差异。文化差异也可能影响到法律法规的实施和政策的执行，需要在乡村治理中充分考虑各民族的文化特点，采取灵活多样的治理方式。二是语言沟通障碍。多民族聚居的青海，不同民族之间的语言差异较大，这给乡村治理中的沟通交流带来障碍。在政策宣传、纠纷调解、公共服务提供等方面，需要解决语言不通的问题，确保各民族群众能够充分理解和参与乡村治理。培养多语种的基层干部和服务人员，提供多语种的公共服务平台，能够有效缓解语言沟通障碍，进而提高乡村治理的效率和质量。三是宗教信仰影响。青海藏族、回族、撒拉族等民族都有自己的宗教信仰，宗教信仰在不同程度上影响着人们的思想观念和行为方式。在乡村治理进程中，需要正确处理宗教与社会治理的关系，引导宗教与社会主义社会相适应。尊重各民族的宗教信仰自由，同时依法管理宗教事务，防止宗教极端思想的渗透和影响，维护基层社会的稳定和谐。

青海多民族聚居既是乡村治理的独特背景，也带来了一系列挑战。在推进乡村治理的过程中，需要充分认识和利用多民族聚居的优势，积极应对挑战，创新治理方式，促进各民族共同团结奋斗、繁荣发展。

（二）生态环境脆弱

青海地处青藏高原，是长江、黄河、澜沧江的发源地，是我国重要的生态安全屏障。青海拥有众多的江河源头、湖泊湿地和草原森林，生态地位极其重要。2016年8月，习近平总书记在青海考察时强调，青海最大的价值在生态、最大的责任在生态、最大的潜力也在生态。[①]这种特殊的生态地位决定了青海在国家生态安全战略中肩负着重大责任，也为乡村治理提供了特定的背景。保护好青海的生态环境，不仅关系到当地人民的福祉，也关系到全国、东亚乃至全球的生态安全和生态平衡。乡村治理需要充分考虑生态保护的需求，将生态治理纳入社会治理体系。尽管生态环境脆弱，但是青海拥有丰富的自然资源，如矿产、水能、风能、太阳能等。这些资源为青海的经济和社会发展提供了潜在的动力，需要在开发利用过程中进行科学规划和严格管理，避免对生态环境造成破坏。乡村治理需要协调好资源开发与生态保护之间的关系，实现经济社会可持续健康发展。

然而，由于自然条件恶劣、生态环境脆弱，青海面临着水土流失、草原

---

① 《习近平在青海考察时强调 尊重自然顺应自然保护自然 坚决筑牢国家生态安全屏障》，《人民日报》2016年8月25日，第1版。

退化、荒漠化等生态问题。如何在保护生态环境的同时实现经济发展和社会进步，是青海乡村治理面临的重大挑战。一是生态保护压力大。由于生态环境脆弱，青海的生态系统一旦遭到破坏，恢复起来非常困难。随着经济社会的发展和人口的增加，生态保护面临着巨大的压力。例如，过度放牧、非法采矿、乱砍滥伐等行为可能导致草原退化、水土流失、生物多样性减少等问题。乡村治理需要加强对生态环境的监管和保护，增强人们的生态保护意识，建立健全生态保护机制。二是经济发展与生态保护的矛盾。青海的经济发展相对滞后，为了提高各族人民群众的生活水平，加快经济发展是当务之急。然而，在经济发展过程中，往往容易忽视生态保护，导致经济发展与生态保护之间的矛盾突出。一些工业项目的建设可能会对周边环境造成污染，旅游业的过度开发可能会破坏自然景观。同时，如果过度强调生态保护，那么，经济发展将受到不应有的限制。2023 年 7 月，青海省委十四届四次全会指出，在青海，守护生态安全无过就是功，加快高质量发展无功就是过。[①] 乡村治理需要在经济发展和生态保护之间找到平衡点，探索绿色发展之路，实现经济、社会和生态的协调发展。三是应对自然灾害能力不足。生态环境脆弱的地区往往更容易遭受自然灾害的侵袭，如地震、泥石流、沙尘暴、雪灾等。青海由于特殊的地理环境和气候条件，自然灾害频发是重要的省情之一。乡村治理在应对自然灾害方面面临着灾害预警、应急救援、灾后重建等巨大的挑战。提高基层应对自然灾害的能力，加强灾害风险管理，建立健全应急管理体系，是青海乡村治理的重要任务之一。四是跨区域生态治理协调难度大。青海的生态环境问题具有跨区域的特点，如江河源头的保护涉及多个州、县的行政区域。跨区域生态治理需要不同地区之间的协调合作，但由于行政区划、利益分配等原因，往往存在协调难度较大的问题。乡村治理需要加强与周边地区的沟通与合作，建立跨区域生态治理协调机制，共同保护好生态环境。

---

① 《中共青海省委十四届四次全体会议召开　牢记嘱托　感恩奋进　抢抓机遇　实干为要　为实现习近平总书记擘画的现代化新青海宏伟蓝图而团结奋斗》，《青海日报》2023 年 7 月 22 日，第 1 版。

（三）经济发展滞后

青海拥有丰富的自然资源，如矿产、水能、风能、太阳能等。然而，由于经济发展滞后，这些资源的开发利用程度相对较低，未能充分转化为经济优势。在乡村治理的进程中，如何合理开发利用这些资源，推动经济发展，成为一个重要的课题。青海还拥有独特的自然风光和民族文化资源，为发展旅游业等特色产业提供了条件。目前这些资源的开发还处于初级阶段，需要进一步加大投入和推动创新，以实现资源优势向经济优势的转化。青海的经济以农牧业和资源型产业为主，产业结构相对单一。农牧业生产方式较为传统，抗风险能力较弱；资源型产业面临着资源枯竭和环境保护的双重压力。这种单一的产业结构使得青海经济发展的稳定性和可持续性受到影响。在乡村治理的背景下，需要加快产业结构调整，培育新兴产业，提高经济发展的多元化程度，增强经济发展的活力和竞争力。

青海地处西北内陆，经济发展相对滞后，基础设施建设薄弱，公共服务水平不高。这给乡村治理带来了困难，如就业压力大、社会保障不足、教育医疗资源匮乏等问题。如何加快经济发展，提高人民生活水平，是青海乡村治理必须解决的问题。一是财政投入不足。经济发展滞后导致地方财政收入有限，对乡村治理的投入相对不足。这使得乡村治理在基础设施建设、公共服务供给、社会治安维护等方面面临着资金短缺的问题。例如，偏远地区的基础设施不完善，影响了居民的生活质量和社会发展。为了解决财政投入不足的问题，需要积极争取上级政府的支持，同时拓宽融资渠道，吸引社会资本参与乡村治理，提高乡村治理的保障水平。二是人才短缺。经济发展滞后使得青海在吸引优秀人才方面面临着较大的困难。一方面，本地培养的人才大量外流；另一方面，相当一部分外地人才不愿意到青海工作。人才短缺严重制约了青海乡村治理的进程，尤其是在科技创新、教育医疗、社会管理等领域。要解决人才短缺问题，需要加大人才培养力度，提高人才待遇，优化人才发展环境，吸引和留住更多的优秀人才参与青海的乡村治理和经济建设。三是相对贫困问题突出。

虽然青海与全国一道实现了全面脱贫，但是，经济发展滞后导致青海的相对贫困问题较为突出，尤其是在一些偏远山区和少数民族聚居地区。相对贫困不仅影响了各族人民群众的生活质量，也给乡村治理带来了较大压力。例如，相对贫困人口的教育、医疗、就业等问题需要得到妥善解决，否则容易引发社会矛盾。巩固拓展脱贫攻坚成果，加强监测观察，提高相对贫困人口的收入水平，改善他们的生活条件，是青海乡村治理的重要任务之一。同时，要注重扶贫与扶志、扶智相结合，激发相对贫困人口的内生动力。四是社会发展不平衡。经济发展滞后导致青海的社会发展不平衡问题较为突出。城乡之间、地区之间、行业之间在基础设施、公共服务、收入水平等方面存在较大差距，这种不平衡不仅影响了社会公平正义，也给乡村治理带来了挑战。促进社会发展平衡，缩小城乡和地区差距，需要加大对落后地区的扶持力度，加强基础设施建设，提高公共服务水平，推动城乡一体化发展。

二　青海乡村治理的实践经验

青海在推进乡村治理的实践过程中，形成了以下几个方面的重要经验：坚持党的领导是青海乡村治理的根本保证，推动多元主体参与是青海乡村治理的重要方式，促进民族文化融合是青海乡村治理的重要渠道，加强生态保护与治理是青海乡村治理的重要内容，应用科技创新是青海乡村治理的重要手段。

（一）坚持党的领导是青海乡村治理的根本保证

1. 发挥党组织的核心作用

中国共产党是中国特色社会主义事业的领导核心，也是乡村治理的领导核心。在青海乡村治理中，党的领导发挥了至关重要的作用。全省基层党组织数量不断增加，从 2014 年的 1.95 万个增加到 2023 年的 2.19 万个。根据 2024 年 7 月中共青海省委组织部公开发布的《2023 年青海省党内统计公报》，截至 2023 年 12 月，全省 43 个城市街道、362 个乡镇、522 个社区（居委会）、

4149 个行政村已建立党组织，覆盖率 100%。全省共有机关基层党组织 0.54 万个，事业单位基层党组织 0.43 万个，企业基层党组织 0.50 万个，社会组织基层党组织 0.06 万个。各级党组织充分发挥战斗堡垒作用，加强对乡村治理的领导，确保乡村治理始终沿着正确的方向前进。党组织通过制定政策、整合资源、协调各方力量，为乡村治理提供了坚强的政治保障和组织保障。例如，在玉树地震灾后重建过程中，党组织带领群众积极开展抗震救灾和重建工作，玉树实现了从废墟到新城的华丽转变，展现了党组织强大的凝聚力和战斗力。

2. 加强党员干部队伍建设

党员干部是乡村治理的中坚力量。青海高度重视党员干部队伍建设，通过加强教育培训、提高政治素质、增强业务能力，打造了一支忠诚干净担当的党员干部队伍。圆满完成 2021 年市县领导班子换届，选出新一届市（州）领导班子成员 314 名，市（州）党政班子成员平均年龄较上届下降 1.2 岁，有 118 名干部实现交流任职，市州党政正职中具有县级党政正职经历的占 31.3%，31 名在县级党政正职岗位上任职时间较长、实绩突出的干部进入市州班子，领导班子结构明显改善，专业水平明显提高，经历来源明显拓宽，班子结构性配备比例全部达标或超标准完成，大幅提升了市县领导班子的整体功能。[①] 截至 2023 年 12 月 31 日，全省共产党员总数为 45.37 万名，比 2022 年底净增 0.94 万名，增幅为 2.12%。[②] 青海党员干部深入基层、服务群众，积极发挥先锋模范作用，带领广大群众共同参与乡村治理，为推动青海乡村治理做出了重要贡献。

（二）推动多元主体参与是青海乡村治理的重要方式

1. 政府主导

政府在乡村治理中发挥着主导作用。青海各级政府积极履行职责，加强

---

① 郑思哲、青组：《树立鲜明导向 建设高素质专业化干部队伍——党的十九大以来青海干部队伍建设工作综述》，《青海日报》2022 年 7 月 26 日，第 10 版。
② 中共青海省委组织部：《2023 年青海省党内统计公报》，《青海日报》2024 年 7 月 1 日，第 4 版。

社会管理和公共服务，为乡村治理创造良好的环境。各级政府通过制定政策法规、加大投入力度、加强监督管理等措施，推动乡村治理各项有序开展。同时，政府还积极引导社会组织、企业和个人参与乡村治理，形成了政府主导、社会协同、公众参与的乡村治理格局。例如，青海省会西宁市在社区治理中，政府积极推动老旧小区改造，投入大量资金改善居民生活环境。同时，政府还引导社会组织参与社区服务，为居民提供养老、托幼、文化娱乐等多元化服务。

2. 社会组织协同

社会组织是乡村治理的重要力量。青海积极培育和发展社会组织，充分发挥社会组织在提供公共服务、反映群众诉求、促进社会和谐、生态环境保护等方面的积极作用。目前，青海省共有社会组织 5635 家，其中，社会团体 3972 家，占 70.49%；社会服务机构 1630 家，28.93%；基金会 33 家，占0.59%。① 从社会组织的层级看，县（区）级社会组织占 72.25%，市（州）级社会组织占 14.87%，省级社会组织占 12.88%（见图 1）。青海社会组织主要分布在工信、商务、教育、工商、文旅、农业等经济社会各个行业领域。社会组织通过开展志愿服务、慈善救助、文化活动等形式，为乡村治理注入了新的活力。社会组织积极参与政府购买服务，承接政府转移的部分职能，提高了乡村治理的效率和质量。调查了解到，青海省某公益组织长期致力于关爱贫困儿童和孤寡老人，通过募捐物资、开展志愿服务等方式，为弱势群体送去温暖和关爱，在乡村治理中发挥了积极的协同作用。

3. 企业参与

企业是乡村治理的重要参与者。青海积极引导企业履行社会责任，参与乡村治理。企业通过开展扶贫帮困、捐资助学、环境保护等活动，为乡村治理做出了重要贡献。企业还积极参与生态保护、环境治理、社区建设、提供就业岗位、促进经济发展，为乡村治理贡献力量。

---

① 数据来源于青海省社会组织信息网，https://mzt.qinghai.gov.cn/qhsgj，最后检索日期：2024 年 10 月 9 日。

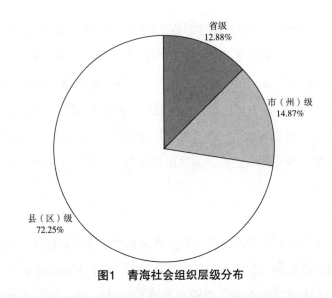

图1 青海社会组织层级分布

案例1：青海正平股份公司积极履行企业社会责任

青海正平路桥建设股份有限公司（简称"正平股份"，股票代码603843. SH），成立于2011年12月，前身为湟中县正平公路工程公司，是一家大型基础设施综合服务商，主要从事城镇、交通、水利、电力等基础设施的投资、建设、运营、设施制造、综合开发等业务。公司积极践行"让我和更多的人生活得更美好"的宗旨，立足实际、聚焦实业、创新经营、把企业做大做强做优的同时，响应党和政府的号召，切实履行社会责任，最大力度回报社会。在社会公益活动方面，公司先后参与党政军企共建示范村、百企联百村、中国光彩行等活动；在基础设施建设方面，结合自身优势特点，捐建农村基础设施，改善贫困地区群众的生产生活条件；实施产业精准扶贫，帮助贫困乡村发展村集体经济，解决贫困村的实际困难；在教育扶贫方面，通过开展教育扶贫和金秋助学，推行正平学院"产教融合"模式，为数以千计的贫困地区大学生就业创造条件，阻断贫困的代际传递；在灾害应急处理方面，面对重大自然灾害，正平股份公司甘于奉献，先后参与多项灾害救援工作，体现了作为地方民营企业的社会责任担当。

4.公众参与

公众是乡村治理的主体。青海积极引导公众参与乡村治理，提高公众的参与意识和能力。通过建立健全公众参与机制，保障公众的知情权、参与权、表达权和监督权，提高乡村治理的科学化、民主化水平。社会公众通过参与社区事务、志愿服务、民主监督等形式，为乡村治理贡献自己的力量。在一些社区，居民自发组成志愿服务队，参与社区环境整治、治安巡逻等活动。

案例2：西宁市创新开展群众满意的"十佳"单位和群众不满意的"十差"单位评议

西宁市采取大数据评议、督促整改评议、评议结果运用相结合的办法，主要围绕贯彻落实中央和省市工作部署，落实全面从严治党主体责任，持续优化营商环境，联系群众、服务改善民生，敢于担当、积极履职尽责，进一步激发党员干部干事创业的热情，同时也鞭挞后进，给基层干部拧紧作风建设的"发条"。

案例3：黄南藏族自治州泽库县探索评选"蜗牛奖"

泽库县深入践行青海省委"干部要干、思路要清、律己要严"要求，出台《泽库县"蜗牛奖"认定办法（试行）》，将工作推动不力、重点任务落实不到位等7种情形列入"蜗牛奖"评定范围，每半年开展一次评定。2024年有2个县直部门和1个乡镇被评定为"蜗牛奖"，进一步警示全县各级党组织和广大党员干部尽心谋事、尽力干事、尽责成事。

（三）促进民族文化融合是青海乡村治理的重要渠道

1.尊重民族文化差异

青海各民族在长期的历史发展过程中，形成了各具特色的民族文化。在乡村治理中，青海在尊重各民族文化差异的基础上，保护和传承各民族优秀传统文化，推动中华民族共同体建设。通过加强民族文化教育、开展民族文化活动、保护民族文化遗产等措施，促进了各民族文化的交流与融合。在海北藏族自治州，当地政府积极保护和传承藏族传统民俗文化，同时也鼓励其他民族了解和参与藏族文化活动，促进各民族之间的相互理解和尊重。

2. 弘扬优秀民族文化

青海各民族在长期的生产生活实践中，形成了团结友爱、勤劳勇敢、自强不息等民族文化精神。在乡村治理中，青海积极弘扬民族文化精神，将其融入乡村治理的各个方面。通过开展民族团结进步创建活动、加强爱国主义教育、培育和践行社会主义核心价值观等措施，增强各民族的凝聚力和向心力，促进乡村治理的和谐稳定。青海广泛开展民族团结进步创建活动，评选出一批民族团结进步模范集体和个人，营造浓厚的民族团结氛围。2024年9月27日，全国民族团结进步表彰大会在北京举行，352个全国民族团结进步模范集体和368名全国民族团结进步模范个人受到表彰，其中，青海有13个集体和15名个人受到表彰。

3. 创新民族文化治理

青海积极探索创新民族文化治理模式，将民族文化与乡村治理有机结合起来。通过开展民族文化特色社区建设、民族文化产业发展、民族文化旅游开发等活动，促进民族文化的传承与发展，同时也推动乡村治理的创新与发展。在互助土族自治县，当地政府大力发展土族民俗文化旅游，打造了一批具有民族特色的旅游景点和文化产品。通过发展民族文化旅游，不仅促进当地经济发展，也增强土族群众的文化自信和民族自豪感。

（四）加强生态保护与治理是青海乡村治理的重要内容

1. 树立生态优先理念

青海高度重视生态环境保护，牢固树立生态优先理念，将生态保护与治理作为乡村治理的重要内容。通过加强生态环境保护宣传教育、增强公众生态环保意识、建立健全生态保护制度等措施，营造了全社会共同参与生态保护与治理的良好氛围。在三江源地区,当地政府通过开展生态保护宣传教育活动,增强牧民群众的生态环保意识。牧民群众自觉参与生态保护,减少牲畜养殖数量,实行轮牧休牧,为保护三江源生态环境做出了重要贡献。

2. 推进生态保护工程

青海积极推进生态保护工程建设,加大对生态环境的保护和修复力度。通过实施三江源生态保护和建设工程、祁连山生态保护与综合治理工程、青海湖流域生态环境保护与综合治理工程等重大生态保护工程,有效改善生态环境质量,为乡村治理提供良好的生态基础。特别是三江源生态保护和建设工程实施以来,通过退牧还草、湿地保护、黑土滩治理等措施,三江源地区的生态环境得到显著改善,水源涵养能力不断增强。

3. 发展生态经济

青海积极探索发展生态经济,将生态优势转化为经济优势。通过发展生态农牧业、生态旅游业、清洁能源产业等生态产业,实现生态保护与经济发展的良性互动,为乡村治理提供坚实的经济支撑。在海南藏族自治州,当地政府大力发展生态畜牧业,推广有机养殖和绿色种植,打造一批特色农产品品牌。同时,当地还积极发展生态旅游业,利用独特的自然风光和民族文化资源,吸引大量游客前来观光旅游。

(五)应用科技创新是青海乡村治理的重要手段

1. 建设智慧社区

青海积极推进智慧社区建设,利用互联网、物联网、大数据等信息技术,提升社区管理和服务水平。通过建设智慧社区平台,实现社区信息的互联互通、资源共享,为居民提供便捷高效的服务。智慧社区建设提高社区安全防范能力,为乡村治理提供有力的技术保障。例如,西宁市某社区建设智慧社区平台,居民可以通过手机 App 实现物业费缴纳、报修、社区活动报名等功能。同时,社区还安装智能门禁、监控等设备,提高社区的安全管理水平。

2. 推广科技应用

青海积极推广科技应用，将科技创新成果应用于乡村治理的各个领域。例如，截至 2024 年 5 月，黄南州累计建成 4G 基站 1847 座、5G 基站 429 座，总投资 8.79 亿元；全州光纤网络和 4G、5G 网络覆盖的广度、深度大幅提升，262 个行政村实现 4G 网络深度覆盖，5G 网络实现主城区各乡镇信号全覆盖；州公安大数据中心、三江源生态大数据平台等相继建成投用。通过推广应用环保技术、农业技术、医疗技术等，提高乡村治理的效率和质量。积极开展科技创新活动，鼓励企业和社会组织加大科技研发投入，为乡村治理提供强大的科技支撑。在农业领域，青海推广应用滴灌、喷灌等节水灌溉技术，提高水资源利用效率。在医疗领域，青海积极推广远程医疗技术，让偏远地区的群众也能享受到优质的医疗服务。

三　青海乡村治理实践经验的意义与启示

（一）重要意义

第一，有序维护社会稳定。青海乡村治理的经验为维护社会稳定提供了重要保障。通过坚持党的领导、推动多元主体参与、促进民族文化融合、加强生态保护与治理以及应用科技创新等措施，有效化解社会矛盾，维护社会和谐稳定。特别是在多民族聚居地区，通过促进各民族之间的团结和谐，增强民族凝聚力和向心力，为维护社会稳定奠定坚实的基础。

第二，有效促进经济发展。青海乡村治理为促进经济发展提供社会支撑。通过加强生态保护与治理，发展生态经济，实现生态保护与经济发展的良性互动。通过推动多元主体参与，引导企业和社会组织加大投入力度，为经济发展注入新的活力。应用科技创新提高乡村治理的效率和质量，也为经济发展创造良好的环境。

第三，有力保障民生福祉。青海乡村治理为保障民生福祉提供有效途径。通过加强社会管理和公共服务，提高教育、医疗、就业、社会保障等公共服务水平，满足人民日益增长的美好生活需要。通过促进民族文化融合，丰富人民群众的精神文化生活，提高人民群众的幸福感和获得感。

第四，积极推进治理体系和治理能力。通过坚持党的领导、推动多元主体参与、应用科技创新等措施，构建共建共治共享的乡村治理格局，提高乡村治理的民主化、法治化、智能化、专业化水平。青海乡村治理的经验也为其他地区提供了有益参考，为推进国家治理体系和治理能力做出了青海贡献。

（二）几点启示

第一，全面加强党对乡村治理的领导。加强对乡村治理的领导，首先要确保乡村治理始终沿着正确的方向前进。加强基层党组织建设，提高党组织的凝聚力和战斗力。加强党员干部队伍建设，提高党员干部的政治素质和社会治理能力。加强党组织与社会组织、企业和个人的联系与合作，形成共建共治共享的乡村治理格局。创新党组织的工作方式，提高党组织的社会工作效率和服务水平。

第二，积极推动多元主体参与乡村治理。建立健全多元主体参与乡村治理的机制，保障社会组织、企业和个人的合法权益。加强对社会组织的培育和管理，提高社会组织的服务能力和水平。加强政府与社会组织、企业和个人之间的合作交流，共同推动乡村治理各项工作的顺利开展。建立健全信息共享机制，提高乡村治理的效率和质量。

第三，促进民族文化在乡村治理中实现融合。加强民族文化教育，提高各民族对中华民族的认同感和自豪感。加强对各民族优秀传统文化的保护和传承，促进各民族文化的交流与融合。积极探索创新民族文化治理模式，将民族文化与乡村治理有机结合起来，推动乡村治理的创新与发展。

第四，进一步加强生态保护与治理。加大对生态环境的保护力度，加强生态保护制度建设。加强对生态保护工程的监督管理，确保生态保护工程的质量和效果。探索发展生态经济，将生态优势转化为经济优势。加强对生态产业的支持和引导，提高生态产业的发展水平和竞争力。

第五，积极在乡村治理中应用科技创新。加大对科技创新的投入力度，提高乡村治理的科技水平。加强对科技创新人才的培养和引进，为乡村治理提供强大的科技支撑。积极推进科技创新应用，将科技创新成果应用于乡村治理的各个领域。加强对科技创新应用的监督管理，确保科技创新应用的安全和有效。

青海在乡村治理方面积累了丰富的经验，包括坚持党的领导、推动多元主体参与、促进民族文化融合、加强生态保护与治理以及应用科技创新等方面。这些经验为维护社会稳定、促进经济发展、保障民生福祉、推进治理提供了重要保障。同时，我们也应该看到，青海乡村治理还面临着一些问题和挑战，需要不断完善乡村治理体系，提高乡村治理能力，为实现青海的长治久安和人民的幸福生活做出更大的贡献。

农村改革

在全面推进农业农村现代化过程中巩固和完善农村基本经营制度研究

张克俊　吴　蝶 [*]

摘　要： 在全面推进农业农村现代化过程中，巩固和完善农村基本经营制度对于促进城乡融合发展、实现农民农村共同富裕具有极其重要的现实意义和长远价值。本文对全面推进农业农村现代化过程中巩固和完善农村基本经营制度的基本内涵进行了重新概括，在巩固方面，要继续坚持土地集体所有制，确保土地承包关系长久不变，维护家庭承包经营的基础地位；在完善方面，需顺应农业农村现代化的新趋势，因地制宜提升"统"的层次，丰富统分结合的多种实现形式，推动适度规模经营和现代农业经营体系发展。当前，我国农村基本经营制度存在的"分"得过散、"统"得不足、统分结合不畅等问题与农业农村现代化新发展的要求还不相适应。为此，要扶持和提升小农户、有序推进土地经营权流转、加强农业社会化服务等，解决"分"得过散问题；发

---

* 张克俊，四川省社会科学院农村发展研究所所长、研究员、博导，主要研究方向为城乡融合与乡村振兴；吴蝶，四川省社会科学院农村发展研究所科研助理，主要研究方向为农业经济、党政及群众组织。

展新型农村集体经济组织、培育专业合作社、发挥龙头企业作用等，解决"统"得不足问题；鼓励各地采取多元化模式进一步丰富统分结合的有效形式。

关键词：农村基本经营制度 集体经济组织 社会化服务

党的二十届三中全会通过的《中共中央关于进一步全面深化改革 推进中国式现代化的决定》指出，城乡融合发展是中国式现代化的必然要求，并把"巩固和完善农村基本经营制度"作为"完善城乡融合发展体制机制"的重点内容，充分体现了农村基本经营制度在农村制度体系中的地位和作用。自20世纪70年代末以来，我国逐步建立的农村基本经营制度已成为党在农村政策的基石，深深根植于中国独特的历史和特殊农情，凝聚了亿万农民的智慧与实践经验。在全面推进农业农村现代化进程中，农村基本经营制度的巩固和完善问题至关重要。这一制度不仅是推进乡村全面振兴、建设农业强国的基础和保障，更是农民农村走向共同富裕的基本依托力量。唯有这一制度得到长期有效的巩固和完善，现代农业发展和乡村产业振兴才能真正落地，乡村治理的物质基础才能得以夯实，农民农村共同富裕才能实现。

我国农村基本经营制度以家庭承包经营为基础框架，通过统分结合的双层经营体制，在保障农民生产经营自主性的同时，依托集体经营组织的协调功能和服务体系，促进农业资源的合理调配与集约利用，为农村生产力的可持续发展提供了制度保障。这一制度的形成不仅契合了中国的国情与农情，也顺应了社会主义市场经济的发展要求，成为推动农业生产力发展的主要动力。然而，随着时代的发展、形势的变化和农业农村现代化的不断推进，农村基本经营制度也面临现实挑战：一方面，城镇化的加速发展带来了农村劳动力的转移与土地流转的增多，农村土地的稳定性与农民权益保障亟待加强；另一方面，农业经营方式的转型、科技进步和新质生产力以及市场化的深入发展，要求农村基本经营制度能够与时俱进以适应新形势下的多元化发展需求，这需要对农村基本经营制度进行深化拓展。

　　学界对农村基本经营制度进行了大量研究。现有研究主要聚焦以下几方面。一是对农村基本经营制度内涵的研究。孔祥智等[①]、农业部经管司等[②]均认为家庭经营与统一经营是双层经营体制中不可分割的有机整体，二者共同构成了农村基本经营制度的核心内涵。二是对农村基本经营制度的变迁研究。罗必良等系统梳理了制度变迁的三条路径：从人民公社时期的"两权合一"到家庭经营制的"两权分离"，从承包权与经营权的统一到分离，从小农经济向适度规模经营和多元化经营体系的转变。[③]杨宏力则从权利配置视角，提出了"集权锢农—分权富农—赋权强农"的演进脉络，揭示了制度变迁的内在逻辑。[④]三是对农村基本经营制度的必要性研究。李尚蒲指出农村基本经营制度的必要性源于农业产品的生命特征、农业经营的灵活性和农业劳动监督与考核的困难性，决定了农业生产适宜以家庭经营为主。[⑤]陈锡文进一步强调，农村基本经营制度是农村土地集体所有和农村集体经济组织两大制度的具体实现形式，即土地归农民集体所有，并由作为集体经济组织成员的农户家庭承包经营。[⑥]四是对农村基本经营制度的实现方式研究。孔祥智结合党的二十届三中全会精神，延续"大稳定、小调整"的二轮延包原则，强调在"三权分置"框架下优化土地流转机制，培育新型经营主体，发展新型农村集体经济。[⑦]这些建议为制度的完善提供了重要思路。

---

① 孔祥智、刘同山：《论我国农村基本经营制度：历史、挑战与选择》，《政治经济学评论》2013年第4期，第78~133页。

② 农业部经管司、经管总站研究组：《构建新型农业经营体系　稳步推进适度规模经营——"中国农村经营体制机制改革创新问题"之一》，《毛泽东邓小平理论研究》2013年第6期，第38~45+91页。

③ 罗必良、李玉勤：《农业经营制度：制度底线、性质辨识与创新空间——基于"农村家庭经营制度研讨会"的思考》，《农业经济问题》2014年第1期，第8~18页。

④ 杨宏力：《新中国农村基本经营制度变迁的历史逻辑、理论逻辑和实践逻辑》，《现代经济探讨》2021年第7期，第112~122页。

⑤ 李尚蒲：《农村基本经营制度：在稳定的前提下不断完善——"中国农村基本经营制度学术研讨会"综述》，《中国农村经济》2013年第4期，第92~95页。

⑥ 陈锡文：《当前农业农村的若干重要问题》，《中国农村经济》2023年第8期，第2~17页。

⑦ 孔祥智：《巩固和完善农村基本经营制度》，《社会科学战线》2025年第2期，第88~97页。

虽然已有文献对农村基本经营制度进行了大量研究，但是在全面推进农业农村现代化背景下，该不该继续坚持农村基本经营制度，如何坚持并不断完善农村基本经营制度，仍需要进一步深化研究。本文在厘清农村基本经营制度的历史演变脉络上，进一步阐明农村基本经营制度"巩固"与"完善"的基本内涵，并探索全面推进农业农村现代化背景下完善农村基本经营制度的重要举措，具有重要的现实意义。

一　全面推进农业农村现代化下巩固和完善农村基本经营制度的历史逻辑

农村基本经营制度的形成与发展是一个渐进式的制度创新过程，其演变历程与社会经济发展、土地制度改革以及农业现代化目标紧密相连，呈现出显著的阶段性特征。根据制度变迁的内在逻辑和发展轨迹，大体可以划分为三个阶段：农村基本经营制度的形成阶段、稳定阶段以及发展阶段。农村基本经营制度的巩固和完善，是制度变迁的必然要求和结果。

（一）农村基本经营制度的形成阶段（1978~1993 年）

在计划经济时期，中国农村实行了"三级所有、队为基础，集体统一经营"的制度。这一制度持续时间也较长，但由于实践中未能有效调动农民积极性，成效不佳，最终推动了制度的变迁。在 1978 年改革开放的大背景下，中国农村改革率先在安徽省凤阳县小岗村试行联产承包责任制，并迅速推广至全国。该制度的核心在于将土地经营权下放至农户，在履行国家及集体规定的义务后，农户可自主处置剩余农产品。这种权责重构模式有效调动了生产主体的积极性，推动农业产能显著增长，为特定历史时期的农村经济转型注入创新动能。随着联产承包责任制的成功，邓小平在 1980 年的谈话中明确肯定了包产到户，传递出农村改革势在必行的信号，为家庭联产承包责任制的推行提供了有力的支持。1982 年 1 月，中共中央下发了首个关于"三农"问题的一号文件《全国农村工作会议纪要》，突破了传统的"三级所有、队为基础"的体制框架，明确提出"包产到户""包干到户""大包干"均属于社会主义生产责任制。1983年，中央一号文件进一步提出统一经营与分散经营相结合的原则，开启了双层经营的初步探索。这一体制在坚持土地集体所有制的前提下，兼顾集体经济的规模效益和家庭经营的灵活性，发挥两方面的优势。同年10月，中共中央、国务院发布了《关于实行政社分开、建立乡政府的通知》，宣布结束长达25年之久的人民公社制度，"包产到户"得到了更广泛的推广。1986年，中央一号文件正式提出"统一经营与分散经营结合的双层经营体制"，通过集体经济的统一管理和资源调配，在保持家庭承包经营灵活性的同时，提升了农业生产的组织化与规模化水平。1991年，党的十三届八中全会通过《中共中央关于进一步加强农业和农村工作的决定》，提出以家庭承包经营为基础、统分结合的双层经营体制，并强调在稳定家庭承包经营的基础上，逐步充实集体统一经营的内容，解决家庭无法单独完成的生产任务。1993年，八届全国人大一次会议通过《宪法》修正案，标志着家庭联产承包责任制的法律地位正式确立。

在这一阶段，农村土地所有权归集体所有，经营权则交由农户自主经营、自负盈亏，农业经营主体由集体转向农户家庭承包，并且以纯农户为主体。尽管这一时期的土地产权制度初步解决了土地承包问题，但在承包土地分配时为了体现"公平"这一社会主义特征，土地被划分得过于零散和细碎，制约了农村土地集约化与规模化经营的发展。

（二）农村基本经营制度的稳定阶段（1993~2008年）

20世纪90年代初，部分较早实行家庭承包经营的地区即将面临第一轮土地承包到期，为确保农村土地承包关系的稳定性，中共中央、国务院于1993年11月发布了《关于当前农业和农村经济发展的若干政策措施》，提出为稳定土地承包关系，鼓励农民增加投入，提高土地的生产率，在原定的耕地承包期到期后，再延长30年不变。这一政策的实施不仅增强了农民长期发展的信心，也为巩固农村基本经营制度奠定了坚实的基础，彰显了制度的持久活力与适应性。1998年，党的十五届三中全会通过了《关于农业和农村工作若干重大问题的决定》，正式将"长期坚持以家庭承包为基础、统分结合的双层经营体制"确立为我国农村基本经营制度，成为农业和农村跨世纪发展的重要方针之一。1999年，九届全国人大二次会议将这一制度纳入《宪法》修正案，标志着农村基本经营制度在法律层面得到正式确立。2002年，第九届全国人大常委会第二十九次会议通过了《中华人民共和国农村土地承包法》，明确规定"任何组织和个人不得剥夺和非法限制农村集体经济组织成员承包土地的权利"，法律进一步强调土地承包后所有权性质不变，承包地不得买卖，同时鼓励土地经营权的合理流转，为农村土地使用制度提供了法律依据。2007年，第十届全国人大五次会议通过《物权法》，进一步将土地承包经营权纳入物权范畴，强化农民土地承包权的法律保护，确保农民对土地的长期稳定使用权，并推动土地流转的法治化进程。

这一时期，农村基本经营制度的演变呈现出以下特点：一是通过延长承包期限，家庭土地承包关系的长期稳定性得到进一步保障，农民土地承包经营权获得了更为坚实的物权保护；二是政府积极推动土地承包经营权的流转，鼓励农民依法、自愿、有偿地进行流转，有效促进土地资源的优化配置，为农业规模化经营和现代化发展奠定了基础。

（三）农村基本经营制度的发展阶段（2008年至今）

2008年，党的十七届三中全会通过了《中共中央关于推进农村改革发展若干重大问题的决定》，明确指出要坚持和完善农村基本经营制度，深化农村土地制度改革，进一步推进农村土地承包经营权流转，促进规模化经营，提升农业现代化水平。2013年中央一号文件提出，充分发挥农村基本经营制度的优越性，着力构建集约化、专业化、社会化相结合的新型农业经营体系。鼓励和支持承包土地向专业大户、家庭农场、农民合作社流转，发展多种形式的适度规模经营。这是我国首次从政策层面鼓励家庭农场和农业企业参与农业生产经营，表明家庭经营基础上的多元经营初具雏形。同年 11 月，党的十八届三中全会强调，鼓励承包经营权在公开市场上向专业大户、家庭农场、农业企业流转，发展多种形式规模经营，明确了通过土地流转推动农业规模化的政策导向。2014 年，中共中央办公厅、国务院办公厅发布《关于引导农村土地经营权有序流转发展农业适度规模经营的意见》，正式提出了"三权分置"的改革思路，这一政策坚持农村土地集体所有制，同时实现了所有权、承包权、经营权的分离，形成了更加灵活的土地流转机制，为农业现代化提供了有力的制度保障。2015~2017 年，中央一号文件均提出了深化农村改革的要求，继续聚焦农村基本经营制度的坚持与完善。2015 年提出要稳定农村土地承包关系，推进土地"三权"分置改革，鼓励承包土地流转，加快构建新型农业经营体系，促进农业现代化。2016 年中央一号文件再次强调坚持农村土地承包制度不动摇，推动土地承包经营权有序流转，支持多种形式的适度规模经营。2017 年党的十九大报告进一步提出保持土地承包关系稳定并长久不变，深化承包地"三权分置"改革，确保农民的土地承包权、经营权和收益权更加明确和稳定，给农民注入了一剂"强心针"。2018~2023 年中央一号文件持续强调"巩固和完善农村基本经营制度"，聚焦推动乡村振兴战略的实施，推进农业农村现代化，促进农村土地制度改革。2024 年，党的二十届三中全会通过的《中共中央关于进一步全面深化改革　推进中国式现代化的决定》进一步强调了巩固和完善农村基本经营制度的要求。从 1982 年的"坚持和完善农村基本经营制度"，到 2008 年的"稳定和完善农村基本经营制度"，再到如今的"巩固和完善农村基本经营制度"，反映了中央对农村基本经营制度的重视程度不断提升。① 通过不断巩固和完善农村基本经营制度，为农业农村现代化和乡村振兴战略的实施提供更加坚实的制度基础。

这段时期农村基本经营制度的演变特点表现为：一是土地承包关系的稳定性日益增强，农民的承包期不断延长，承包合同的法律保障逐步完善，使

---

① 魏后凯：《在更高层次上巩固和完善农村基本经营制度》，《农村·农业·农民》2024 年第 20 期，第 4~6 页。

农民的土地依赖性和长期利用价值得到更加充分的保障；二是土地承包权和经营权的分离愈加明显，推动土地资源的合理配置，提升土地利用效率，促进土地流转与整合，农民通过保持承包权获得稳定的收入，同时灵活运作经营权，参与更高效、专业化的农业生产；三是家庭经营加速向多元经营转变，合作经营、集体经营、企业经营不断成长；四是集体经济的统一经营得到强化，集体经济组织通过整合土地资源、加强组织化经营、实施规模化种植与养殖，发挥更大的协同效应，推动农村经济的集约化和规模化发展。

纵观改革开放以来农村基本经营制度的历史发展脉络与制度变迁可以看出，我国农村基本经营制度是不断向前发展和完善的，其内核始终保持稳定。具体而言，土地集体所有制始终未变、农户家庭对土地的承包依然保持稳定。这一制度的核心特征在于保障土地资源的集体所有性，同时通过多样化的经营方式提高土地的使用效率和经济效益。

二　全面推进农业农村现代化下巩固和完善农村基本经营制度的现实逻辑

农村基本经营制度是我们党在农村政策的根本支撑，为中国式农业农村现代化提供了坚实的制度保障，确保了土地集体所有、农民承包经营的稳定性和可持续性。没有这一制度，党在农村的政策将失去根本依据，农业生产力难以解放，农村经济的稳定与发展将面临严峻挑战。实践证明，改革开放以来，我国农村基本经营制度充分适应了国情和农情，符合社会主义市场经济的发展要求，推动了农业现代化和乡村振兴战略实施。在该制度的作用下，通过土地流转、资源整合与科技创新等措施，提高了土地利用效率和农业生产效益，促进了农村社会的全面现代化，推动了城乡一体化进程。然而，随着新型城镇化、农业农村现代化和城乡融合的不断推进，农村基本经营制度面临突出的现实挑战。

（一）"分"得太散，对农业农村现代化发展进程形成强力制约

我国逐步形成的以家庭承包经营为基础、统分结合的双层经营体制，在改革早期更加突出"分"的特点。土地等生产资料通过好差搭配被分割成小块，均分给农户承包经营，同时，集体所有的生产资料也采取了"能分尽分"的做法。这一方式激发了农民的生产积极性，促进了农业产量的快速增长，但也形成了以千家万户小农经济为主的生产模式，导致农业经营规模普遍较小，呈现出典型的"大国小农"格局。经过几十年的发展，小农户仍是我国农业最基本的经营主体，根据第三次全国农业普查数据，2019 年我国小农户数量占农业经营主体的 98% 以上，小农户从业人员占农业从业人员的90%，小农户经营耕地面积占总耕地面积的 70%，到 2023 年小农户还有 2.3 亿户。[①]绝大多数农户的经营规模"小"而"散"，因农民土地承包地面积小且碎片化严重，导致规模化经营难以推进，限制了农业技术和设施的应用，降低了生产效率。与此同时，许多农村集体经济组织功能薄弱，难以为农户提供统一的生产经营服务和资源整合，这是农业规模化集约化进程滞后的另一大因素。

1. "分"得太散，导致小农户与现代农业衔接存在较大困难

我国小农户的经营规模普遍较小且高度分散，这种"分"得过于零散的现状，严重制约了小农户与现代农业的有效衔接，制约农业农村现代化进程，主要体现在三个维度。一是土地细碎化制约生产效能。据第三次全国农业普查数据，我国农户的户均经营规模仅 0.52 公顷，土地分割达 5.2 块，特别是西南丘陵地区，该情况更为严峻，四川部分农户承包地块超 10 块，单块面积仅0.4~0.5 亩。[②]这种超小规模经营虽未必直接降低生产效率，但显著阻碍了规模效益形成和标准化生产实施。土地细碎化导致的生产效率损失，直接影响农业

---

① 苑鹏:《有的放矢 促进小农户和现代农业有机衔接》,《经济日报》2018 年 7 月 5 日, 第 15 版。
② 《中共中央办公厅 国务院办公厅印发〈关于促进小农户和现代农业发展有机衔接的意见〉》,《人民日报》2019 年 2 月 22 日, 第 1 版。

总产出和家庭经营收入增长，形成现代化进程中的基础性障碍。二是市场竞争力双重弱化困境。在国内市场方面，小农户面临高交易成本与低附加值的双重压力。以初级产品为主的产出结构导致产业链短、抗风险能力弱，跟风种植引发的价格波动挫伤生产积极性。在国际竞争层面，我国农产品价格长期倒挂且面临技术性贸易壁垒，发达国家反倾销措施更使出口通道收窄。在消费升级趋势下，小农户的生产成本、产业结构与市场需求错位加剧，导致其市场空间持续收窄。三是现代要素承接能力不足。现代农业所需的先进技术、设备与风险管理体系，与小农户资源禀赋形成显著落差，受限于资金积累薄弱、受教育水平较低，即便存在政策补贴，多数小农户对新技术应用仍持审慎态度。畜禽养殖等高附加值领域因风险敞口较大，其参与意愿较弱。即便尝试引入新要素，操作复杂性和技术门槛也常导致应用失效。

2. "分"得太散，导致土地流转效率提高难度大

国家鼓励土地流转政策的出台，旨在提升土地利用效率和促进集约化经营，但现实中土地流转市场仍处于初步发展阶段，存在滞后性。全国土地流转面积约占家庭承包耕地总面积的 35.4%，约 64.6% 的耕地仍由 2 亿左右的小农户经营且许多农民倾向于继续家庭自耕。[①] 土地流转效率低主要体现在：一是土地流转主要局限在"熟人"之间。当前农村土地流转中"熟人流转"方式占很大比重，即许多土地在亲属或熟悉的农户之间流转交易。即使村组介入的流转，也常常伴随效率低和法律手续不完备问题，土地资源合理流动范围受限，未能流向更高效的生产者。二是劳动力迁移速度快于土地流转速度。部分外出务工农户依赖留守人口勉强维持耕作，而具备经营能力的农户却因得不到更多土地而无法扩大经营。土地与劳动力资源的错配，导致土地资源未能发挥应有的生产潜力。三是流转土地的利用趋于短期化。当前土地流转许多为短期或不稳定的合约，经营者缺乏长期投资的激励，导致土地利用行为短期化，给土地可持续利用带来不利影响。此外，农户对土地流转

---

① 农业农村部政策与改革司：《中国农村政策与改革统计年报（2022 年）》，中国农业出版社，2023。

相关政策的了解不足、信息不对称和法律法规不完善，进一步加剧了农户参与土地流转的顾虑，部分农户担心一旦流转土地后难以再收回，因此宁愿选择不流转。

3. "分"得太散，导致"谁来种地"问题日益凸显

土地承包经营权分得"太散"，不仅制约了农业规模效益的形成，更导致愿意务农的劳动力越来越少。在城镇化进程加速的背景下，我国农业劳动力市场呈现出"双降双升"的显著特征。从供给结构看，务农劳动力总量持续下降，过去 10 年间，务农人口占农村劳动力的比重下降 18.8%，其中种粮劳动力占比下降 14.2%。[1] 从人口结构来看，从业者老龄化态势加剧，50 岁以上农业劳动者占比由 2013 年的 40% 攀升至 2022 年的 70.6%，年均增幅达 4 个百分点。[2] 这种劳动力绝对数量递减与年龄结构老化的叠加效应，正在形成制约现代农业发展的"双重枷锁"困境，未来"谁来种地"已成为亟待解决的重要问题。

（二）"统"的层次不高，对农村基本经营制度优越性的发挥形成强力制约

在以家庭经营为基础的双层经营体制中，统一经营为家庭经营提供服务的功能明显不足，具体表现在"统"的层次较低、服务能力较弱。在集体经济组织为家庭经营提供服务方面，服务范围通常仅限于村社层面，缺乏跨村或更大范围的资源整合与协调能力，导致"统"的层次不高。专业合作社在"统"的方面，虽然在一定程度上为农村家庭经营提供支持，但普遍存在实力较弱、服务内容不全、服务质量提升有限等问题，难以满足农民日益多样化的需求。龙头企业在"统"的方面，虽然在连接农民家庭经营与市场之间发挥了一定作用，但由于利益联结不够紧密，农民与企业之间的合作缺乏深度与稳定性，合作效果有限。

---

[1] 《史培：大国小农国情下我国小农户何以经营？——基于 26 个省（市、区）5127 户农民的调查与研究》，中国农村研究院网站，https://icrs.ccnu.edu.cn/base/details?id=10601，2024 年 12 月 4 日。

[2] 清华大学中国农村研究院：《关于构建现代化中国特色农业经营体系的几点建设》，https://www.cirs.tsinghua.edu.cn/sannjcyc/3845.jhtml，2024 年 8 月 30 日。

1.农村集体经济组织薄弱，为农户家庭经营提供"统"的服务严重不足

当前我国农村集体经济组织在新型农业经营体系中的功能发挥仍存在显著制约。受制于功能定位模糊、资金短缺和资源匮乏等结构性矛盾，多数村级集体经济组织难以有效承担为农户提供社会化服务的核心职能，导致组织统筹功能呈现弱化态势。这种发展困境在区域维度呈现鲜明差异：东部地区集中了全国76.51%的农村集体经营性资产，资产规模超5000亿元的6个省份均位于东部，而西部省份除川滇陕三省外，其余地区集体资产规模均未突破2000亿元。[①]这种悬殊的区域资源配置格局，不仅直接造成全国集体经济统筹能力分化，更削弱了集体经济组织在跨区域资源整合与协同发展中的枢纽作用。

除此之外，农村集体经济的内生发展动力也尚未完全形成。2017~2022年，全国新型集体经济组织的财政补助收入从1128.8亿元攀升至1544.5亿元，补助收入占比持续超过总收入的20%。[②]这种持续性的财政依赖模式，既揭示了集体经济组织自我造血功能不足，也反映出其服务能力与发展潜力的双重受限。特别是在衔接小农户与现代农业发展方面，集体经济组织因自身实力薄弱，难以构建有效的服务支撑体系，导致组织凝聚力与可持续发展能力受到显著影响。

2.农民专业合作社发展水平不高，为农户家庭经营拓展"统"的作用有限

在双层经营体制下，小农户是农业社会化服务的主要需求主体，其需求呈碎片化特点，但农业社会化服务通常具备统一化和规模化特征，导致服务的精准对接和有效升级面临重重困难。目前，农业社会化服务的供给侧存在服务供给的环节分布不均、服务质量参差不齐以及区域发展不平衡等问题。[③]一

① 农业农村部政策与改革司编《中国农村政策与改革统计年报（2022年）》，中国农业出版社，2023。
② 农业农村部政策与改革司编《中国农村政策与改革统计年报（2022年）》，中国农业出版社，2023。
③ 郭晓鸣、温国强：《农业社会化服务的发展逻辑、现实阻滞与优化路径》，《中国农村经济》2023年第7期，第21~35页。

方面，部分地区的社会化服务主体过度集中于生产环节，而对产前和产后服务的关注不足，导致服务链条的短缺和可持续性下降。另一方面，一些社会化服务主体在提供高质量服务方面具备优势，但整体的服务体系仍未能形成规模效应，部分领域甚至出现供给不足的现象，无法满足小农户日益增长的多样化需求。

作为核心服务载体的农民专业合作社呈现"量质失衡"特征。全国合作社总量突破221.6万家（含1.5万家联合社），但2023年监测数据显示，在产业链延伸方面，500强合作社加工销售收入仅占46.75%，深加工环节缺失明显；品牌建设方面，商标注册覆盖率不足，产品溢价能力薄弱；流通体系方面，虽有34.5%的合作社尝试电商渠道，但传统销售模式仍占主导地位，物流成本挤压利润空间。[①]与此同时，在服务能力层面，多数合作社仍局限于初级产销服务，在技术推广、市场扩展等增值服务领域存在显著短板。

3.真正带动小农户的龙头企业数量少，为农户家庭经营提升"统"的层次不够

作为农业现代化进程的重要引擎，龙头企业承担着市场开拓、生产集约化、加工升级与三产融合的战略职能。截至2024年底，我国已形成以2285家国家重点龙头企业为引领、9万余家县级以上龙头企业为支撑的带动主体矩阵。[②]然而，当前体系仍面临三重结构性矛盾：一是主体质量与规模扩张脱节。尽管龙头企业总量庞大，但能够深度整合产业链资源、建立稳定利益联结机制的主体比例偏低。多数企业与农户的合作仍局限于土地流转、临时用工等浅层协作，缺乏技术赋能、品质管控等增值服务供给。二是利益共享机制松散化。部分龙头企业为追求经营效益，采用短期化合作策略，导致农户难以获得可持续收益。被带动农户主要依赖土地流转费与务工收入，而加工、流通等产业链高价值环节的收益分配明显缺位，暴露出"统而不惠"的制度性缺陷。三是协

---

① 高杨、关仕新等：《2023中国新型农业经营主体发展分析报告（一）——基于中国农民合作社500强的调查》，中国农网，https://www.farmer.com.cn/2023/12/22/99943210.html，2023年12月22日。

② 栾笑语：《夯实"三农"基础推进乡村全面振兴》，《经济日报》2025年3月26日，第10版。

同发展动能不足。龙头企业与农户尚未形成技术标准共建、市场风险共担的深度协作关系。农产品加工环节的价值转化能力薄弱,多数合作仍停留在初级产销阶段,制约全产业链增值空间拓展。

当前"统"的功能仍停留在生产要素的初级整合层面,亟须通过强化契约化协作、完善收益共享机制、构建技术赋能体系,推动龙头企业从"单一经营主体"向"联农共富平台"转型,真正实现农业规模化与农民增收的协同发展。

三 巩固和完善农村基本经营制度的基本内涵辨析

党的二十届三中全会强调,巩固和完善农村基本经营制度是实现农业强国目标的重要基础,也是党的政策基石。鉴于国情农情的特点和双层经营制度本身的优越性、适应性和包容性,这个基本经营制度将伴随全面推进农业农村现代化整个过程,在我国具有持续的、旺盛的生命力。但是,农村基本经营制度必须在新的形势下与时俱进、不断巩固和完善。要巩固和完善农村基本经营制度,就需要深入理解"巩固"什么、"完善"什么。

(一)农村基本经营制度中"巩固"的基本内涵

改革开放 40 多年来,农村经济和社会经历了深刻变革,围绕农村基本经营制度也曾有过争论。一些观点主张集体土地国有化或私有化,质疑农民集体土地所有制的合法性,认为其会导致集体土地所有制的权能弱化、集体经济衰退。与此同时,随着农村劳动力的不断转移、土地承包经营权的高度分散,原有体制的弊端日益凸显,围绕农民与集体的土地承包关系是否应该长期稳定展开了广泛讨论。此外,现代农业多样化经营的兴起与农村家庭非农收入比重的提升,也引发了对农业家庭经营基础地位的思考。面对新形势,"巩固"农村基本经营制度应抓住以下三个方面。

其一,坚持土地集体所有制。土地集体所有制是我国农村基本经营制度的根本，是社会主义公有制在农村的具体实践形态。这一制度设计不仅体现了社会主义生产关系的本质要求，更为历次农村改革提供了稳定的制度框架。在坚持集体所有制的前提下，我国通过家庭联产承包责任制、土地"三权分置"等创新探索，不断完善农业生产经营模式与收益分配机制，既保障了农村发展的独特性，也确保了制度演进中的稳定性与连续性。2019年中央一号文件明确坚持农村土地集体所有，不搞私有化，进一步强化了这一制度的不可动摇性。土地集体所有制的核心价值在于其多重制度功能。从农民权益保障看，它是防止土地兼并、避免农民失地的制度屏障；从粮食安全视角看，它是遏制耕地"非农化"、维护国家宏观调控能力的制度基石；从资源配置效率看，它是防止资本过度集中、优化土地利用结构的制度约束；从农村治理维度看，它是发展集体经济、完善农村公共服务供给的制度依托。一旦偏离这一制度框架，不仅可能导致土地资源向私人资本过度集中，推高城市化成本，加剧农村环境压力，更将动摇农村集体经济组织的基础，削弱农村基础设施建设和公共服务供给能力，危及农村社会的和谐稳定。因此，坚持土地集体所有制，是巩固农村基本经营制度的"根"，决不能有丝毫动摇，这不仅是保障农民权益、促进农村农民共同富裕的关键，也是维护农村经济长远发展的基础。

其二，确保土地承包关系的长久不变。土地承包关系的长久不变指的是集体拥有土地所有权，集体成员依托这种土地所有权并依法获得土地承包经营权，这种集体拥有土地所有权、农民以家庭为单位拥有土地承包经营权的制度安排"长期不变"。[①]党的二十届三中全会通过的《中共中央关于进一步全面深化改革　推进中国式现代化的决定》明确提出，有序推进第二轮土地承包到期后再延长三十年试点，这既是对"长久不变"原则的具体落实，也是应对复杂社会经济环境的重要制度安排。土地承包关系长久不变具有多重制度功能。"土地承包关系长久不变"为协调多元主体利益关系提供了稳定框架。在"三权分置"改革背景下，这一政策既保障了集体土地所有权，又稳定了农户承包

---

① 高帆：《农村土地承包关系长久不变的内涵、外延及实施条件》，《南京社会科学》2015年第11期，第8~15页。

权，更为新型经营主体流转经营权创造了条件，有效平衡了集体、农户、新型主体与国家之间的利益关系，为防止耕地"非农化"、保障粮食安全提供了制度支撑。"土地承包关系长久不变"为优化土地资源配置奠定了制度基础。部分地区通过延长承包期限（如75年）降低土地流转成本，破除产业发展障碍，为农业规模化、集约化经营创造了条件。"土地承包关系长久不变"还为乡村治理现代化提供了重要保障。土地作为农民的核心财产，其承包关系的稳定增强了农民参与集体事务的积极性，通过党建引领与自治、法治、德治相结合，推动了乡村治理效能的提升。这一政策不仅关乎亿万农民的切身利益，更是推进农业农村现代化的重要制度保障。它既体现了党在农村土地制度改革中坚守的"四条底线"——土地集体所有、耕地数量稳定、粮食产量提升、农民利益保障，也为实现乡村善治、促进农业农村高质量发展提供了坚实的制度支撑。在新时代背景下，确保土地承包关系长久不变，既是稳定农民预期的必然要求，也是实现乡村全面振兴的战略选择。

其三，维护家庭承包经营的基础性地位。维护家庭承包经营的基础性地位是确保农村基本经营制度稳定和可持续发展的关键，既符合生产力发展的客观规律，也顺应了广大劳动群众的意愿。家庭承包经营赋予了农民自主决策权和利益分配权，能够根据市场需求和自身条件灵活调整生产结构，提高分配效率。历史数据表明，仅1979~1984年，我国农业生产就接连创下新高，农作物总产值增加42.23%，其中有46.89%的增幅归功于家庭承包经营所带来的效率提升。[1]1979~2024年，全国粮食总产量增长2.13倍，[2]家庭承包经营在农业增效中的作用不可忽视。家庭承包经营不仅是一项制度创新，更是中国农民在实践中创造的伟大成果。调查数据显示，农民对于农村土地实行家庭承包经营制度和自主经营制度的满意度分别高达97%和98%。[3]在评价家庭承包经营

---

① 蒋永穆、赵苏丹：《中国农村基本经营制度：科学内涵、质规定性及演变逻辑》，《当代经济研究》2018年第1期，第28~35+97+2页。

② 《国家统计局关于2024年粮食产量数据的公告》，国家统计局，https://www.stats.gov.cn/sj/zxfb/202412/t20241213_1957744.html，2024年12月13日。

③ 蒋永穆、赵苏丹：《中国农村基本经营制度：科学内涵、质规定性及演变逻辑》，《当代经济研究》2018年第1期，第28~35+97+2页。

对农业发展、农民增收和农村面貌改善的贡献时，分别有 89.92%、87.98% 和 89.15% 的农户认为这一制度带来了显著的积极影响，[①] 几乎没有农户认为家庭经营对农村发展没有帮助。这些数据表明，家庭承包经营模式在实践中得到了广泛认同，成为推动农业增效、农民增收和农村发展的重要制度保障。

（二）农村基本经营制度中"完善"的基本内涵

农村基本经营制度的"完善"，必须紧密对接新时代农村经济与社会发展的新形势，以推进农业农村现代化、建设农业强国和实现共同富裕为核心目标。党的二十大明确了"三农"工作的战略部署，未来五年全面推进乡村振兴，到 2035 年基本实现农业现代化，到本世纪中叶建成农业强国。[②] 这一战略规划体现了党中央对全面建成社会主义现代化强国的深远考量。中国特色农业强国的内涵包括：依靠自身力量保障粮食安全、依托双层经营体制推动农业发展、发展生态低碳农业、传承农耕文明、扎实推进共同富裕等核心要素。在新时代新征程，要完善农村基本经营制度，就必须围绕乡村全面振兴、农业农村现代化、农业强国"三位一体"的目标来进行展开。具体而言，主要从以下三方面进行完善。

一是因地制宜提升"统"的层次。随着农业基础设施的改善、科技水平的提升、生产经营规模的扩大以及农业社会化服务的推进，各地区在不同的生产和经济条件下具备了提升"统"的层次的基础。因地制宜地提升"统"的层次，首先是强化集体经济组织"统"的能力。针对不同地区的经济、社会与自然条件，发展新型农村集体经济，增强其资源整合与服务供给能力。集体经济组织应聚焦土地托管、技术推广、市场对接等领域，通过强化"统"的服务功能，推动集体经济高质量发展，满足农村经济发展的新需求。其次是构建多元化服务支撑体系。突破传统"双层经营"中集体经济组织"统"的局限，围绕

① 蒋永穆、赵苏丹：《中国农村基本经营制度：科学内涵、质规定性及演变逻辑》，《当代经济研究》2018 年第 1 期，第 28~35+97+2 页。

② 檀学文：《在新征程上全面推进乡村振兴》，《经济日报》2023 年 8 月 24 日，第 10 版。

家庭经营需求，发展专业合作社、龙头企业、农业服务机构等多样化服务主体，推动"家庭＋集体"模式向"家庭＋以集体为基础的多元化组织"升级，形成多层次、广覆盖的社会化服务网络。再次是创新资源整合机制。要求突破传统的村级和村民小组级的资源整合模式，向更高层次扩展资源整合范围，以提高资源利用效率和市场竞争力。面对当前和未来发展趋势，传统的以村组为界的"统"模式已难以适应农村经济发展对资源整合的需求，应鼓励各地区结合自身的实际情况创新资源整合机制，打破"村自为界、户自为界"的传统发展模式。最后是探索多样化统分结合模式。根据区域资源禀赋、经济发展水平和社会特点，因地制宜推进统分结合。在资源丰富、基础设施完善的地区，可推进规模化经营与统一管理；在资源分散、基础薄弱的地区，则采取灵活的合作模式，保障小农户利益与参与度。总体而言，提升"统"的层次应坚持"宜统则统、宜分则分"的原则，科学判断统筹领域与分散领域。在土地集中使用、市场联合拓展等方面推进更高层次统筹，同时保留农户在生产经营中的自主性与灵活性。通过分类施策、精准发力，充分发挥区域比较优势，避免资源浪费与管理低效，为农业农村现代化提供适配的制度支撑。

二是培育新型农业经营体系。培育新型农业经营体系是推进农业现代化的重要抓手，其核心在于构建以家庭农场为基础、农民合作社为纽带、农业社会化服务组织为支撑、龙头企业为引领的多元化主体格局。通过加大财政、金融和用地等方面的政策支持力度，推动家庭农场、合作社等主体向专业化、标准化、品牌化方向发展，增强其对农业现代化的引领作用。农业社会化服务作为衔接小农户与现代农业的关键桥梁，通过提供技术推广、物流配送、信息化平台、技能培训等服务，帮助小农户提升生产效率、降低经营成本、拓展增收渠道。同时，鼓励发展多元化服务主体，创新土地托管、代耕代种、统防统治等服务模式，形成覆盖全程、综合配套、便捷高效的社会化服务网络。此外，推动家庭农场与合作社联合、合作社与龙头企业对接，构建"主体联动、资源共享、利益共赢"的协同发展机制，通过产业链延伸和价值链提升，增强农业整体竞争力。这一体系的培育与完善，既是提升农业效率的现实需求，也是实现小农户与现代农业有机衔接的战略选择，为农业农村现代化注入强劲动力。

三是发展农业适度规模经营。农业适度规模经营是从单一农户承包小块土地、独立经营向多主体联合经营的必然转变。推动这一转型，不仅有助于提升农业生产效益，还能增强国际竞争力，是推动农业农村现代化的重要途径。推进农业适度规模经营，关键在于有效引导土地经营权有序流转，促进土地资源的合理配置和优化利用。要在保持土地集体所有权和稳定农户承包权的基础上，进一步放活土地经营权，推动其向家庭农场、专业合作社等新型农业经营主体适度集中。同时，要确保土地流转过程中农民的权益得到保护，防止土地资源过度集中在少数资本手中，兼顾效率与公平。此外，土地适度规模经营与农业服务规模经营还应实现有效衔接，通过加强农业基础设施建设、完善社会化服务体系、创新服务模式，更好推进服务规模经营，使土地规模经营和服务规模经营双轮驱动、统筹推进，从而产生更明显的规模经济效益。

四 巩固和完善农村基本经营制度的着力点

党的二十届三中全会的《中共中央关于进一步全面深化改革 推进中国式现代化的决定》在描述"巩固和完善农村基本经营制度"时指出，"有序推进第二轮土地承包到期后再延长三十年试点""深化承包地所有权、承包权、经营权分置改革""发展农业适度规模经营""完善农业经营体系""健全便捷高效的农业社会化服务体系""发展新型农村集体经济"等，这实际上是对巩固和完善农村基本经营制度的着力点进行了系统阐述，由此，巩固和完善农村基本经营制度的着力点有以下几个方面。

（一）保持土地承包关系稳定并长久不变，巩固双层经营"分"的基础

土地承包关系稳定并长久不变是巩固农村基本经营制度的基石，其核心在于坚持土地集体所有制和家庭承包经营的基本制度，确保农户依法享有承包

集体土地的权利长期稳定。土地承包期限的长短是这一稳定性的重要体现。自1984年中央一号文件提出土地承包期一般为15年以上以来，这一制度不断深化：1993年中央明确耕地承包期到期后再延长30年，2017年党的十九大进一步提出第二轮土地承包到期后再延长30年。这一政策使土地承包关系稳定长达75年，与实现第二个百年奋斗目标的时间节点高度契合。从2024年开始，第二轮土地承包期将在全国范围内陆续到期。目前，安徽、湖南、广西等省区已启动第二轮土地承包到期后再延长30年的试点工作。在实施过程中，需坚持"大稳定、小调整"原则，确保承包关系总体顺延，绝大多数农户原有承包地保持稳定，避免"推倒重来、打乱重分"。同时，针对人口增减、迁入迁出、人地分离等突出矛盾，应通过集体经济组织成员大会等民主协商机制妥善解决，切实保护农户土地承包权益。这一政策的实施，既是对农民土地权益的长期保障，也是稳定农业生产关系、促进农业农村现代化的重要制度支撑。

（二）扶持发展小农户，提升双层经营"分"的集约化水平

提升小农户家庭经营集约化水平是实现农业现代化的重要环节，需通过多维政策与措施推动其生产方式与经营模式的创新优化。一是持续发挥小农户的主体作用。小农户作为我国农业经营中数量最多的主体，其精耕细作的传统优势与现代技术装备的结合，可显著提升生产效率。通过引入现代经营管理理念和先进适用技术，重点发展劳动密集化、技术集约化、生产设施化程度高的园艺、养殖等产业，实现小规模基础上的高产出与高效益。二是支持小农户发展特色优质农产品。结合地方资源禀赋与市场需求，实施"一村一品、一乡一特、一县一业"战略，引导小农户发展地方特色产业。通过标准化生产、专业化经营，推进种养循环与农牧结合，生产高附加值、绿色生态的优质农产品，提升市场竞争力。三是推动小农户融入新产业新业态。深化农业与旅游、文化、生态等产业的融合，发展康养农业、创意农业、休闲农业及农产品初加工、农村电商等新业态。通过延伸产业链与价值链，拓宽小农户增收渠道，增强其抗风险能力。四是鼓励小农户创新创业。完善政策支持体系，提供市场准

入、资金支持、技术指导等服务，推动小农户在家庭种养基础上发展多业经营。同时，健全农村劳动力就业服务体系，拓展就业渠道，鼓励农村劳动力就地就近就业，推动其向第二、三产业领域转移，提升综合收入水平。

（三）发展新型农村集体经济，增强双层经营"统"的集体力量

集体经营是统分结合双层经营体制的核心组成部分，发挥好农村集体经济组织"统"的功能，是释放农村基本经营制度优势的关键。这需要紧密契合社会主义市场经济的要求，通过制度创新与资源整合，为集体经济组织赋能，推动其功能升级与效能提升。一是深化农村集体产权制度改革。巩固农村集体产权制度改革成果，明确集体资产的所有权、使用权、收益权和处分权，确保资产权属清晰，保障集体经济组织成员的合法权益。推动集体经济产权市场化，建设和完善农村产权交易市场，促进集体资产高效流转，提升资源配置效率与集体经济活力。二是推动集体经济多元化发展。充分利用地方资源优势，通过资源开发、物业出租、居间服务、投资入股等方式，重点围绕乡村特色产业、乡村旅游等新兴产业，拓展集体经济发展空间。探索"农村集体经济组织 + 外来资本 + 专业经营团队 + 合作社"的合作模式，引入市场化运营机制，实现集体经济的现代化与企业化管理。三是完善利益联结与社会功能。健全集体经济组织与农民的利益联结机制，确保集体经济发展成果惠及广大农民。强化集体经济组织的社会功能，推动收益投向就业、教育、医疗、养老等公共服务领域，提升农村居民的生活质量与幸福感。

（四）培育发展专业合作社，拓展双层经营"统"的服务空间

专业合作社是推动农村集体经营从单一模式向多元统一经营转变的重要载体，也是丰富"统"的内涵的关键抓手。目前我国专业合作社数量庞大，但整体实力较弱、运作规范性不足的问题依然突出。为此，需从以下几个方面推动专业合作社高质量发展：要鼓励支持专业合作社通过横向联合整合多家合作社资源，降低生产成本提高市场竞争力；通过延伸产业链，推动从农业生产环

节向加工及冷藏物流销售环节拓展，增强产业链的整合能力。要在特色产业优势突出和较为发达的区域，组建综合型联合社推动资源整合，提升区域合作社的整体竞争力。要统筹农产品品牌与合作社品牌一体化建设，形成相互驱动的有效机制，提升合作社的知名度。此外，要大力发展集生产、供销、信用于一体的综合型合作社，整合生产、供销与信用资源，为农民提供全方位服务。

（五）发挥龙头企业作用，提升双层经营"统"的带动层次

龙头企业作为农业产业化的重要引擎，其企业化与产业化经营是提升双层经营"统"的水平的关键路径。通过培育壮大龙头企业，强化其在农业产业链中的带动作用，可形成"头雁"效应，推动农业产业提档升级。鼓励龙头企业通过发展特色产业基地、推动区域品牌化建设，推动农产品的精深加工，完善从生产、加工到销售的全产业链条，提升龙头企业的市场竞争力，使之成为引领产业提档升级的重要支柱。要充分发挥龙头企业的市场引领、技术创新、组织管理等优势，通过"市场牵龙头，龙头带合作社，合作社带农户"的方式，推动生产的规模化、集约化发展；健全龙头企业联农带农机制，强化与农户、合作社间的利益联结，通过"公司＋基地＋农户""公司＋合作社＋农户"等模式，建立稳定的产销衔接体系，共同分担生产经营中的风险，确保农户在产业链增值收益中实现共享。要积极推动龙头企业与合作社、农户组建产业化联合体，在更大范围提升资源整合能力和市场抗风险能力。

（六）协同推进土地流转与社会化服务，不断提高双层经营"统分"结合的规模化水平

在坚持土地集体所有权和稳定农民土地承包权的基础上，深化土地"三权分置"改革，健全土地有序流转机制，放活土地经营权。政府应探索多元化流转方式，如土地入股、托管等，提升土地要素市场化配置效率。土地流转需与城镇化进程、农村劳动力转移、农业科技进步相适应，坚持因地制宜原则，制定符合区域人地关系的流转上限，避免盲目追求规模扩张。在流转过程中，

必须保障农民合法权益，确保其自愿参与并从中获得实际经济收益。完善法律法规，加强对土地经营权自主使用、再流转与抵押等方面的保护，激发农村市场活力。同时，适应农民市民化趋势，在保护进城落户农民土地承包经营权的基础上，建立自愿有偿退出机制，推动土地资源优化配置。

发展多元化社会化服务，提升服务规模化水平。完善农业社会化服务体系，建设区域性服务平台，整合生产、技术、金融和市场资源，打造一站式服务模式，提升服务可及性与效率。引导社会资本进入农业服务领域，通过政策支持和财政补贴，重点投向农业生产资料、技术推广、市场营销等关键环节，实现服务供给多元化。规范发展农民合作社与社会化服务机构，提供农机租赁、联合采购与销售等服务，加强农业技术推广与创新，定期开展技术培训，推动科技进村入户。加快智能农业与数字化农业应用普及，如无人机播种、智能灌溉、农田物联网等，降低生产成本，提升生产效益。健全农产品流通体系，拓宽销售渠道，支持农民通过电商平台与合作社等新型渠道销售，推动农产品品牌建设，提高附加值。建立农产品市场信息服务平台，定期发布价格、供需及趋势信息，帮助农民合理安排生产与销售，提升市场透明度，促进农民增收。

（七）发展多种形式的联合体，不断丰富双层经营"统分"结合的多样化形式

发展多种形式的联合体是丰富双层经营"统分"结合形式的重要路径，旨在通过创新组织模式与协作机制，推动农业经营体系的优化升级。联合体的发展能够有效整合资源、提升效率，促进小农户与现代农业的有机衔接。一方面，鼓励发展"龙头企业＋合作社＋农户"的产业化联合体，通过龙头企业带动产业链延伸、合作社组织农户参与生产，形成稳定的利益联结机制。这种模式不仅能够提升农业生产的规模化与标准化水平，还能通过利润返还、股份分红等方式，让农户更多地分享产业链增值收益。另一方面，推动区域性联合体的建设，整合区域内土地、技术、资金等资源，打破村组界限，实现更大范

围的资源优化配置。例如,通过土地托管、代耕代种等服务型联合体,解决小农户生产中的技术、资金和市场难题,提升农业社会化服务水平。此外,探索"集体经济组织＋新型经营主体＋农户"的合作模式,充分发挥集体经济组织的统筹协调功能,推动资源整合与服务供给。通过联合体形式,既能保留家庭经营的灵活性,又能增强"统"的功能,实现统分结合的动态平衡。这种多样化联合体形式的探索与推广,不仅能够丰富双层经营的内涵,还能为农业现代化提供更加灵活高效的制度支撑,推动农业农村高质量发展。

五 主要结论和建议

改革开放以来,在40多年的发展历程中,以家庭联产承包经营为基础的统分结合双层经营体制为农业发展、农村稳定和农民增收作出了重要贡献。这一体制通过"统"与"分"的有机结合,协调了集体经济与家庭经济的关系,激发了农民的生产积极性,推动了农业农村现代化的进程。然而,在实践中,部分地区过于偏重"分"而忽视"统",或"统"的实施缺乏有效手段,导致农村基本经营制度的优越性未能充分发挥。

为此,一是巩固和完善农村基本经营制度要求随着时代和发展环境的变化不断丰富拓展其内涵。"巩固"在于坚持土地集体所有制、确保土地承包关系长久不变、维护家庭承包经营的基础性地位;"完善"则要顺应全面推进乡村振兴、农业农村现代化和实现共同富裕的需要,因地制宜提升"统"的层次,进一步健全适度规模经营和新型农业经营体系。二是巩固和完善农村基本经营制度的现实需求源于小农户仍是我国农村经济的主体,"大国小农"的国情未发生根本改变,双层经营体制中存在"分"得过散、"统"的功能不足和层次不高等问题。为此,巩固和完善农村基本经营制度的着力点包括:保持土地承包关系稳定并长久不变,巩固家庭经营基础;扶持小农户发展,加强农业社会化服务,提升家庭经营集约化水平;有序推进土地经营权流转,发展农业适度规模经营;发展新型农村集体经济,弥补"统"的不足;培育专业合作社，拓展"统"的范围；发挥龙头企业作用，提升"统"的水平。

巩固和完善农村基本经营制度关乎亿万农民基本权利、农业集约高效发展、农村改革根基稳固以及中国式农业农村现代化。这一过程必须以农民为核心，尊重农民的基层创造，及时总结实践中的新模式和好办法，充分尊重农民意愿，避免强制命令和行政干预，将保障农民利益作为改革的根本出发点和最终目标。同时，要从"大国小农"的基本国情出发，既要适度整合资源，又要灵活分散，避免过度超前或脱离实际的做法，因地制宜、循序渐进地推动土地流转和适度规模经营，确保改革措施稳步推进、切实见效。

农村集体收益分配权有偿退出的有益探索与规范建议

王新志[*]

摘　要： 开展农村集体收益分配权有偿退出，是完善农村集体资产股份权能和赋予农民更加充分的财产权益的有效途径。山东省在全国最早开展农村集体收益分配权有偿退出，建立健全了相关制度体系，规范了农村集体收益分配权退出程序，确定了有偿退出的条件、方式和补偿模式，但也存在农民集体收益分配权退出意愿不强、村集体赎回农民集体收益分配权缺乏资金支持等问题，亟须强化对农村集体收益分配权有偿退出的规范与制度创新。

关键词： 农村集体收益分配权　有偿退出　补偿模式

党的二十届三中全会指出，要保障进城落户农民合法土地权益，依法维护进城落户农民的土地承包权、宅基地使用权、集体收益分配权，探索建立自愿有偿退出的办法。山东省是全国率先在全省范围内部署开展农村集体收益分

---

* 王新志，山东社会科学院农村发展研究所研究员，主要研究方向为农业经济管理。

配权有偿退出工作的省份，2019 年 12 月确定了沂水县、武城县、邹城市等 17 个试点县（市、区）。鉴于此，为总结提炼各地开展农村集体收益分配权有偿退出工作中的主要做法及成效、有益经验，揭示存在的主要问题，山东省社会科学院研究团队赴武城县、沂水县、邹城市进行实地调研，调取了山东省昌乐县、莱西市、乐陵市等县市出台的有关集体收益分配权有偿退出的政策、做法和典型案例。

一 农村集体收益分配权有偿退出的主要做法

（一）建立健全制度体系

从实际调研看，各县（市、区）围绕农村集体收益分配权有偿退出的改革任务，均制定了具体的改革方案，作为推进改革的"首道工序"，并在改革方案的谋划、制定、讨论和完善等各个环节，注重群策群力，实行集体协商，明确了改革的主要任务、进度安排、保障措施等。如昌乐县抽调县、镇两级业务骨干成立专班，深入部分镇（街、区）、村进行实地调研，了解村级实际情况和村民意愿，反复讨论研究，积极对接山东省、潍坊市等有关部门，形成《昌乐县农村集体资产股权有偿退出试点方案》《昌乐县农村集体资产股份有偿退出实施办法》，均对股权有偿退出的范围、条件和程序进行了明确规定，确保有偿退出每个步骤都有章可循，为股权有偿退出工作顺利开展提供了制度支撑和理论依据。

（二）规范农村集体收益分配权退出程序

为了保障农村集体经济组织成员在收益分配权有偿退出过程中的合法权益，确保股权退出有条不紊且具有效率，各县（市、区）均制定了较为严格的收益分配权有偿退出程序。如乐陵市将有偿退出设定为股东申请、集体经济组织审核、成员（代表）大会民主决议、乡镇（街道）审批、公示、签订协议、支付补偿、变更股权、整理归档、股权进入产权市场再流转交易等 10 个步骤，制定《退出申请表》《退股审批表》《退股协议书》《退股证明》等5项资料模板及11项备案归档材料目录。同时，聘请乐陵市意达律师服务所的专业法律顾问，直接到试点村靠前指导，全程参与，对工作环节逐一审核，重点对工作程序监理评估，参与合同文本制定、签订、监督，指导重要环节的公开公示，并对发现的问题及时予以整改，确保试点工作依法规范推进。

莱西市不仅设置了较为完善的农村集体收益分配权有偿退出流程，而且对退出流程的时间节点进行了较为详细的规定，如"股权持有人自愿并提出书面申请——理事会3日内出具受理通知书——理事会15日内拟定退出协议草案——股权有偿退出协议草案制定后15日内提交本集体经济组织成员（代表）大会讨论——在集体经济组织范围内进行不少于7天的公示——报镇政府农村经营管理机构后5个工作日内进行审核——村集体经济组织与退出股权的成员依法签订股权有偿退出协议——股权有偿退出协议签订之日起7日内理事会与退出股权的成员共同到镇政府农村经营管理机构办理股权变更登记"等一系列流程。

（三）合理设定退出条件

大多数县（市、区）在设定农村集体收益分配权有偿退出的条件时采取了较为审慎的原则。如莱西市规定，农村集体经济组织成员如果符合"有稳定收入来源，可维持家庭生活需要以及满足赡养父母与抚养子女义务的""已办理养老保险，或预留相应养老保险金并经本集体经济组织或有效第三方认证的""有固定住所，长期不在本村居住或户口已从本村迁出的""其他特殊情况经村集体经济组织同意的"等条件之一的，可以申请村集体收益分配权有偿退出；"在农村集体经济组织理事会、监事会担任理事会、监事会成员及社员代表在任职期间不得退出或转让股权"。而乐陵市还对村集体经济组织探索开展集体资产股份赎回的条件进行了限制，如要求"村集体账户资金10万元以上""村集体收入稳定且年收入达到3万元以上""已完成农村集体产权制度改革并核发股权证，村集体资产权属清晰无争议"等。

（四）采取灵活退出方式

对于农村集体收益分配权有偿退出的方式，大多数县（市、区）都持较为谨慎的态度，为切实保障农民的财产权益，农民持有的集体收益分配权有偿退出没有突破本集体经济组织的范围，大多采用在本集体内部转让或者由本集体赎回两种退出方式。如乐陵市规定，农村集体收益分配权有偿退出可以是单个股东个人或同一户多个股东退出，也可以整户全部退出；受让股份的，个人持有股份总额原则上不得超过所在农村集体经济组织总股份的5%，且受让人仅享有转让股份份额对应的财产收益权；退出股份的集体经济组织成员，可以在具备条件的情况下，回购退出的股份。

沂水县则积极探索打破集体经济组织内部界限，开发"沂水县农村产权交易网络平台"，将村集体经济组织成员所有股权在系统中整村托管，实现农村集体收益分配权在县域甚至更广范围内的公开交易，明确了继承、集体赎回、内部转让、公开交易4种退出方式，有效破解了农村集体收益分配权流动性弱等难题。2022年新增有偿退出业务143笔，累计股权有偿退出190笔。

（五）形成科学的股权退出补偿模式

从实际调研看，农村集体收益分配权退出补偿一般是根据股权证上每股资产量化价值、资源量化亩数、当前收益及预期收益、双方协商等合理确定。在此基础上，昌乐县积极探索了3种可行的股权退出模式。一是有分红收益的股权退出补偿模式。有分红收益的股权退出一般采取的是有偿转让方式，由交易双方根据每年的分红收益和整个村集体经济的发展情况进行确定，一般以未来一定年份的预期分红收益作为股权交易的金额。宝都街道北关村和东西王村以未来10~20年的分红收益确定有偿退出金额。二是无分红收益的股权退出补偿模式。无分红收益股权的退出一般采取的都是无偿转让的方式。昌乐县开展改革试点较早，各集体经济组织最初登记注册时有部分集体经济组织成员是在校大学生，在改革时他们享有成员身份和股权，参加工作后可能会要求退出成员身份，但是集体经济组织没有分红，所以采取无偿退出股权。三是整户注销股权退出补偿模式。一般情况下，整户退出是有偿退出的常见情况，但是昌乐县尚没有整户主动退出的情况，仅有股权因死亡而整户注销的情况。宝城街道一位孤寡老人为四图村经济股份合作社集体经济组织成员，于2017年2月意外病故，没有任何近亲属和继承人，没有遗嘱。该老人在世期间一直由村集体照顾，老人去世后，经村集体经济股份合作社理事会、监事会和成员代表大会讨论，宝城街道办批准，村集体经济组织通过集体赎回的方式收回该老人股权。

二　农村集体收益分配权有偿退出的主要问题

（一）对股份有偿退出认识与理解不足

从实际调研看，各县（市、区）对农村集体资产股份有偿退出有了初步认识，但仍然存在以下问题，有待进一步改善。如部分地区的村干部认为，如果村民已经进城落户，就不再属于集体经济组织成员了，要求其农村集体收益分配权必须退出；部分农村不允许原是本集体成员的非本集体成员继续持股，要求一些考上公务员、事业编的村民必须退出农村集体收益分配权；由于部分地区政策宣传不到位，部分老年人搞不清集体收益分配权继承与有偿退出的关系，担心去世后其股权将会被集体经济组织无偿收回，于是在其年老或者生病时着急将股权转让；部分地区对农村集体收益分配权转让的条件设置较为宽松，集体经济组织成员很容易将股权有偿退出，很可能导致集体收益分配权以较便宜的价格卖出，无法获取集体收益分配权可能带来的长远收益；部分村干部认为，集体经济组织成员有偿退出其农村集体收益分配权后，集体成员身份也相应地消失，不再享受村内的其他福利待遇。

（二）农民集体收益分配权退出意愿不强

多数村的集体收益分配权价值较低，农民难以因集体收益分配权退出而获得较高收益，对农民来讲，股权退出缺少吸引力，即使符合退出条件的农民退出意愿也不强。武城县394个集体经济组织共量化经营性资产2722.11万元、资源性资产35.57万亩，平均每股经营性资产78.8元、资源性资产686.49平方米，80%的村人均集体收益分配权价值不足100元。沂水县1216个村（股份）经济合作社，量化经营性资产3.40亿元、资源性资产35.9万亩，平均每股经营性资产325.05元、资源性资产228.81平方米。2022年沂水县开展的145笔农村集体收益分配权有偿退出中，每股集体收益分配权价值最高为26667元，在1万元以上的只有6笔，占比为4.14%；5000~10000元的有5笔，占比为3.44%；3000~5000元的有5笔，占比为3.44%；1000~3000元的有17笔，占比为11.72%；500~1000元的有47笔，占比为32.41%；200~500元的有52笔，占比为35.86%；200元以下的有13笔，占比为8.96%。

从实际调研看，大部分农村集体收益分配权价值低，且基本没有集体收益分红，或者只有数额较低的分红，从整体上对集体经济组织成员生产生活等的影响不是很大，因而大部分成员对集体经济组织发展的关注度并不高，大多持有"搭便车"的心态，缺乏对集体经济组织各项经营决策及时、有效的事前协商、事中监督和事后问责。如果缺乏政府的有效引导，大多数集体经济组织成员对当前补偿标准不高的股权的退出意愿并不强烈。同时，对大多数农民来讲，集体收益分配权是维系他们与农村集体经济组织的重要纽带，是集体经济组织成员权的一种具体实现形式，具有重要的身份象征意义和归属性质，一旦失去就会感觉失去了归属感，其象征意义更是大于实际意义。在当前国家鼓励大力发展新型农村集体经济的背景下，虽然农村集体资产资源的价值较低，但如果其具有的经济价值、生态价值、文化价值、社会价值得到有效的开发，集体资产资源的价值将会大幅提升，农民在未来可能获得更高的收益。因此，集体收益分配权退出对于大多数农民特别是进城落户农民来讲没有太大实际意义，故不愿意参与股权退出。

（三）村集体赎回农民集体收益分配权缺乏资金支持

村集体赎回是集体收益分配权有偿退出的重要方式。全国农村集体资产统计数据显示，从资产总额看，超过 3/4 的资产集中在 14% 的村；从资产经营收益看，10.4% 的村收益在 50 万元以上，主要集中在城中村、城郊村和资源充沛的村庄，地域间、村庄间集体资产及其经营收益分布不均衡。因此，大部分农村集体经济组织实力不强，缺乏赎回农村集体收益分配权的资金，无法满足其成员自愿有偿退出集体收益分配权的需求。在集体经济组织无力赎回的情况下，有意退出股权的农民无法退出或者只能选择转让股权。按照目前的政策，股权有偿退出被严格限定在本集体经济组织范围内。而对于大多数实力不强的农村集体经济组织，其自身成员是充分清楚受让股权将会带来的收益情况的，不愿意出较高的价格购买股权，因此有意退出股权的农民只能以较低的价格转让股权或者继续持有股权。如 2022 年沂水县参与农村集体收益分配权有偿退出的 143 个农民中，只有 18 个（12.59%）农民转让给本集体经济组织，其余 125 个（87.41%）都是转让给本集体经济组织成员。

（四）股权有偿退出的真正目标没有达到

相对于集体资产股份初始配置的固化管理与起点公平，有偿退出是集体资产股份在集体、集体成员乃至非本集体成员之间的动态自主调整，是克服集体资产股份静态、固化管理弊端的有效协调机制，有助于在发展变化中实现集体成员之间的动态平衡与实质公平。在中央层面的制度设计中，有偿退出的主要目标人群是部分已进城落户或是具备离农条件的农民，为其提供集体收益分配权价值实现的通道。但是，从实际调研看，参与农村集体收益分配权有偿退出的主要群体并不是部分已进城落户或是具备离农条件的农民，而是考上公务员、事业编的农民和年龄较大的农民。以沂水县为例，2022 年参与农村集体收益分配权有偿退出的 143 个农民中，65 个（45.45%）是因为年龄较大或者因病而选择有偿退出股权，41 个（28.67%）是因为考上了公务员或者是事业编，只有 14 个（9.79%）是因为在外地实现了稳定就业。因此，从沂水县的实际情况看，鼓励进城落户或是具备离农条件的农民退出农村资产股权的目标没有真正实现。

三 规范农村集体收益分配权有偿退出的建议

(一)强化对集体收益分配权有偿退出的培训和学习

中央层面要采取专题培训班、现场观摩会、专家实地调研等方式,加强对省、市、县的培训和指导。省市委农办要加强对县(市、区)的专题调研和跟踪指导,帮助其解决农村集体收益分配权有偿退出中遇到的困难和问题,帮助县(市、区)建立健全涵盖退出方式、门槛条件、价值标准、持股限制、操作程序、保障举措等基本内容的完整的农村集体经营性资产股权有偿退出制度设计。各县(市、区)要建立健全"请进来+走出去""线上+线下"等模式,结合本地实际情况和试点任务内容等,采取集中培训与分散培训相结合、理论学习与现场操作相结合、专题培训与综合培训相结合等方式,举办关于农村集体收益分配权有偿退出的政策解读、专题讲座与业务培训等,不断提高工作人员、乡村干部、农村村民的政策与业务水平,对实践提供尽可能翔实的指导,从而推进股权有偿退出。

(二)科学界定股权退出的条件

各县(市、区)大多以制度文件的形式界定了集体组织成员退出股权的条件,然而从实际执行来看,各县(市、区)对有偿退出事由的管控较为宽松。农民享有的集体资产股份大多附带福利性质,肩负着维持农民基本生存需要、保障正常生活水平的功能。如果对有偿退出事由管控过于宽松,部分农民有可能为了眼前利益而随意实现集体资产股份的有偿退出,短期来看会获得一笔财产收益,但未来可能面临生活艰难窘境。因而,农民意欲退出集体资产股份,必须有明确的事由,不得随意退出。

(三)适度拓宽股权有偿退出的范围

中共中央、国务院《关于稳步推进农村集体产权制度改革的意见》明确指出，现阶段农民持有的集体收益分配权有偿退出不得突破本集体经济组织的范围，只能在本集体内部转让或者由本集体赎回。农村集体所有制是我国公有制的重要组成部分，如果不对集体收益分配权的退出与转让进行限制，就有可能导致农村集体资产流失，影响农村集体经济的稳定和集体成员的基本权益，对集体收益分配权进行适度限制是有必要的。但是如果集体收益分配权只能长期封闭式运作，就无法在更广泛的范围内实现资源的有效配置，难以实现集体经济快速增长和集体资产增值保值。因此，要适度拓宽集体收益分配权有偿退出的范围，允许在部分条件适宜的村庄尝试将 10% 以下或者 20% 以下的集体收益分配权进入农村产权流转交易市场进行交易，允许股权由非集体经济组织成员持有，从而扩大股权的市场交易范围，但是要限定每个非集体经济组织成员持有的股权不能超过 3% 或者 5%。

（四）提高集体收益分配权的市场价值

农村集体收益分配权价值低是限制其有偿退出的重要因素，要激发新型农村集体发展内在动力，增加农村集体经济收入，从而提高集体收益分配权的价值。要构建全方位的要素保障机制，从"人、地、钱"等全面构建支持集体经济发展的政策体系，整合各类政策、项目、资金、资源集中向集体经济组织倾斜。强化集体经济发展用地保障，坚持建设用地指标向乡村发展倾斜，农村腾退的建设用地优先保障本村产业发展、公益事业等，鼓励利用宅基地和地上房屋发展农家乐、民宿、乡村旅游、电子商务等农村产业。深入推进涉农资金统筹整合，乡村振兴重大专项资金向扶持发展村级集体经济重点倾斜，落实农村集体经济组织从事农业生产经营、农业生产服务等方面的税收优惠政策。积极开展普惠金融"整村授信"工程，拓宽农村合格抵质押物范围，提升农村集体经济组织获贷能力。

（五）统筹推进改革，完善配套政策

通过完善配套政策，鼓励部分已进城落户或是具备离农条件的农民自愿

有偿退出农村集体收益分配权，使其在生产要素市场自由流转，实现与其他要素最优组合、创造价值，促进农村集体资产保值增值和农民股东创收增收。一是注重改革的联动性与因地制宜，允许各地在符合法律规定的条件下拥有一定的创新空间，如鼓励有条件的地区开展土地承包经营权、宅基地使用权、农村集体收益分配权"三权"协同自愿有偿退出，推动多种权益组合退出。二是构建农村集体收益分配权有偿退出的风险防范机制，如探索集体收益分配权"赎回"机制，允许已自愿有偿退出集体收益分配权的农民，若保留集体经济组织成员身份，在一定期限内允许以一定条件"赎回"本集体经济组织内部退出的集体收益分配权。同时，要加快促进进城落户农民身份转变，优化住房、医疗、养老等基础设施和公共服务供给机制，确保退股农户进城后与城镇居民享受同等公共服务待遇；要为退股农民提供就业培训，为其获得稳定收入提供保障，提高退股农民的市民化能力。

参考文献

陈伊翔、靳相木：《论进城农民在村"三权"退出的法理逻辑及路径设计》，《农村经济》2021 年第 5 期。

高海：《论农民进城落户后集体土地"三权"退出》，《中国法学》2020 年第 2 期。

张朝阳、赵钦栋、宋春晓：《代际差异视角下农户土地承包权退出意愿与补偿方式选择——基于全国 11 省（区）1012 份农户问卷调查》，《西北农林科技大学学报》（社会科学版）2024 年第 2 期。

余晓洋：《农户土地承包权退出：目标、难点及其条件》，《经济学家》2022 年第 1 期。

祝天智：《城乡融合发展背景下土地承包权退出政策创新研究》，《学海》2020 年第 6 期。

我国宅基地流转改革的路径与方式探究

徐剑锋　曹　立 *

摘　要： 农村宅基地流转对打破城乡土地二元结构、提高农民收入、推进城乡融合与城乡一体化具有重大的意义。多年来，全国各地农村宅基地改革进行了多种试点探索，取得了一些成果，但仍然存在较多问题。我国农村宅基地改革要在符合现有宪法规定的条件下，以促进城乡融合与乡村振兴为目的，尊重基层首创，通过试点逐步稳妥推进。

关键词： 农村宅基地流转　城乡二元分割　城乡融合　乡村振兴

　　宅基地流转是指宅基地使用权的流转，是农村宅基地使用权通过转让获得经济收益的行为。流转方式包括宅基地使用权的买卖、出租、入股、抵押等。从使用权是否变更可分为出租（含入股、抵押等）、转让和退出三种基本方式。

　　党的二十届三中全会指出，城乡融合发展是中国式现代化的必然要求。必须统筹新型工业化、新型城镇化和乡村全面振兴，全面提高城乡规划、建

---

　　* 　徐剑锋，浙江省社会科学院经济研究所副所长、研究员，主要研究方向为区域经济与产业组织学；曹立，宁波大学法学院，主要研究方向为区域经济。

设、治理融合水平，促进城乡要素平等交换、双向流动，缩小城乡差别，促进城乡共同繁荣发展。农村宅基地流转，对打破城乡土地二元结构、资本向农村流动、建立城乡统一的建设用地市场、提高农民财产性收入、推进城乡融合与城乡一体化具有重大的意义。

一 农村宅基地流转发展现状

21 世纪初以来，我国各地尊重群众首创，同时借力全国农村宅基地制度改革试点，稳步推进农村宅基地流转改革。

（一）大力推进农村闲置住房与宅基地的出租、入股与抵押融资

农村闲置住房与宅基地的出租与入股、抵押方式未涉及宅基地使用权变更。多年来，浙江、四川、河北等地通过宅基地流转改革试点，推广宅基地出租、入股方式，盘活宅基地，实现流转，即房屋产权人将房屋及宅基地出租给公司或其他经营者，改造后用于开办农家乐或民宿、电子商务以及其他旅游度假需要，或由产权人将闲置房屋及宅基地双方协商作价入股开发公司，股东获得分红收益。有的则以农户自愿将房屋与宅基地委托村集体统一经营，每年获得租金或红利。与此同时，浙江等地不少农村商业银行开展了农村住房及宅基地的抵押贷款，在一定程度上解决了部分农村居民的生产生活融资需要。

（二）鼓励农村多余宅基地有偿退出

通过政府收购、宅基地有偿退还村集体，或将民房及宅基地与城镇商品房置换等方式，鼓励农村闲置宅基地有偿退出。宅基地置换带有转让性质，但因受到条件的严格限制，并以退出为先决条件，实质上也属于有偿退出。宅基地有偿退出既减少了土地的闲置与浪费，又增加了农民收入，促进了城镇化。宅基地退出后，大多转换为当地政府储备国有建设用地或用地指标。如嘉兴开展以宅基地换钱、换房、换地方，推进集中居住。2023 年浙江义乌等地试行

"集地券"方式，即闲置宅基地换"集地券"。农户自愿退出闲置宅基地，并恢复为农用地或建设用地，由地方政府给予"集地券"。"集地券"可以在专门交易平台转让交易并将交易所得部分的收益上缴给村集体，可以向金融机构申请质押贷款。浙江诸暨的"地票"也类似，"以房换钱、以房换房、以房换保障"，推进闲置宅基地及农房的规范利用。

（三）谨慎推进农村宅基地交易转让改革

一是扩大农村宅基地转让的地域范围。从原来限定的农村宅基地只能在本村集体经济组织成员之间的内部转让，扩大到县域内农村户口之间的交易（如浙江的乐清、义乌、嘉善等试点县），浙江绍兴更是进一步将交易范围扩大到适用于整个绍兴地区的农村户口。这种改革突破了原有的农村宅基地转让区域的严格限制，扩大了宅基地转让交易人群，但仍未能打破城乡土地的区隔。由于农村居民基本上都拥有宅基地，需求不多，民宅价值难以提升，转让的原有格局并没有发生实质性改变。

二是公司开发的租售结合模式。这种模式以浙江联众公司为典型。它由专门开发公司与村集体、农户达成合作意向，由公司出资改造民房，农户除保留部分面积自住外，其余由公司向市场转让30~40年使用权，公司统一聘请农户进行管理物业。联众公司从2004年起通过在浙江临安、淳安等地采用这一模式在农村建设了300多幢民房，以数万元或十多万元价格发售2000多间30年的使用权。农民参与改造的房子因变成新资产而增值，并从公司得到物业管理费、入住度假客人搭伙的餐饮费等收入。

三是村集体有偿收回闲置宅基地，整理开发后再对外转让。村集体通过协商，有偿收回村民闲置的宅基地，根据乡村建设规划进行地块调整，成立开发公司或委托第三方建造新住宅后对外转让，也有的村集体直接将新整理的宅基地按规划要求平整后分块直接对外转让，由购买者按面积、层高、外观等规划设计要求，自己建造后居住。这种住房土地仍为集体所有，但性质类同商品房，可申领房产权证与集体土地使用权证，并可交易转让，但土地使用年限仅为 20 年，到期后双方协商续签。这种模式近年在北京、天津、河北等地的宅基地试点改革农村流行，浙江的湖州、温州等地也出现类似案例。

二 现行宅基地流转中存在的问题

多年来，全国各地围绕农村宅基地改革进行了多种试点探索，取得了一些成果，但仍然存在较多问题。

一是宅基地出租、入股方式难适合多数农村。农家乐、民宿、电商办公等需要合适的环境，大部分农村民宅并不适合，参与这种方式的民房与宅基地并不多，农民的受惠面小，加上受疫情冲击，民宿、农家乐的经营项目出现亏损现象。而出租式宅基地年限短，20 年的最长出租期限使得经营者不敢大规模投入对民宅进行改造装修，制约了流转，近年这类新建项目明显减少。

二是闲置宅基地退出限制条件多，农户退出积极性不高。村民若将闲置宅基地退还给村集体，补偿很少；采用"集地券"或"地票"方式退出，需要将宅基地重新整理成农地，拿到"集地券"后交易条件限制多、程序较烦琐，即便是交通不便、农房破旧的闲置宅基地，村民也不乐意采用这些方式；采用征地式、置换式退出方式，需要纳入政府的建设规划，近年来地方政府大拆大建情况大幅减少，未来这种退出方式也会越来越少。

三是宅基地交易转让难有实质性突破。转让区域从村集体扩大到全县农户的实际意义不大，农村户籍家庭基本上有宅基地，购买需求少。采用"联众"模式，公司需要出让农户多余住房来维持运转，建设的住房基本上会突破农村住房面积规定，实践中，浙江联众公司开发的农村住宅基本上是五层。从购买方来看，没有产权证且只能住 30 年，多为短期度假居住需求，常年还要交物业管理费，居住成本并不低。村集体有偿收回再开发转让成为宅基地流转的一大方式，出让者、村集体与开发商、购买者皆较满意，尤其是由购买者自己盖房方式，村集体没有开发资金负担，购买者有一定的建造自由权，更是受到欢迎，但这种方式因 20 年的期限、合法性存疑，其后续推进受到影响。

三　我国宅基地流转的法律规定与管理制度的变革

20世纪50年代初以来，我国农村宅基地制度经历了从个人家庭所有到集体所有的根本性改变，宅基地转让也经历了从自由到收紧再到逐步放宽的过程。

（一）农村宅基地个人（家庭）所有与自由转让阶段（1950~1963年）

农村宅基地法律是宅基地管理制度的核心。村宅基地流转的困境主要在于法律的限制，农村宅基地只能在农村集体成员之间交易的限制。20世纪60年代初以前，我国城镇与农村的宅基地产权均为农户家庭所有，其转让也没有具体的法律限制。

（二）农村宅基地集体化、转让不限制阶段（1963~1999年）

随着农村人民公社制度的建立，农村土地的集体所有制度得到确立。因农村人口增长而新增宅基地需要由农村集体土地供给。1963年我国开始把农村宅基地调整为所有权归属集体、农户拥有使用权，所有权与使用权分离。此后，农村土地包括宅基地的集体所有制度在宪法中得以确立。受当时户籍制度与经济社会环境的制约，农民难以转变为城镇居民，也难以跨村迁徙，宅基地转让很少发生。也不存在具体的法律禁止宅基地转让。直到20世纪90年代末，农民宅基地使用权的流转范围一直不受限制。

（三）农村宅基地集体所有、转让严格受限阶段（1999~2008年）

改革开放后，农村宅基地转让情况不断增加，尤其是城镇居民到邻近农村购买宅基地造房现象越来越多。20世纪90年代中期到21世纪中期，随着大量农村居民到城里谋生就业并常住，农村闲置宅基地及住房不断增加。与此同时，城镇居民收入大幅增长，城镇商品房价格持续上涨，不少城镇居民到周边农村购买宅基地建房或直接购买农村住宅。在县域内，城镇居民购买农村宅基地建房极为普遍，推动了农村宅基地价格上涨，出现了宅基地投资乱象，农村生产用地不断减少。

为防止农村土地投机炒作与农业生产用地减少，1999 年国务院发布《关于加强土地转让管理严禁炒卖土地的通知》，禁止城镇居民购买农村宅基地，2004~2007 年，国务院、国土资源、国务院办公厅多个部门相继发文重申"城镇居民不得购买农村宅基地、农民住宅或小产权房"。农民对其宅基地的收益权和处分权大大降低。20 世纪 90 年代末以来，我国农村宅基地转让受到严格限制，农村住房与宅基地转让只能在同一个经济集体成员间进行。

（四）农村宅基地集体所有、流转逐步放宽阶段（2008 年至今）

进入 21 世纪，随着城市化的加快、农村闲置的住房与宅基地越来越多，城乡要素市场分割也严重阻碍了农村经济发展与城乡融合。2008 年后，我国农村宅基地管理法规开始朝打破城乡分隔的方向持续调整。2008 年农业农村部发布《关于进一步加快宅基地使用登记发证工作的通知》，有条件开放了乡村引进的专业技术人员、回乡退离休退职人员、复员军人和华侨、侨眷、港澳台同胞入户购买农村宅基地。2014 年中央开始部署集体经营性建设用地入市改革试点工作。2018 年修订《宪法》第 10 条，明确"土地的使用权可以依照法律的规定转让"。2019 年新修订的《土地管理法》第 2 条规定"土地使用权可以依法转让"，明确"建设用地是指建造建筑物、构筑物的土地，包括城乡住宅和公共设施用地、工矿用地、旅游用地等"；第 62 条规定允许进城落户的农村村民依法自愿有偿退出宅基地，鼓励农村集体经济组织及其成员盘活利用闲置宅基地和闲置住宅；第 63 条明确用于经营性用途并依法登记的集体经营性建设用地可以出让、出租等，集体经营性建设用地使用权可以转让、抵押、出资、赠与等。2021 年新修改的《土地管理法实施条例》对集体经营性建设用地管理进行了细化。自此，农村集体经营性建设用地入市有了法律依据，在全国范围内正式合法化。这对于盘活农村集体资产、实现集体土地与国有土地"同权同价"而言具有重大的意义。

随着 10 多年来农村宅基地试点改革的推进,我国现有对宅基地流转的司法实践,从原来的宅基地只能在同一集体经济组织成员中转让,到放宽至全县域农村集体经济成员之间转让,再到闲置宅基地可以通过村组织作为农村建设用地对外转让。有关宅基地流转司法案例出现了诸多"同案不同判"的现象。法学界普遍认为,农村宅基地流转应首先依照土地管理法、物权法的规定。新修订的《土地管理法》《土地管理条例》《物权法》等未明文限定农村住房与宅基地只能在同一经济集体成员内部转让,并且明确农村住宅用地也可以作为农村集体建设用地,对外转让。这也为未来农村宅基地流转制度改革提供了富有弹性的空间。

四 稳妥推进农村宅基地流转改革

农村宅基地改革意义重大,对社会经济的影响也巨大。我国农村宅基地改革要在符合现有宪法规定的条件下,以促进城乡融合与乡村振兴为目的,通过试点逐步稳妥推进。

(一)守正创新,依法改革,走"农村集体建设用地入市"的流转路径

从法律规定与农村宅基地流转现状看,农村宅基地流转改革的红线为"农村宅基地所有权归属农村集体"[①]"只有闲置的农村宅基地才可以转让使用权"[②]"宅基地退出或流转后,不得再申请"[③]"农村宅基地不能由使用者个人对城镇居民转让"[④]"农村建设用地流转年限比同国有土地年限"[⑤]"同一经济集体

---

① 来自《中华人民共和国土地管理法》(2019 年修正版)。
② 来自《中华人民共和国土地管理法》(2019 年修正版)。
③ 来自《中华人民共和国土地管理法》(2019 年修正版)。
④ 来自《国务院关于深化改革严格土地管理的决定》(国发〔2004〕28 号)。
⑤ 来自《中华人民共和国土地管理法》(2019 年修正版)。

成员有优先流转权或转让权"①。而"农村集体建设用地入市"②不触犯这些法律红线。农村宅基地流转可以从"农村宅基地是典型的农村集体建设用地"③入手、在确认闲置宅基地且确权人自愿转让的基础上，依法转换为农村集体经营性建设用地。通过农村集体依规划开发建设，最终实现依法入市流转。

（二）通过小规模试点，逐步稳妥推进

除了遵守合法性，农村宅基地流转改革应力求正面效应强而负面冲击小。可以结合国家试点，选择若干省份开展宅基地入市的改革试点，先选择少数闲置宅基地情况较严重的地区进行。避免宅基地入市对房地产市场的冲击。试点乡村在不改变农村宅基地集体所有权的条件下依法进行、尊重市场规律、自主选择，同时不搞大张旗鼓宣传，重视实效。

（三）明确村集体是村宅基地入市的出让方

农村宅基地所有权为村集体所有，村集体用地的所有权人是土地出让、出租的主体，这是现行法律所规定的。这就涉及农村住房转让的住房与土地、所有权与产权使用权的分离问题。住房只能与宅基地一同由村集体转让，住房由产权人委托村集体转让，产权人与村集体共同商定宅基地转让价格及收益分配（浙江义乌等地规定农房宅基地出让的集地券收益的 10% 上缴给村集体）。

（四）推进宅基地流转的全过程人民民主

农村宅基地的回收征用或转让价格、宅基地出让收益上缴村集体的比例应由村集体全体村民讨论决定。严格遵守《土地管理法》的规定，集体经营性建设用地出让、出租等，应当经本集体经济组织成员的村民会议三分之二以上成员或者三分之二以上村民代表的同意。村集体宅基地流转收益与使用明细

---

① 来自《中华人民共和国农村土地承包法》（2018 年）。
② 来自《中华人民共和国土地管理法》（2019 年修正版）。
③ 来自《中华人民共和国土地管理法》（2019 年修正版）。

须对全体村民公示。农村住房及宅基地入市转让，村集体居民应拥有优先购买权。

（五）结合"千万工程""空心村"改造推进宅基地流转

集体开发转让模式符合"农村集体经营性建设用地入市"的法规。加快我国"空心村"整治改造，支持村集体回购村民多余宅基地，在村庄建设规划引导下，进行统一的开发并上市流转。它可以成为农村"千万工程"建设与美丽乡村建设的关键抓手，对重振乡村、提高农民与村集体收入有着重要的意义。

（六）让农民自主选择宅基地入市方式

目前符合相关法律的农村宅基地流转方式主要有三种。其一，村集体回购村民多作宅基地，自主或合作开发建设，并将新建住房入市转让，住房类同于商品房，购买者可依法拥有产权证；其二，类似于前者，但不直接建新住房，而是将宅基地规划平整后直接入市，由购买人按规划要求自己建房，申领产权证。这种方式可以使村集体不需要背负上建设资金负担；其三，村民住房与宅基地直接入市。对于较新的已确权的合规农村住房，其所有人有其他稳定住所，自愿要求入市转让的，根据现行法律可以由村集体与转让者商定宅基地转让价格，由村集体与产权人作为房地产共同所有人出让宅基地（住房），宅基地收益按规定比例上缴村集体。

（七）延长宅基地流转年限

现行土地管理法规定"集体经营性建设用地的出租，集体建设用地使用权的出让及其最高年限、转让、互换、出资、赠与、抵押等，参照同类用途的国有建设用地执行"。但目前在农村推行城市商品房的 70 年年限难度较大，对城市房地产冲击也较大。可以参考农村集体的工业、文教体、旅游、综合等建设经营用地 50 年年限规定，其与目前 2% 的住房年折旧率也吻合。建议浙江率先允许农村宅基地入市转让试行 50 年年限。

（八）加大对农村宅基地非法交易的清理力度

农村宅基地或住房交易一直普遍存在，有调查表明我国东部地区农村闲置宅基地占比 20% 左右，浙江农村的闲置宅基地占比超过 20%，大城市市郊农村非法转让或变相长租的普遍存在，大中城市近郊的农村往往有不少宅基地私下转让给外地城镇居民，形成的"影子市场"，在一定程度上扰乱了房地产市场与金融秩序，更会对农村宅基地的合法流转改革产生不利的影响。严格限制宅基地私下交易，加快对已私下转让的宅基地的处罚与重走合法程序的同时，严格执行农村宅基地"一房一地""退出不再有"制度。

会议综述

学习运用"千万工程"经验
推进乡村全面振兴

——"学习运用'千万工程'经验研讨会
暨第二十届全国社科农经协作网络大会"会议综述

刘鑫开　于元赫[*]

2024 年 12 月 6~8 日，由中国社会科学院农村发展研究所、中国社会科学院城乡发展一体化智库、浙江省社会科学院、丽水学院主办，浙江省社会科学院发展战略和公共政策研究院、中国（丽水）两山学院承办的"学习运用'千万工程'经验研讨会暨第二十届全国社科农经协作网络大会"在浙江省丽水市召开。来自中国社会科学院、农业农村部、国务院发展研究中心、各省（区、市）社会科学院、高等院校及丽水市委、市政府等单位的 100 多名专家学者、政府干部参加了会议。本次大会以"学习运用'千万工程'经验，推进乡村全面振兴"为主题，旨在深入贯彻党的二十大、二十届三中全会及 2024 年中央"一号文件"精神，系统探讨学习运用"千万工程"工作经验及其对推进乡村全面振兴的理论与实践价值。

---

* 刘鑫开，中国社会科学院大学应用经济学院硕士研究生，主要研究方向为区域经济、农村发展；
　于元赫，中国社会科学院农村发展研究所助理研究员，主要研究方向为资源环境政策经济分析。

在本次会议上,中国社会科学院学部委员、农村发展研究所所长魏后凯,中国乡村振兴发展中心主任黄承伟,贵州省社会科学院院长黄勇,国务院发展研究中心农村经济研究部原部长叶兴庆,浙江大学中国农村发展研究院院长钱文荣等,分别就学习运用"千万工程"经验推进乡村全面振兴、实现城乡融合发展与共同富裕、深化农村改革等重大问题作了主旨发言;此后,全体参会人员围绕"学习运用'千万工程'经验与推进乡村全面振兴""乡村治理体系与治理能力现代化""新质生产力与农业现代化"等主题进行了深入研讨和交流。现将与会专家学者的主要观点综述如下。

一 "千万工程"的实践发展与工作经验

与会专家一致认为,学习运用浙江省"千万工程"经验,有利于新时代新征程走好乡村全面振兴道路,推动学习贯彻习近平新时代中国特色社会主义思想走深走实。围绕"千万工程"的发展历程、工作经验和实践推广,与会专家学者展开了热烈的讨论。

(一)"千万工程"的发展历程

学者们认为,浙江省"千万工程"的发展历程大致可以划分为三个演化阶段。

1. 以"千万工程"引领社会主义新农村建设的阶段(2003~2010年)

2003年6月,浙江省印发《关于实施"千村示范、万村整治"工程的通知》,以改善农村人居环境为重点,选取1万个左右的行政村开展全面整治工作,并筹划建成1000个左右的全面小康示范村。[①]2003年7月,时任浙江省委书记习近平作出"八八战略"的决策部署,要求浙江坚持走城乡一体化和绿色发展道路。2008年,新一轮"千万工程"开始实施。相较以往,本轮工作

---

① 中共浙江省委办公厅、浙江省人民政府办公厅:《关于实施"千村示范、万村整治"工程的通知》,《浙江省人民政府公报》2003年第24期。

整治范围有所扩大、整治内容有所拓展，是浙江省推进环境友好型社会建设、农村民生全面改善、城乡协调发展的重要抓手。[①]

2. 以打造美丽乡村为重点的"千村精品、万村美丽"阶段（2011~2020 年）

2011~2020 年，浙江省连续印发《浙江省美丽乡村建设行动计划（2011—2015 年）》《浙江省深化美丽乡村建设行动计划（2016—2020 年）》等，形成了以县域建设规划为龙头，村庄布局规划、中心村建设规划、农村土地综合整治规划、历史文化村落保护利用规划为基础的"1+4"美丽乡村建设规划体系。在此阶段，浙江省有效促进了域内乡村的科学布局、生态宜居、增收宜业、治理有效和风气文明，最终使得九成以上村庄达到新时代美丽乡村标准，为美丽中国建设贡献了有益的地方经验。

3. 以探索未来乡村建设为重点的"千村未来、万村共富"阶段（2021 年至今）

2022 年 2 月，浙江省印发《关于开展未来乡村建设的指导意见》，明确要"以人本化、生态化、数字化为建设方向"，集成"美丽乡村＋数字乡村＋共富乡村＋人文乡村＋善治乡村"建设，[②]并提出到 2025 年全省建设 1000 个以上未来乡村的目标。2023 年 6 月，浙江省印发《关于坚持和深化新时代"千万工程"全面打造乡村振兴浙江样板的实施意见》，提出到 2027 年基本建成乡村振兴样板区，到 2035 年全面建成乡村振兴样板区的目标。[③]2024 年 11 月，浙江省通过了全国首部"千万工程"专项法规《浙江省"千万工程"条例》，将"千万工程"的工作经验成功转化为引领乡村全面振兴的制度性成果。[④]

---

① 《赵洪祝：扎实推进新一轮"千村示范万村整治"工程》，中国政府网，https：//www.gov.cn/gzdt/2008-07/26/content_1056343.htm，2008 年 7 月 26 日。

② 《浙江省人民政府办公厅关于开展未来乡村建设的指导意见》，《浙江省人民政府公报》2022 年第 Z4 期。

③ 《中共浙江省委　浙江省人民政府关于坚持和深化新时代"千万工程"全面打造乡村振兴浙江样板的实施意见》，中共浙江省纪律检查委员会网站，https：//www.zjsjw.gov.cn/toutiao/202310/t20231013_20860287.shtml，2023 年 10 月 13 日。

④ 《浙江省"千万工程"条例》，浙江省农业农村厅网站，https：//nynct.zj.gov.cn/art/2024/12/15/art_1229564739_2538908.html，2024 年 12 月 15 日。

（二）"千万工程"的发展理念、工作方法与推进机制

与会专家认为，把握好"千万工程"的发展理念、工作方法与推进机制，是学习运用"千万工程"经验的核心要义，对于健全推动乡村全面振兴长效机制而言，意义深远、价值重大。

1."千万工程"的发展理念

"千万工程"的发展理念充分彰显了习近平新时代中国特色社会主义思想的世界观与方法论，黄承伟将其概括为：秉承人民至上根本立场，以新发展理念为统领，党建引领乡村治理能力持续提升，统筹新型城镇化和乡村全面振兴，走中国式现代化视野下的乡村全面振兴之路。"千万工程"，坚持人民至上、农民主体，走共建共治共享道路，创新驱动未来乡村建设，促进城乡区域协调发展，化"绿色浙江"为现实，成功彰显新发展理念的实践伟力。"千万工程"，从环境整治出发，不断深化拓展，达成农村人居环境深刻重塑、城乡融合发展深入推进、乡村产业蓬勃发展、乡村治理效能有效提升和农民精神风貌持续改善等成就，成功塑造乡村领域经济、政治、文化、社会、生态"五位一体"全面振兴格局。"千万工程"，始终在乡村工作各环节贯彻党的领导和党的建设，不断完善相关法规制度，全面深化农村综合改革，为新征程高水平推进农业农村现代化提供可循案例和地方智慧。与会专家强调，要深刻认识到"千万工程"作为习近平新时代中国特色社会主义思想生动实践载体的特征，进一步领会蕴含其中的发展理念，并精准把握"千万工程"的工作方法和推进机制。

2."千万工程"的工作方法

工作方法是指为达到一定目的或完成一定任务而采取的途径或措施，理清"千万工程"工作方法，关键要总结好"千万工程"的工作体系和工作着力点。《浙江省"千万工程"条例》提出"党建引领、政府主导、农民主体、社会参与"的工作体系，明确"人居环境提升、乡村产业发展、公共服务优享、文化保护传承、村庄治理优化"的工作条目。与会学者一致认为，这五大条目

构成了"千万工程"建设的主要任务和实施路径，而"千万工程"的工作方法，正是通过党建引领强化组织保障、政府主导发挥政策引导与资源调配作用、农民主体激发内生动力、社会参与拓宽资源与发展渠道，实现各项任务的有机整合、协同推进。在此过程中，依据不同地区的实际情况，制定差异化的实施方案，确保各项任务精准落地，最终绘就宜居宜业和美乡村的崭新画卷。

3. "千万工程"的推进机制

机制是指一个工作系统的组织或者部分之间相互作用的过程和方式，洞察"千万工程"的推进机制，关键要把握好工作模块有效协同和工作方法高效执行的规律与原则。对此，黄承伟提炼出"千万工程"统筹推进、守正创新、分类施策、久久为功、层层抓落实的五大推进机制。以"1+4"美丽乡村建设规划体系为例，促进工作任务和治理主体的联动与协同，既要全局统筹资源，系统推进各项措施，也要尊重乡村差异性，分区分类、精准施策，并进一步贯彻中央财经委员会办公室等四部门关于"以责任落实推动工作落实、政策落实"的要求，[①]健全党政"一把手"亲自抓、分管领导直接抓、一级抓一级、层层抓落实的工作保障机制。此外，强化"千万工程"工作体系执行效能，还要守正创新、勇于开拓，持续挖掘乡村发展新动能，同时久久为功，不断丰富建设内涵、拓展建设领域、放大建设成果，推动乡村全面振兴从局部示范向全域共富迈进。

（三）"千万工程"的有序推广

以发展理念统领全局，以工作方法落实理念，以推进机制保障执行。总结推广"千万工程"经验，各地要深入领会三者相互联系、相互依存的关系，有力有效推进乡村全面振兴工作，打好乡村全面振兴漂亮仗。近年来，各地积极学习、有序推广"千万工程"经验，乡村全面振兴工作取得了显著的建设成效。

---

① 《中央财办等部门印发〈关于有力有序有效推广浙江"千万工程"经验的指导意见〉的通知》，中国政府网，https://www.gov.cn/lianbo/bumen/202307/content_6890255.htm，2023 年 7 月 6 日。

1. 以"三个乡村"统筹推进作为总体框架和重点任务

总体来看，各地主要以乡村产业发展、乡村建设、乡村治理这"三个乡村"的统筹推进作为推广"千万工程"经验、促进乡村全面振兴的总体框架和重点任务。黄勇指出，贵州省围绕提升"三个乡村"水平等目标，以"四在农家·和美乡村"建设为载体，逐步解决衔接滞后、城乡藩篱、要素缺乏、投入不足等难点和堵点。黄承伟指出，四川省通过产业"集聚发展""建圈强链"促进乡村产业提质增效，通过人居环境改善等措施有力推进乡村建设工作，依托"三位一体"乡村共治体系有效提升乡村治理水平。安徽省社会科学院储昭斌和宛睿指出，安徽省实施"千村引领、万村升级"工程，以产业发展富民强村，以规划分类指引村庄建设，以"三治融合"体系形成乡村共建共治共享治理格局。2024年中央"一号文件"提出，做好2024年及今后一个时期"三农"工作，要以学习运用"千万工程"经验为引领，以提升乡村产业发展水平、提升乡村建设水平、提升乡村治理水平为重点。①因此，要持续探索"三个乡村"的推进路径，将"千万工程"经验不断转化为乡村全面振兴的思路办法和具体成效，奠定农业农村现代化的坚实基础。

2. 积极运用城乡融合发展的有益经验

各地在推广"千万工程"的过程中，也较为注重运用"千万工程"在推动城乡融合发展方面的有益经验。宁夏社会科学院宋春玲指出，宁夏回族自治区围绕城乡要素双向自由流动、基础设施共建共管、基本公共服务普惠共享、产业协同融合发展等四个方面推出二十四条举措，着力加快构建新型城乡关系。广东省社会科学院郭跃文和邓智平指出，2022年以来，广东省以"千万工程"为榜样，举全省之力推进实施"百县千镇万村高质量发展工程"，努力破解城乡区域发展不平衡短板。福建社会科学院马晓红指出，福建省坚持走"县域统筹、以城带乡、城乡融合、一体推进"道路，实施"千村示范引领、万村共富共美"工程，乡村发展势头良好、动能充足。

---

① 《中共中央　国务院关于学习运用"千村示范、万村整治"工程经验有力有效推进乡村全面振兴的意见》，《人民日报》2024年2月4日，第1版。

此外，与会学者还分享了青海、陕西与河北等地学习运用"千万工程"经验的实践探索。整体而言，各地已经形成了学习运用"千万工程"经验的热烈氛围，彰显了"千万工程"经验对于描绘乡村美丽图景、指引乡村全面振兴、塑造城乡融合发展的重大价值。

二 乡村治理体系与治理能力现代化

乡村治理是乡村运行的基石，涉及乡村全面振兴工作的方方面面。与会学者围绕浙江省农村改革发展的实例和经验，探讨其对提升乡村治理水平、推动乡村治理体系与治理能力现代化的启发意义和借鉴价值。

（一）构建党建引领多方协同乡村治理格局

"千万工程"实践过程中，浙江省逐步构建了以农村基层党组织为核心、村民自治为基础、各类村级组织互动合作的乡村治理格局，完善了党建引领、政府主导、农民主体、社会参与的工作体系，涌现了一大批以乡村善治引领乡村全面振兴的典型案例。

1. 党建引领是乡村治理的前提和关键

党建引领乡村治理水平持续提升是"千万工程"的重要发展理念。习近平总书记强调，要加强和改进党对农村基层工作的全面领导，提高农村基层组织建设质量，为乡村全面振兴提供坚强政治和组织保证。[①]浙江省安吉县余村作为"两山"理念的诞生地，其发展历程充分体现了党建引领的重要性。余村的生态环境曾因长期开采矿山遭到严重破坏，"千万工程"建设期间，余村党支部联合环保、农业等部门，果断关闭矿山与水泥厂，逐步修复当地生态环境；同时，余村党支部与旅游企业积极合作，大力发展生态旅游项目，成功将余村打造为国家 AAAA 级旅游景区。这一实践表明，农村基层党组织必须

---

① 《习近平在基层代表座谈会上的讲话》，中国共产党新闻网，http://cpc.people.com.cn/n1/2020/0920/c64094-31867961.html，2020 年 9 月 20 日。

承担引领各主体发挥自身优势与功能的责任，保障资源整合、政策协同、项目合作的有序有效，进而实现基层治理工作的联动联通，形成党建引领多方协同的良好治理格局。

2. 多元主体共建共治共享是乡村治理的必然选择

乡村治理作为复杂的系统工程，涵盖产业发展、生态保护、文化传承等诸多内容。唯有推动多元主体共建共治共享，才能稳步提升乡村治理水平，推动乡村整体发展。黄勇指出，塑造共建共治共享良好格局，关键要明晰各主体的角色与职责：政府负责制定建设规划、提供政策支持、引导资金投入等；企业负责投资兴业、带动就业、提供技术支持等；社会组织负责提供技能培训、法律援助等服务；农民则以核心主体的角色参与乡村治理的各个环节。

3. 妥善协调利益关系，构建乡村治理共同体

在现代乡村治理中，妥善协调多元主体的利益关系至关重要。黄勇强调，只有充分尊重农民主体地位，并为市场主体提供良好的政策环境和经济激励，才能处理好现代乡村中多元主体的利益诉求。因此，要进一步学习"余村模式"等乡村治理范例，通过明晰利益分配原则、完善利益分配机制、构建信息共享平台、定期开展沟通协商等措施，打造"风险共担、收益共享"的乡村治理共同体，充分调动各主体的积极性，最终凝聚推进乡村全面振兴的强大合力。

（二）走"三治融合"乡村治理道路

叶兴庆指出，自治、法治、德治"三治融合"的治理模式，是浙江省农村改革发展的重要探索成果，已经普及推广至全国各地的乡村工作中。2019年中共中央办公厅和国务院办公厅印发《关于加强和改进乡村治理的指导意见》，要求以自治增活力、以法治强保障、以德治扬正气，促进乡村社会治理有效、充满活力、和谐有序。①

---

① 《中共中央办公厅　国务院办公厅印发〈关于加强和改进乡村治理的指导意见〉》，中国政府网，https://www.gov.cn/zhengce/2019-06/23/content_5402625.htm，2019 年 6 月 23 日。

1. "三治融合"是坚持和发展新时代"枫桥经验"的必然选择

甘肃省社会科学院何剑与王建兵指出，乡村不可避免地存在因收入差距拉大、政策覆盖不均、土地与房屋财产纠纷等因素引起的各类矛盾。几十年来，浙江省诸暨市枫桥镇坚持走"三治融合"道路，从"发动和依靠群众，坚持矛盾不上交，就地解决"到"小事不出村、大事不出镇、矛盾不上交"，将矛盾风险防范化解在基层。新时代"枫桥经验"已经成为浙江省推动基层共建共治共享、提升基层治理效能的一张金名片。

2. 巩固农民主体地位，让自治成为乡村运行的基本依托

村民自治，就是让"村民的事村民议，村民的事村民定"。因此，把乡村治理的权力真正交给农民群众，就是乡村有效自治的核心要义。以浙江省象山县的"村民说事"为例，通过"说、商、办、评"四个环节，赋予群众参事议事权力，在"有事好商量，有事多商量"的过程中，让人民群众自我管理、自我教育、自我服务、自我监督，真正激发乡村治理的内生活力，真正实现乡村的全过程人民民主。

3. 以法治提供行为准则，确保乡村治理规范有序

与会专家认为，应按照《中共中央　国务院关于加强基层治理体系和治理能力现代化建设的意见》，推进基层治理法治建设，提升基层党员、干部法治素养，引导群众积极参与、依法支持和配合基层治理。[①]要学习枫桥镇大力投入法治宣传教育的做法，完善乡村普法教育体系，培育农民群众的法律意识和法治思维。同时，进一步学习贯彻习近平总书记的指示精神，坚持和发展新时代"枫桥经验"，完善社会矛盾纠纷多元预防调处化解综合机制，[②]使基层成为社会稳定的"压舱石"。

4. 既塑形也铸魂，促进乡村德治"春风化雨"

黄承伟指出，坚持"塑形铸魂"是"千万工程"的重要经验。通过强化

---

① 《中共中央　国务院关于加强基层治理体系和治理能力现代化建设的意见》，《人民日报》2021年7月12日，第1版。

② 习近平：《坚定不移走中国特色社会主义法治道路　为全面建设社会主义现代化国家提供有力法治保障》，《求是》2021年第5期，第4~15页。

农民道德素养、改善农民精神风貌，走文明乡风、良好家风和淳朴民风的德治之路，为乡村自治、法治提供有力的价值支撑。与会专家强调，基层党组织要带头加强党风政风建设，并深入开展"听党话、感党恩、跟党走"主题宣讲活动；同时，要以社会主义核心价值观进一步凝心铸魂，强化正向引导激励，加强家教家风建设，扎实推进乡村移风易俗，维护好乡村的公平正义和公序良俗。

（三）繁荣发展乡村文化

党的二十届三中全会通过的《中共中央关于进一步全面深化改革　推进中国式现代化的决定》（以下简称《决定》）提出，中国式现代化是物质文明和精神文明相协调的现代化，要增强文化自信，发展社会主义先进文化，弘扬革命文化，传承中华优秀传统文化。[①]2024 年中央"一号文件"也将促进乡村文化繁荣发展列为提升乡村治理水平的四大任务之一。与会学者一致认为，繁荣发展乡村文化不仅是塑形铸魂、乡村德治的有效路径，更是丰富人民生活、传承乡村文明、赋能乡村发展的重要桥梁。

1. 优化文化服务和文化产品供给

满足农民群众多层次的精神文化需求，关键要落实《决定》中关于优化文化服务和文化产品供给机制的要求。浙江省的相关案例较多：庆元县月山村连续 40 多年开展"村晚"活动，被誉为"中国式乡村过年之文化样本"；江山市 20 余年来坚持举办新春"村运会"，目前已经发展成为"百村万人"参与的体育盛事；浙江省开展未来乡村建设，配置新时代文明实践站、乡贤馆、百姓戏台，推动县级图书馆、文化馆在乡村设立服务点；等等。总体而言，通过"村"字号文化活动品牌建设、优质资源下乡、文化设施建设等措施，不断丰富并创新文化供给的形式和内容，是提升广大农民群众的获得感与幸福感的有效途径。

---

① 《中共中央关于进一步全面深化改革　推进中国式现代化的决定》，《人民日报》2024 年 7 月 22日，第 1 版。

2. 以文旅融合传承乡村优秀传统文化

"文化保护传承"是"千万工程"的重要工作条目，以文旅融合传承乡村文化、发展乡村产业是"千万工程"的典型做法。2024 年中央"一号文件"提出，要"加强乡村优秀传统文化保护传承和创新发展"；乡村是农耕文明的主要载体，流淌着中华文明的重要血脉，促进乡村文化不断焕发新生是乡村全面振兴的必然要求。《决定》提出，要"健全文化和旅游深度融合发展体制机制"，而浙江省正是以文旅融合深入挖掘乡村文化符号、盘活乡村文化资源，实现社会与经济效益双丰收的典型地域。丽水学院李莉指出，"千万工程"建设期间，浙江省莲都区沙溪村结合本土畲族文化，打造地域文旅品牌，建设畲族风情旅游福地；浙江省平阳县厚垟村传承瓯越水乡文化，打造初见厚垟、古街追忆、沉香丛堂、书院文创街等沿河产业带，成功吸引大批游客到访。与会学者研讨认为，文旅融合是兼顾文明传承和乡村发展的好路子，可以将其进一步推广至其余有条件的地方，在乡村文化的繁荣发展中为人民谋福利、增福祉。

三　全域共富的基本观点与战略选择

共同富裕是乡村全面振兴的实践应然、社会主义的最大优势和中国式现代化的本质要求。党中央明确提出 2035 年全体人民共同富裕取得更为明显的实质性进展，以及 21 世纪中叶基本实现全体人民共同富裕的目标。与会专家认为，必须秉承全域共富理念，建立常态化帮扶长效机制，畅通城乡要素双向流动，推动乡村全面振兴和城乡融合发展，确保共同富裕目标任务如期完成。

（一）全域共富的基本观点及先行探索

1. 全域共富的基本观点

魏后凯指出，全域共富是全体人民共同富裕的空间体现，主要包括城乡共富和区域共富两方面内容。共同富裕的核心在于缩小城乡、区域和群体这三大差距,而群体差距在一定程度上已经蕴含于城乡区域差距之中,因此,缩小城乡区域发展差距是推动全域共富的主要任务。党的二十大报告明确指出,现阶段"发展不平衡不充分问题仍然突出""城乡区域发展和收入分配差距仍然较大",必须"着力推进城乡融合和区域协调发展"。^①这表明,城乡融合发展与区域协调发展是促进城乡区域共同富裕的主要实践路径,即通过充分发挥城乡和不同区域的比较优势与主体功能,推动城乡区域基本公共服务均等化、居民收入均衡化和生活质量等值化,实现城乡区域发展差距的持续缩小。

2. 全域共富的先行探索

浙江省作为共同富裕的省域先行范例,是践行全域共富理念的生动样板,是展示全域共富理念实践成果的重要窗口。2021 年《中共中央　国务院关于支持浙江高质量发展建设共同富裕示范区的意见》明确提出浙江省建设"城乡区域协调发展引领区"的战略定位。^②打造乡村振兴样板区以来,浙江省提出2027 年基本构建全域共富格局、2035 年基本实现省域共同富裕的战略目标。对此,魏后凯总结并指出,促进城乡区域共同富裕,关键是要加快乡村全面振兴和欠发达地区发展。

以乡村全面振兴富裕农民农村,浙江省走在城乡共富道路的前列。"八八战略"和"千万工程"有效破解了乡村发展问题和城乡二元结构性矛盾,农民就业增收效益显著,城乡收入差距持续缩小。2003~2023 年,浙江省城乡居民人均可支配收入比从 2.33 降为 1.86,发展成效显著优于多数省份。推动高质量发展建设共同富裕示范区以来,浙江省继续把"加快缩小城乡发展差距"作为重要工作内容,^③深入推进新型城镇化建设,"千万工程"也迭代发展至"千村未来,万村共富"阶段,着力谱写"城乡和美"新乐章,构建"全域共富"

---

① 习近平:《高举中国特色社会主义伟大旗帜　为全面建设社会主义现代化国家而团结奋斗》,《人民日报》2022 年 10 月 26 日,第 1 版。

② 《中共中央　国务院关于支持浙江高质量发展建设共同富裕示范区的意见》,中国政府网,https://www.gov.cn/zhengce/2021-06/10/content_5616833.htm,2021 年 6 月 10 日。

③ 《忠实践行"八八战略"　奋力打造"重要窗口"　扎实推动高质量发展建设共同富裕示范区》,中国人民政治协商会议浙江省委员会官网,https://www.zjzx.gov.cn/zxyw/content_100685,2021 年 6 月 15 日。

新格局。

21 世纪以来,浙江省通过"一县一策"、山海协作工程等举措,将欠发达地区"山区 26 县"的发展历程成功转化为推动区域共富的典型范例。"一县一策",是指为每个山区县量身定制发展方案和支持政策。而被纳入"八八战略"的山海协作工程,则是通过打造特色产业集群、建设多种类型"飞地"等方式,促进山区县和沿海发达地区结对合作、资源共享、优势互补。浙江省社会科学院宗素娟进一步指出,近年来,浙江省积极推进"山海协作升级版",山区县成功迈入经济增长快车道。如今,"山区 26 县"的经济发展质量不断提升,已经成为浙江省推动全域共富的强力支撑,其宝贵的建设经验,也将为其他欠发达地区的发展提供重要的参考和借鉴。

然而,推进共同富裕整体进程,尤其是在促进欠发达地区农民农村共同富裕方面,仍然面临诸多挑战。黄勇指出,中西部普遍存在农民收入较低、内部收入差距扩大以及县域城乡融合缓慢等问题。不少欠发达地区,特别是其农村地区,内生发展能力相对欠缺,加快乡村全面振兴和地区整体发展的任务略显艰巨。为此,与会学者进一步探讨了"建立过渡期后常态化帮扶机制"和"畅通城乡要素双向流通"等推进城乡区域共同富裕的重要实践路径。

(二)以常态化帮扶推动全域共富

2021~2025 年是脱贫攻坚目标任务完成后设立的五年过渡期,主要任务是从集中资源支持脱贫攻坚转向巩固拓展脱贫攻坚成果同全面推进乡村振兴,着力提升脱贫地区整体发展水平,促进脱贫人口稳定就业。[①] 过渡期即将结束,2024 年中央"一号文件"要求,研究推动防止返贫帮扶政策和农村低收入人口常态化帮扶政策衔接并轨,推动建立欠发达地区常态化帮扶机制。此外,《决定》明确提出,完善覆盖农村人口的常态化防止返贫致贫机制,建立农村低收入人口和欠发达地区分层分类帮扶制度。2024 年中央农村工作会议进一

[①] 《中共中央　国务院关于实现巩固拓展脱贫攻坚成果同乡村振兴有效衔接的意见》,《人民日报》2021 年 3 月 23 日,第 1 版。

步强调，要统筹建立农村防止返贫致贫机制和低收入人口、欠发达地区分层分类帮扶制度。① 对此，魏后凯认为，过渡期内和过渡期后，援助帮扶的政策对象将从脱贫人口和脱贫地区转向农村低收入人口和欠发达地区，政策目标将从防止发生规模性返贫转向实现乡村全面振兴，政策工具将从非常态化帮扶转向常态化帮扶。同时，黄勇进一步指出，过渡期后"帮扶谁""怎么帮扶"等问题仍有待明确，与会学者就此展开了进一步的探讨。

1. 建立农村低收入人口常态化帮扶机制

促进共同富裕，最艰巨最繁重的任务仍然在农村，② 农村低收入人口常态化帮扶势在必行。一是建立统一的农村低收入人口监测帮扶机制。农村防止返贫致贫体系监测的对象往往是最困难的农民群众，其必然也是农村低收入人口帮扶体系的帮扶对象。为了提高常态化帮扶机制的精准识别能力和可持续性，必须整合这两套体系，统筹开展农村低收入人口的识别、监测和帮扶等工作。二是科学划分低收入人口类型。黄勇提出，要着力解决帮扶对象不明、原因摸排不准等难点，可以按照绝对困难（低保、特困人员）、相对困难（低保边缘家庭、支出型贫困家庭）和其他困难（遭遇特殊、突发困难的农村人口）的划分方法，精准识别不同类型的低收入人口。三是开展低收入人口分层分类常态化帮扶。低收入人口的内生发展能力和条件相差较大，要进一步明确帮扶的原则和策略：对于绝对困难群体，要坚持兜底保障，以救济式帮扶为主，以发展性帮扶为辅；对于其他类型低收入人口，要着眼于稳就业、增收入的目标，以发展性帮扶为主，以救济式帮扶为辅。

2. 建立欠发达地区分层分类帮扶机制

一是继续将县级行政区作为划定和帮扶欠发达地区的基本单元，保障脱贫地区政策的顺利转型和相互衔接。二是尽快明确欠发达地区的识别标准。魏后凯提出，在人均 GDP、农村居民人均可支配收入和人均地方一般公共预算

---

① 《中央农村工作会议在京召开　习近平对做好"三农"工作作出重要指示》，中国政府网，https://www.gov.cn/yaowen/liebiao/202412/content_6993406.htm，2024 年 12 月 18 日。

② 习近平：《扎实推动共同富裕》，《求是》2021 年第 20 期，第 4~8 页。

收入三项指标中，有两项及以上指标位于全国倒数 1/3 位序的地区，即可被认定为欠发达地区；同时，在老少边地区，可以将农村居民人均可支配收入低于全国平均水平 60% 作为欠发达地区的认定标准。三是合理划分欠发达地区类型。魏后凯认为，可以根据人均 GDP 和农村居民人均可支配收入指标的排序，并综合考量生态保护、政策倾斜等因素，将欠发达地区进一步划分为居前型、一般型和落后型三种类别。四是开展欠发达地区分层分类帮扶。在精准识别和划分欠发达地区的基础上，要推广先行地区结对帮扶、"一县一策"等经验，制定差别化的支持政策，分层分类帮扶，确保欠发达地区的经济发展长期稳定向好。

（三）促进城乡要素双向流动

要素合理配置是释放经济增长潜能、提升内生发展能力的必然要求。党的十六大以来，从统筹城乡发展到城乡发展一体化再到城乡融合发展，破除城乡要素流动体制机制障碍，一直都是党中央的重要工作方向。近年来，城乡间"人、地、钱"等要素的流动日趋活跃，但依旧存在不少突出问题。与会专家围绕学习《决定》精神，热烈讨论了如何促进城乡要素平等交换、双向流动，迈向城乡共同繁荣发展。

1. 完善城乡人口要素双向流动制度保障体系

钱文荣指出，当前农村的治理体系相对封闭，外来人口融入农村存在严重的制度性障碍，亟须完善城乡人口双向流动与融合制度保障体系。一方面，虽然户籍制度改革和新型城镇化不断深入推进，但农业转移人口市民化进程依然相对滞后；另一方面，乡村较为缺乏对于人才的吸引力，高素质劳动力即使具有下乡就业创业的意愿，也难以真正融入乡村、振兴乡村。与会专家建议，为解决这两方面问题，必须着力畅通城乡人口要素双向流动渠道。一是要落实《决定》相关要求，推行由常住地登记户口提供基本公共服务制度，推动符合条件的农业转移人口社会保险、住房保障、随迁子女义务教育等享有同迁入地户籍人口同等权利，保障进城落户农民合法土地权益，依法维护进城落户农民的土地承包权、宅基地使用权、集体收益分配权，探索建立自愿有偿退出的办法，并增强农业转移人口在社会、文化、心理等方面对于迁入地的认同感。二是要学习"千万工程"经验，清除人才入乡的各类障碍。叶兴庆指出，从 2017 年起，浙江省松阳县松庄村总计吸引 10 名左右"新乡人"，带动 20 余名"归乡人"返乡，切实助推了当地群众的增收致富，"新乡人"也被浙江省列入未来乡村的三大建设主体。对此，叶兴庆进一步提出，促进人才融入乡村，关键要扩大农村集体产权结构开放性、深化农村宅基地制度改革、推进农村社区自治组织成员权与农村集体经济组织成员权分离，有效保障"青年入乡"后的各类合理权益。

2. 探索城乡土地要素双向流动制度保障体系

土地要素城乡双向流动也面临一些突出问题：农村宅基地存在大量闲置、使用权流转受限等问题，集体经营性建设用地入市存在价格形成体系不健全、利益分配机制不完善等问题。同时，现有的土地制度也不利于人口、资金等要素向乡村的自由流动，例如，农村宅基地使用权不得流转给非本集体经济组织成员，农村集体土地使用权不得单独出让、转让或者出租用于非农业建设。对此，与会专家认为，必须落实《决定》的要求，积极探索农村宅基地"三权"分置的有效实现形式，允许农户合法拥有的住房通过出租、入股、合作等方式盘活利用，着力构建城乡统一的建设用地市场，有序推进农村集体经营性建设用地入市改革，健全土地增值收益分配机制。同时，进一步学习"千万工程"经验，在稳步推动农村土地制度改革的进程中，尊重群众意愿，充分发挥农村集体经济组织、村民委员会的作用。

3. 健全城市资金参与乡村全面振兴的体制机制

党的十六大以来，中国进入以工业反哺农业、以城市支持农村的发展阶段，通过财政转移支付、农产品价格支持等举措，有效促进了资本要素向农业农村的流动。但现阶段依旧存在社会资本投入农业农村动力不足，新型农业经营主体融资"难、贵、慢"等问题。对此，与会专家认为，必须贯彻《决定》关于"坚持农业农村优先发展，完善乡村振兴投入机制"的指示，建立对接乡村全面振兴的财政强农惠农富农支持体系，尤其要提升欠发达地区农村的财政转移支付水平。同时，要进一步通过改进农村土地产权抵押制度、推广数字普惠金融等措施，以多层次、广覆盖、普惠性为方向深入优化农村金融支持体系，并健全社会资金参与乡村全面振兴的体制机制，持续改善乡村营商环境，鼓励社会资本入乡投资兴业。

四　新质生产力与农业现代化

农业是农村的发展基础和农民的收入源泉，农业现代化是乡村全面振兴的中心任务和必由之路。《决定》提出健全因地制宜发展新质生产力体制机制的要求，与会学者围绕加快农业新质生产力发展、推动农业现代化进程，从不同的角度展开了热烈的讨论。

（一）以新质生产力推动农业现代化

2023 年 7 月以来，习近平总书记在四川、黑龙江、浙江、广西等地考察调研期间提出，要整合科技创新资源，引领发展战略性新兴产业和未来产业，加快形成新质生产力。学术界对其理论内涵、形成逻辑和发展路径等内容进行了较为充分的阐释。但是，有关文献往往更为关注现代工业与生产性服务业，对于农业领域新质生产力（农业新质生产力）的研究仍在逐步拓展深化中。深入领会农业领域新质生产力的内涵特征，必须以习近平总书记的论述为根本指引。2024 年 1 月，习近平总书记在中央政治局第十一次集体学习上指出，"新质生产力是创新起主导作用，摆脱传统经济增长方式、生产力发展路径，具有高科技、高效能、高质量特征，符合新发展理念的先进生产力质态"，主要"由技术革命性突破、生产要素创新性配置、产业深度转型升级而催生，以劳动者、劳动资料、劳动对象及其优化组合的跃升为基本内涵，以全要素生产率大幅提升为核心标志"。[①] 与会学者认为，农业新质生产力将为推进农业现代化带来全新机遇，主要包括以下两个方面。

---

① 习近平：《加快发展新质生产力　扎实推进高质量发展》，《人民日报》2024 年 2 月 2 日，第 1 版。

1. 农业新质生产力有利于农业全要素生产率水平的大幅提高

农业新质生产力以农业生产力要素及其优化组合的跃升为基本内涵，主要表现为两个方面。一是农业生产力要素质态的提升。农业劳动者越发具备与新科技革命相适应的创新思维、专业技能和经营经验；农业劳动资料由于生命科学、数据科学、智能制造等前沿学科的助力，不断迎来原创性、颠覆性创新；技术赋能的原材料、无形的数据要素等新型劳动对象，不断拓展农业的生产边界。二是农业生产力要素组合的优化。通过适度规模经营、畅通要素流动渠道等方式，实现既有要素的再配置（组合）；通过科技催生新产业、新模式、新业态，实现既有要素、新型要素的新配置（组合）；最终，不断促进农业新质生产力获取新的容纳载体，不断推动农业资源配置效率挖掘新的增长空间。可见，农业新质生产力有助于要素质量和配置效率的全面提升，以农业全要素生产率提升为核心特征的农业现代化由此得以不断推进。

2. 发展农业新质生产力是在农业领域深入贯彻新发展理念的关键举措

作为推动增长动能转换、迈向更高阶段的关键力量，新质生产力是新发展理念，尤其是创新发展与绿色发展理念的实践表达。上海社会科学院郭岚认为，农业新质生产力将为传统农村产业改造升级、农业新兴产业培育壮大、农业未来产业布局建设以及现代农业产业体系的完善提供前所未有的创新支撑。中国社会科学院于法稳、青岛市社会科学院林珊等学者认为，新质生产力本身就是绿色生产力，农业新质生产力的发展可以有力推动农业绿色化转型。总体而言，农业新质生产力凭借高科技、高效能、高质量的特征，将为农业领域构建新发展格局、实现高质量发展奠定坚实的基础。

（二）农业新质生产力的发展状况与现实挑战

与会学者的观点和会议论文，为农业新质生产力水平的研究提供了丰富的参考材料。一些学者从生产力要素及其组合四个维度出发，结合熵值法、组合评价法等工具，构建农业新质生产力评价指标体系，评估了中国农业新质生产力的时空发展状况。还有学者以某省（区、市）的地方实践为例，综合理论分析和数据统计，展示了各地区农业新质生产力的整体情况、现实问题和培育思路。

1. 农业新质生产力发展状况

党的十八大以来，中国农业新质生产力呈现稳中向好的发展态势。湖北省社会科学院彭玮和王美惠发现，2013~2022 年中国农业新质生产力水平稳步增长。四川省社会科学院虞洪指出，2012~2022 年粮食产业新质生产力发展水平基本稳定，其中粮食主产区的粮食产业新质生产力长期保持较高水平。与此同时，部分地区农业新质生产力的发展尤为突出，成为全国的先锋。例如，郭岚指出，上海市郊区正在不断加快对现代都市绿色农业与生物绿色农业的布局，农业科技创新能力稳步提升。江苏省社会科学院赵锦春指出，江苏省通过创新乡村产业用地机制、健全财政金融配套体系等措施，为农业新质生产力发展提供了优越的政策环境。

2. 农业新质生产力面临的现实挑战

当前，中国农业新质生产力的区域发展差距较为显著，整体水平提升面临诸多挑战。一方面，彭玮和王美惠指出，中国农业新质生产力的空间分布呈现"东高西低，南高北低"的特征，其中青海、新疆、西藏等地的发展相对滞后。这些地区面临自然环境脆弱、生产要素流通不畅、产业发展同质化以及人才支撑不足等诸多问题，制约了农业新质生产力的发展。另一方面，从全国范围来看，中国在推动农业新质生产力发展和农业现代化进程中仍存在诸多不足。江西省社会科学院高江涛等学者将其归纳为三个方面：一是生产要素发展基础有限，难以满足新质生产力对高质量要素的需求；二是体制机制支持作用较弱，未能充分调动各方资源与积极性；三是科技创新潜力激发不足，难以有力支撑农业新质生产力的发展。可见，深入探讨促进农业新质生产力发展的策略与路径，对于缩小区域差距、推动农业现代化具有重要的理论意义和现实意义。

（三）农业新质生产力的培育路径

在农业现代化进程中，农业新质生产力的培育已经成为推动高质量发展的重要着力点。围绕这一主题，与会学者展开深入研讨，从科技创新与应用、市场经济体制改革等关键领域提出了诸多建设性观点。

1.科技创新和应用是根本

科技创新是农业新质生产力发展的战略支撑，其核心在于通过科技赋能，推动农业产业的转型升级。郭岚指出，农业新质生产力的构建是一个多维度、深层次的变革过程，需要深度融合数字技术、智能技术等前沿科技元素。对此，高江涛、赵锦春等学者从健全农业科技创新机制的角度展开讨论，提出以下关键路径：一是推动产学研深度融合，促进企业、高校和科研机构之间的资源共享与优势互补；二是在生物育种、智能农机等核心领域加强协同攻关，突破技术"卡脖子"瓶颈；三是建立财政资金与社会资本联动的多元化投入体系，加大资金支持力度；四是优化科技人才评价体系，着力培养创新型、应用型与复合型人才。2024年中央农村工作会议要求"推进农业科技力量协同攻关，加快科技成果大面积推广应用"，进一步明确了完善农业科技创新体系的重要性，凸显了科技创新与应用在推动农业新质生产力发展中的核心地位。

2.全面深化市场经济体制改革是关键

全面深化市场经济体制改革是培育农业新质生产力的关键所在。《决定》明确提出，健全相关规则和政策，加快形成同新质生产力更相适应的生产关系。与会学者认为，发展农业新质生产力是一个不断涌现新型生产力要素、持续优化与创新要素组合的过程，这就要求相关体制机制必须与时俱进。因此，核心任务是健全与发展新质生产力相匹配的要素市场制度和规则，畅通新型生产要素的流动渠道。与会专家强调，要进一步落实《决定》的要求，通过清理和废除妨碍全国统一市场公平竞争的各种规定和做法，完善市场准入制度，优化新业态新领域市场准入环境，健全各类生产要素由市场评价贡献、按贡献决定报酬的机制，不断破除制度障碍、激发市场活力、培育创新生态，为农业新质生产力提供持久发展动能，进而促进农业现代化进程的持续推进。

五　结语

全国社科农经协作网络大会是 20 世纪 90 年代由中国社会科学院农村发展研究所发起、各省（区、市）社会科学院轮流举办的全国性"三农"学术交流和研究平台，旨在通过整合全国社科院系统与高校科研机构的研究力量，围绕中国农业农村发展的重大理论和实践问题展开协同攻关与深入研讨，为推动"三农"理论和实践的发展提供智力支持。

在本次会议上，与会专家学者围绕"学习运用'千万工程'经验，推进乡村全面振兴"这一核心议题，全面总结了"千万工程"的发展理念、工作方法和推进机制，从整体上把握了学习运用"千万工程"经验对于全国各地提升"三个乡村"水平、推动城乡融合发展的重大意义。针对乡村治理这一"千万工程"工作的基石，与会专家从党建引领多方协同、促进"三治融合"以及繁荣发展乡村文化三方面内容，为推动乡村有效治理指明了实践路径。聚焦全域共富及其浙江样板经验，与会专家系统阐述了全域共富的理念，并就构建常态化帮扶机制、畅通城乡要素双向流动进行了系统思考。在关注学习运用"千万工程"经验对于推进农业农村现代化的重大意义的同时，大会还抓住以新质生产力赋能农业现代化的前沿课题，系统分析了发展农业新质生产力、为推动农业高质量发展注入持久动能的理论逻辑，并梳理了农业新质生产力的发展现状和培育路径。

在 2025 年中央"一号文件"和《乡村全面振兴规划（2024—2027 年）》相继出台的背景下，本次大会的研讨成果对贯彻落实文件精神仍具有重要的参考价值。此外，在研讨过程中，专家学者十分注重结合地方案例、总结地方经验，不仅加强了各地社科院的交流联系，还为推进乡村全面振兴工作贡献了地方思想、地方智慧，彰显了全国社科农经协作网络大会的特色与优势。未来，应继续依托全国社科农经协作网络大会等学术平台，充分探讨和总结各地的前沿探索经验，提炼更多脚踏实地的发展良策，为构建中国特色农村发展学自主知识体系、推动中国式农业农村现代化作出更大的贡献。

图书在版编目（CIP）数据

学习运用"千万工程"经验　推进乡村全面振兴 /
魏后凯，查志强主编；杜鑫，李明艳副主编 .-- 北京：
社会科学文献出版社，2025.8.--ISBN 978-7-5228
-5652-0

Ⅰ .F320.3

中国国家版本馆 CIP 数据核字第 2025FT3474 号

学习运用"千万工程"经验　推进乡村全面振兴

主　　编 / 魏后凯　查志强
副 主 编 / 杜　鑫　李明艳

出 版 人 / 冀祥德
责任编辑 / 吴　敏
责任印制 / 岳　阳

出　　版 / 社会科学文献出版社
　　　　　地址：北京市北三环中路甲29号院华龙大厦　邮编：100029
　　　　　网址：www. ssap. com. cn
发　　行 / 社会科学文献出版社（010）59367028
印　　装 / 三河市尚艺印装有限公司

规　　格 / 开本：787mm × 1092mm　1/16
　　　　　印张：21.5　字数：316千字
版　　次 / 2025年8月第1版　2025年8月第1次印刷
书　　号 / ISBN 978-7-5228-5652-0
定　　价 / 89.00元

读者服务电话：4008918866